汾陽縣金石類編

山西文華·史料編

第一册
卷首金類卷一至
卷四石類卷一

民國 王堉昌◎編

《山西文華》編纂委員會 編

山西出版傳媒集團
三晉出版社

圖書在版編目(CIP)數據

汾陽縣金石類編 / 王堉昌編. —太原：三晋出版社，2018.5
ISBN 978-7-5457-1732-7

Ⅰ. ①汾… Ⅱ. ①王… Ⅲ. ①金石—彙編—汾陽縣
Ⅳ. ①K877.2

中國版本圖書館 CIP 數據核字(2018)第 213455 號

汾陽縣金石類編

編　　者：〔民國〕王堉昌
責任編輯：張仲偉
封扉設計：山西天目·王明自

出 版 者：山西出版傳媒集團·三晋出版社（原山西古籍出版社）
地　　址：太原市建設南路 21 號
郵　　編：030012
電　　話：0351-4922268（發行中心）
0351-4956036（總編室）
0351-4922203（印製部）
網　　址：http://www.sjcbs.cn

經 銷 者：新華書店
承 印 者：山西臣功印刷包裝有限公司

開　　本：700mm × 1000mm　1/16
印　　張：55.25
字　　數：500 千字
版　　次：2018 年 8 月　第 1 版
印　　次：2018 年 8 月　第 1 次印刷
書　　號：ISBN　978-7-5457-1732-7
定　　價：350.00 圓（全四册）

ISBN 978-7-5457-1732-7
9 787545 717327 >

《山西文華》編纂委員會

《山西文華》學術顧問委員會

李　零　李文儒　李學勤　袁行霈　唐浩明

梁　衡　張　頷　張光華　葛劍雄　楊建業

《山西文華》分編主編

著述編　劉毓慶　渠傳福

史料編　張慶捷　李晉林

圖録編　李德仁　趙瑞民

出版説明

山西東屏太行，西瀕黄河，北通塞外，南控中原，是中華民族的主要發祥地之一。中華文明輝煌燦爛，三晋文化源遠流長。歷史文獻豐富，文化遺産厚重，形成了兼容並包、積澱深厚、韵味獨特的晋文化。山西省政府决定編纂大型歷史文獻叢書《山西文華》，以彙集三晋文獻、傳承三晋文化、弘揚三晋文明。

《山西文華》力求把握正確方向，尊重歷史原貌，突出山西特色，薈萃文化精華，按照搶救、保護、整理、傳承的原則整理出版圖書。叢書規模大，編纂時間長，參與人員多，特將有關編纂則例簡要説明如下。

一、《山西文華》是有關山西現今地域的大型歷史文獻叢書，分「著述編」「史料編」「圖録編」。每編之下項目平列；重大系列性項目，按其項目規模特徵，制定合理的編纂方式。

二、「著述編」以一九四九年十月一日前山西籍作者（含長期在晋之作者）的著述爲主，兼收今人有關山西歷史文化的研究性著述。

三、「史料編」收録一九四九年十月一日前有關山西的方志、金石、日記、年譜、族譜、檔案、報刊等史料，以影印爲主要整理方式。

四、「圖録編」主要收録一九四九年十月一日前有關山西的文化遺産精華，包括古代建築、壁畫、彩塑、書畫、民間藝術等，兼收古地圖等大型圖文資料。

五、今人著述采用簡體漢字横排，古代著述采用繁體漢字横排。

《山西文華》編纂委員會

出版前言

汾陽一地，山川皆備，邦制久遠，自古即爲三晋大邑，人文蔚起，古風遐昌，民國年間王堉昌摹拓輯録的《汾陽縣金石類編》一書，是考索汾陽金石文物的重要成果，對研究古代汾陽之歷史沿革、文化教育、宗教民俗、山川名勝以及歷代名人在汾事跡，均具有重要的文獻價值與文化意義。

王堉昌（一八七六—一九三八）①，字養齋，號是愚公，别號高淙迂叟，山西稷山縣城關南街人，少習舉業，文名早播，清光緒二十二年（一八九六）中舉，後於山西大學堂中齋畢業。一九二一年至一九三七年，王堉昌歷任河南武安及山西榆社、盂縣、太谷、汾陽等縣縣長。一九三八年任山西省府秘書處第一科科長及省文獻委員會編輯等職。

王堉昌工詩文，善書法②，嗜金石，案牘偷閒，不廢風騷。所歷各縣跋山涉水，輒有述作，其撰有《盂縣金石志略》《盂縣造像録》《汾陽縣金石類編》等。

《汾陽縣金石類編》十卷，石印綫裝，内文仿清代馮雲鵬、馮雲鵷兄弟所著《金石索》，總分爲金、石兩大

---

① 序言所述王堉昌生平事迹，详见杨怀丰撰《王堉昌传略》，《稷山文史资料》第一辑。

② 今山西盂縣萬花洞有其題篆書「萬花洞」三大字，盂县水神山石壁存其題诗「向前有别境，轉步登雲梯」。

類，金類分彝器、泉貨、鎔像、鑄音四目，石類分造像、志表、幢塔、詩文、碑記、叢刻（附陶刻類、木刻類）六目，每目按照金石學標準，凡當時汾陽所能見者擇而摹述，總計四十萬言，體例嚴謹，足爲法式。

王堉昌于金石一域用功艱卓，眼界深遠，他曾言：「惟于金石之有文字者，竊願取其年代久遠、筆墨明達、事實仁賢，足以考古證今，風人勵世者，搜而集之，分類以編之。即釋老之慈悲清淨，雖多近迷信，而當此人心橫肆之時，亦足以爲今世針砭，補吾儒誠正之學所不及，皆未可鄙而棄之也。」補儒學之不足，有用於世道人心，足見其特意存録宗教碑刻之良苦用心。《汾陽縣金石類編》中存有兩通碑刻：《張真人道行碑》（一三三四年立，見卷二志表類）、《創建大明觀更上清宫記》（一二七五年立，一三三六年重立，見卷五碑記類），此二碑内容未見存於《汾陽縣金石類編》之外的其他任何文獻，對於大道教史、大道教研究史、山西大道教區域研究具有極爲重要的意義。更值得注意的是，王堉昌以自己録文的汾陽《張真人道行碑》，參諸《元史·釋老傳》、方履《金石萃編補正》所收的許州《天寶宫碑》，對元大道教史進行了考證。並根據《金石萃編補正》所收許州《天寶宫碑》，與汾陽《張真人道行碑》進行了非常詳細的對校考辨，可以説，「王（堉昌）先生的最大貢獻，除對大道教史進行了最早研究之外，是有意識地、極爲嚴謹地爲後人保存了珍貴的碑刻史料，爲更深入的研究提供了可信賴的文獻。」①

彌補史籍遺缺，勘正史傳失誤，是金石學的重要功能之一。王堉昌在考訂史實方面，着力甚深，而「按語注重考證，而於事實如忠信、孝義等行亦特著之」，亦可見其學術精神。如卷二志表類《大金汾陽六師院實公

① 详见趙建勇，《元大道教史補考》——以《創建大明觀更上清宫記》等三方碑刻及山西省境爲中心，《中國史研究》，2013 年第 2 期。

禪師碑銘》之按語，結合（光緒）《山西通志・職官譜》對碑銘的時代進行了清晰的考訂和論證：「惟承安二年至元初已七十餘年，以原碑書明昌年爲元觀之，恐亦係金之誤也」「篆額爲前寧化州軍事判官任知微，書丹爲進士向子健，皆可補《縣志》之缺。」另如卷五碑記類《金刻漢郭有道先生碑銘並序》之按語，對東漢名士郭泰①墓碑的相關資料搜集非常齊全（内容含括《山右金石記》《石墨鐫華》《天下碑録》等等），並對郭有道碑的傅（山）刻、鄭（簠）刻、李（東琪）刻進行比較評析，論證相當充分。由此可見，在以金石勘史方面，《汾陽縣金石類編》具有重要文獻價值。

王堉昌學術態度嚴謹，其所輯録均屬原始真跡，可信度極高，他對所收器物的形狀大小都認真測量並記録；「物之高、廣、厚、薄皆於其章節附註之，一以舊才尺爲度——較新尺長八分，初采時尚未行新尺，以見原形」，又云「原書字行、文詞皆照原物録明，其有剝泐不顯者，以□代之，其見於他編或以文義審定者，胥傍注以别之」；並「書之别體、缺筆及古文者皆照録之，其篆隸行楷不能模仿者，亦敘於其尾」。一書在手，幾可窺見金石之原物風貌，大有虎賁中郎之效。

王堉昌在《汾陽縣金石類編》自序中云「癸亥蒞汾，初具其略而調盂。今複由盂蒞汾，以竟其事」，説明癸亥（一九二三年）他初任汾陽縣長時，此書初稿已成型，一九三五年他從盂縣再次調任汾陽時刊行了此書。王堉昌兩番蒞任汾陽，案牘勞形之餘，訪金求石，矢志不移，其奔走山鄉拓印抄寫，並非僅僅是風塵俗吏的暇

① 郭泰（一二八—一六九），字林宗，太原郡介休縣（今屬山西）人。東漢時期名士，太學生領袖，與許劭並稱「許郭」，被譽為「介休三賢」之一。最初被太常趙典舉為有道，故後世稱「郭有道」。

豫從容之樂。他曾言「余之隱於吏，亦竭其愚以維仁化于金石中，其有益於世耶，其無益於世也耶，則非吾之所知也」，「雖抉擇未能精審而發潛表幽，亦聊以供考古之助，並籍表仁義忠孝之行耳，後有起者，其亦有繼於斯乎！」一九三五年，抗戰烽煙漸起，碑刻文物屢遭破壞，三晉大地仙碑莽蒼，百不存一，《汾陽縣金石類編》的録文編撰，在很大程度上，起到了保存三晉文明火種，昌明汾陽傳統文化的積極作用，王堉昌躬歷八方，存古徵遠，赤子之心，浸潤于金石旨趣之間，更顯學人風範。

《汾陽縣金石類編》一書，不僅有助於研究汾陽大邑的歷史沿革與人文資源，同時對於三晉學術領域的拓展、金石文化的傳承與揚播，均具有重要意義。此書於一九三五年石印刊行，中華人民共和國成立後該書曾被北京大學《考古文獻目録》收録，爲學界所廣泛認可。

二〇一八年，三晉出版社以中國國家圖書館藏一九三五年石印本爲底本，影印出版《汾陽縣金石類編》一書，並將此編納入《山西文華》叢書，重輝先賢清光，甚惠三晉學林。

李雪梅

二〇一八年六月於山西大學

目録

第一册

第二册

第三册

第四册

汾陽縣金石類編

卷首又
卷一之四
金類

汾陽縣金石類編序

古今世道人心非有孝弟忠信禮義廉耻之充乎人之仁者以維繫之不足以言治即不足以期富强千百年来維繫此仁心以為至治者固以聖經賢傳為良箴而尤須以先哲嘉言懿行為弘範夫能使其言行永傳於世以為人之箴範者上則資冊籍次則恃金石冊籍有時而燬而金石散存各方則可以徵遠所謂禮失求之於野也即或金可以銷石可以泐而録之於簡編則尤可以冊籍為補缺况經史之力有限而金石之及於窮鄉僻壤野老俗夫胥可以觸目而警心

其効有更宏此歷代金石之學所以不可忽也特世之言金石學者多以文字為主體而於人之仁心如孝弟忠信禮義廉恥者則忽而略之亦未免失乎金石之本也歐趙以來尚矣其所論者則猶重書法之工拙文詞之優劣即進而上之亦以為可考地域稽官制徵戎備維水利博物產察風俗觀政治訪故事補史缺而於人之仁心如孝弟忠信禮義廉恥者則亦未為之詳也今天下競務新學矣於金石之學則以迂緩視之趨重藝術矣於道德之說則尤以腐敗鄙之廿餘年間爭奪擾攘黨分派別幾欲舉國之維而亦打倒之甚矣

天下之不能以一也近者當道提倡舊道德保存古物古蹟亦有見於此也乃余愚而迂識不足以知今又何以知古惟於金石之有文字者竊願取其年代久遠筆墨明達事實仁賢足以考古證今風人勵世者搜而集之分類以編之即釋老之慈悲清静雖多近於迷信而當此人心横肆之時亦足以為今世鍼砭補吾儒誠正之學所不及皆未可鄙而棄之也但力不足以蒐羅天下如歐陽公之物聚所好孫淵如之寰宇訪碑而惟於一省一縣求之學不足以考證今古如王青浦之博引廣徵翁覃谿之抉摘精審而惟以半知半解注

之鼎彝鐘鑑吾取其箴言也泉貨刀布吾取其圜法也造像經幢吾取其忠信也志表碑記吾取其孝弟節義也詩文叢刻吾取其勳績與文學也凡可以勵世者則皆擇以輯之癸亥莅汾初具其略而調孟今復由孟莅汾以竟其事似若有默使之者而余之隱於吏亦竭其愚以維仁化於金石中其有益於世也耶其無益於世也耶則非吾之所知也稿成書以為序

中華民國二十四年乙亥孟春

高淳迋変志於古西河之迋園

凡例

一物之高廣厚薄皆於其尾注之一以舊才尺爲度較新尺長八分初採時尚未行新尺以見原形

一書之別體缺筆及古文者皆照錄之其篆隸行楷不能摹仿者亦叙於其尾

一原書字行文詞皆照原物錄明其有剝泐不顯者以口代之其見於他編或以文義審定者胥傍注以別之

一先哲金石多以百五十年爲例如集古錄採至五代金石萃編至金山右石刻叢編至元本編至明而清初特佳者亦權附刻

一原碑已佚而文有見於他志者亦間錄之

一按語注重考証而於事實如忠信孝義等行亦特著之

一本編以造像經幢志表碑記詩文叢刻爲分類而每類仍以年代爲前後其同年者以月分之若各類先後則即以各類内之年月遠近者爲先後至金刻特稀而雜則另統一類分以細目序以年月其有他處所見而此得搨本或購存者亦權爲錄列

一本編標題多以原題或額書爲主間有無題與額者另摘標題而每篇題目上加○以示與正文區別

一本編有遺漏或印後發見錯誤者附補正於後

一本編有親訪亦有託抄代訪者錯訛在所不免至學識淺陋考証疏漏採編亦涉泛濫欠精審尤願明達正之

汾陽縣金石類編總目

金類

彝器類卷一　凡尊彝器物如觚鬲鼎盤斛鏡印章鐘桶盆池碑械等物均屬之　商至明　清初附　共十九品

泉貨類卷二　凡刀布古泉及星命壓勝篆𥳑等字當十當五等錢均屬之　周至明　清附　共三十四品

鎔像類卷三　凡造神佛人物等像均屬之　北魏至明　共十三品

鑄音類卷四　凡鐘磬雲版鐵鼓等項均屬之　金至明　共十三品

石類

造像類卷一　凡造坐立各像及造像碑摩崖造像等項均屬之附人物畫像　東晉至明　共十六品

志表類卷二　凡關於表人如墓志墓表墓碑等項均屬之　唐至明　分上下卷　共二十九品

幢塔類卷三 凡經幢石塔石柱均屬之
唐至明 共二十一品

詩文類卷四 凡詩歌祭文序記疏頌圖說等項均屬之
唐至明 共十九品

碑記類卷五 凡關於記事記功如修寺廟橋路塋基水利書院塑像造塔德政等碑均屬之
宋至明 清初附 分上下卷 共四十四品

叢刻類卷六 凡少數不屬於他類如題名記年刻經敕誥集帖額聯等項均屬之附陶類木類
宋至明 清附 共七十七品

以上仿金石索之例分金類石類並附陶類木類於叢刻類都計十卷凡二百八十五品其各細目分編於各類之首茲不煩贅其有遺漏及續現者另列補遺編

汾陽縣彝器類編目錄 金類

瓿 商子孫父瓿

鬲 周虢姜鬲

鼎 周仲色父鼎

盤 漢周永壽盤 宣帝五鳳二年九月

斛 新莽漯倉銅斛 始建國天鳳元年三月

鏡 唐明心鏡

印 金行軍都統印 宣宗貞祐五年四月

軍馬都提控印 哀宗正大三年四月

桶 明闕聖廟鐵桶 景泰帝景泰四年五月

關聖廟銅香桶 神宗萬曆四年四月

樓

明上清宮鐵醮樓 英宗天順三年正月

關聖廟鐵醮樓 孝宗弘治六年五月

盆

明觀音殿銅醮盆 憲宗成化十五年二月

池

明龍天廟鐵魚萸池 世宗嘉靖間

鑪

明關聖廟銅香鑪 嘉靖四十年九月

清石盤山銅香鑪 世祖順治元年八月

碑

明關帝廟鐵碑 萬曆十三年四月

礮

明北城門鐵礮 莊烈帝崇禎十五年

盔

清綠營鐵盔甲 聖祖康熙四十四年

汾陽縣金石類編 金類

高凉汪雯編輯

彝器類

古之用器多屬范金頌功紀事寓戒規箴鼎彝鏡鑑刀戈劍鐔印章量度醮盃鑪礎鐫銘鏤字紀年警心凡此物類皆世砭鍼

編彝器類

○（觚）

商子孫父觚

觚通高六寸五分口徑三寸腹徑六寸三分底徑一寸七分銅觚作紫黑色曾見於太谷趙鉄山家茲於汾陽得搨片附列

按薛氏鐘鼎款識商脊子孫父丁鼎子孫父癸鼎釋文謂子與孫同為父丁為父癸作此祭享之器又子孫父己彝上作非博

古録云非爲析字言析子孫乃貽厥子孫之意子孫父辛彝博古録謂商器以此銘者多言父辛則孔祖辛之類是也子孫父癸卣呂氏考古云父癸者商君之號也子孫父乙卣作⿰爿片亦爲析字脊貽厥子孫之意爲觚商脊合孫祖丁觚作兩孫相向謂二孫同爲祖丁作此器又子乙父丁觚謂君太丁之子爲乙是太丁之子乙爲父丁作此觚此作子孫父觚並無丁癸己辛等字當係子與孫爲其父作此觚然款識多以[illegible]爲子[illegible]爲孫由右而左圜讀當爲父子孫觚蓋父與子孫同作此觚耳姑附録以俟識者

○（鬲）

周虢姜鬲

高腹高二寸四分通高四寸三分口徑五寸五分耳高二寸寬一尺三寸腹周一尺六寸五口邊寬八分內口徑四寸文在口邊周曾見於趙鐵山家茲於汾陽得搨片附列

按周晉姜鼎重修博古圖録云晉姜齊侯宗女姜氏以其妻晉文侯故曰晉姜此云虢姜其爲虢君之妻姜氏乎薛氏鐘鼎款識晉虢叔彝即春秋魯憲公時之虢叔也晉虢姜敦文云虢姜作寶尊敦用禪追孝於皇考惠仲祈匃康嗣純佑通祿永命虢姜其萬年眉壽受福無疆子子孫孫永寶用享薛氏云用禪追孝於皇考惠仲者宗廟祭享之器也此文作惠仲尊鬲當亦屬宗廟祭享之器同時爲虢姜所作

汾陽縣金石類編　卷一

者

○(鼎)周仲邑父鼎

鼎深四寸足高二寸口沿外邊寬一寸花紋長圓相間口徑七寸二分耳高一寸三分寬一寸四分中孔六分底徑四寸二分內邊篆中色父作尊鼎其萬年子子孫孫永寶用曾於南汾州陳氏見之並於汾陽得搨本附列

按中與仲通周有仲山甫亦作中山父又有伯色考此中與色之見於人名者也至見於器者則有仲偁父鼎仲酉父甗一作姓亦作次以此例之中色父其為周時姓中或次仲僎色父者作鼎也

○(盤)漢周永壽盤

五鳳二年九月金工周永壽作銘曰

象超彝鼎適用以圓亡口
金石歷久以堅滿者招損
虛者受咸人於永鑑遺在
當前

盤邊徑一寸五分周共四
十七字字徑五六分分書
內徑一尺一寸跋語共二
十二行行十四五字不等
字徑三四分不一隸書黃
雲鵠志并書原物叢見於
成都而愚得其搨片因識
言可寶附録於此

按五鳳漢宣帝稱四年異主亮稱三年至九月隋末竇建德稱四年至五月此書漢五鳳二年九月則爲漢宣帝時物距今一千九百九十一年矣銘云人於冰鑑或此爲冰盤然滿損虛咸之義誠可爲箴寶也

○(斛)

新莽漯倉銅斛

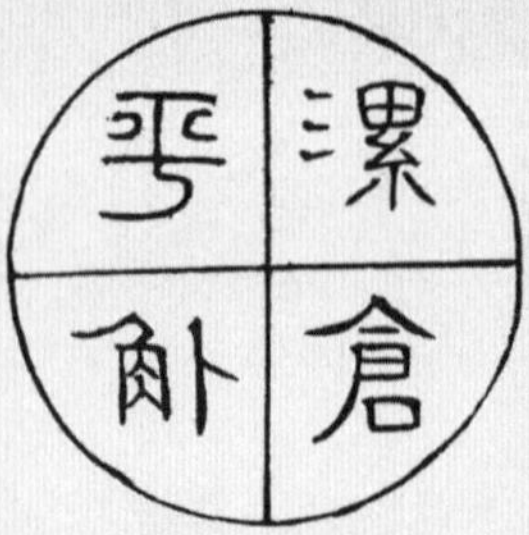

此圖徑五寸五分字大二寸在斛底斛通高八寸五分底徑一尺零三分高七寸五分旁脊圖章方一寸三分字漫漶兩耳耳高四寸濶一寸八分口直徑一尺零七分足高二寸半耳厚八分曾見於趙鐵山家兹於汾陽得搨片附列

口倉口十斗口重五十八斤

始建國天鳳元年三月戊午

始建國天鳳元年三月戊午

按漢志王莽時劉歆作銅斛通考魏斛大而尺長莽斛小而尺短是為新莽作銅斛之証漯水名漢書地理志漯水出東郡東武陽縣至樂安千乘縣入海又漢志云高唐縣桑欽言漯水所出蔣廷錫尚書地理今釋今山東朝城縣南高苑縣北禹城縣西均有漯河朝城即漢東武陽縣高苑即漢千乘縣禹城即漢高唐縣是漢漯水在今山東朝城等縣漯倉即臨漯河所置之倉猶秦在敖山今河南滎陽縣西北下臨河所置之敖倉也古以十斗為斛今以五斗為斛其形正方面小底大宋賈似道所創此書十斗其形為圓

其容量重五十八斤其造時為始建國天鳳元年三月戊午考漢書王莽傳居攝三年十一月改初始元年篡位號曰新以十二月癸酉為建國元年正月之朔至五年又改明年為天鳳元年是始建國之六年改天鳳元年以改元更號論既稱天鳳不當再稱始建國然莽傳前言先建元初始後改元建國不云始建國而於後言建國元年正月上仍係以始字則於始建國六年所謂改元天鳳者當是增天鳳二字於始建國之下故此刻稱始建國天鳳三年據此可証史載之失實葉石林避暑錄話云韓丞相玉汝家藏銅斛銘稱始建國天鳳上戊六年據漢書莽改始建國六年為天鳳元年而不言其因今天鳳上猶冒始

建國蓋通為一稱未嘗去舊號上戊莽所作曆也均可為此斛之証

○（鏡）唐明心鏡

賞得秦王鏡判不惜千金非關欲照膽特是自明心

上銅鏡通徑寬四寸外周闊約四分字徑約三分內圈徑二寸六分中乳高五分有孔可穿圈圍蟠虎象四銅色斑剝綠雜以白有水銀浸形曾於汾肆見之

按文鑄賞得秦王鏡等詞以唐書太宗賜高季輔金背鏡況其清鑑證之是秦王當係唐太宗以太宗曾為秦王且取其有賜鏡之意也然秦王亦不止於唐太宗未敢確信為唐鏡也考西京雜記咸陽宮有方鏡廣四尺高五尺九

寸表裏肴明能照見人之腸胃心臟知病之所在女子有邪心則膽張心動秦始皇曾以照宮人後人頌折獄之明者曰秦鏡高懸始皇亦為秦王此鏡文鑄非關欲照膽持是自明心是蓋取秦鏡之明而鑄以儆人心也惜未鑄肴年號也判肴作折持作特者

〇(印)

金行軍副統印

印銅質正方一寸八分背肴長方柄背面右端鐫貞祐五年四月初一日造十八字印上端側面鐫行軍副統日字號印字印面篆行軍副統日字號之印九字民國十八年四月出土於遼縣城東之東雲山東巖溫君應楷搨以見贈因附列之

按金史宣宗元光間招義甲以三十人為

謀克官職名五謀克為一千戶官職名四千戶為一萬戶四萬戶為一副統兩副為一都統此印鑄於宣宗貞祐五年貞祐僅四年而此刻五年四月豈行軍遥遠尚未知歟在元光前五年則副統不始於元光時也蓋金太祖收國元年十二月以討高永昌置南路都統司天輔五年襲遼主始有內外諸軍都統之名其後行軍則立罷則省此書行軍蓋貞祐時行軍所設也金印多編號如泰和八年敕殿前都點檢司依總管府例鑄印以金木水火土五字為號給之此刻日字則又以千字文編號矣金印多書行宮禮部造或行宮禮部造此不書何處造當亦行部所造也

○金軍馬都提控印

軍馬都提控印

印銅質似金面方二寸二分柄方而短左側刻正大三年四月日右側刻陝西東行部造篆文係軍馬都提控印六字原出汾水源之寧武縈塞長城處五寨霍端麟於余甫蒞汾陽時贈搨片因附列之

按正大係金哀宗年號此時山陝猶屬於金而金已衰亂軍馬紛紜印刻陝西東行部造蓋行部便宜鑄造也攷金百官志有提控同提控等名而無軍馬都提控據此可補史缺按金印制（一品印方一寸六分半金鍍銀重三十五兩二品方一寸六分金鍍銅重二十六兩三品方一寸五分半銅重二十四兩）當為二品印然按元郭泰銘為樓煩縣（元屬嵐州又為管州今靜樂縣）主簿兼軍馬都提控征伐殘金（見靜樂至元二十年碑）則似非

二品之印或元初襲金官制而品已不同歟姑列以俟考

○（桶）明關聖廟鉄鐵桶

第一節鑄八卦

第二節鑄汾州在城南門義勇武安王鐵桶記

景泰四年五月上吉日造

汾州安靜坊鑄鐵桶施錢功德人兄康軫勝哲安靜坊功縁人魏士

溫布林魏釗同郎坊助緣人趙鑑曹能南善廂劉子恭靳家里

助緣人王彪王□美韓俊韓文中賀絨賀□□田林中靳伯龍

孔布文靳家里助緣人田文中安靜坊田旺東郭東廂李子瑞

書汾州遵禮廂金火鑄匠齊俊男齊恭敬兄齊英北郭廂金火鑄

匠齊友諒男齊鳳鸞虎

第三節鑄太公釣魚文王及獸形

第四節鑄象與人形下鑄蓮花形又下為桶足

右桶高一尺五寸口徑寬一尺零五分厚二分三足高三寸五分横周分三節鑄字與花紋如前今在汾陽縣城關聖廟大殿

○明關聖廟銅香桶

銅香筒兩鉄座人名漫漶座鑄

萬曆四年四月造

右筒座共高二尺有奇在今汾陽城内關聖廟

按銅香桶與嘉靖四十年之銅香鼎當為同時鑄造之物而鉄座係萬曆間續造者今兩銅桶已佚而僅留兩鉄座以石瓶補

之因附列桶類以存原物

○（樓）明上清宫鐵醮樓

趙周村施助人趙昺等

大明天順三年正月吉日造

右鐵醮樓高一丈五尺五寸徑六尺許共分三層上層連頂高四尺五寸下層連底高五尺五寸惟中間横分八格每格載各村＝名人名只正面刻天順三年正月吉日造今在汾陽縣弘士村上清宫

○明關聖廟鐵醮樓

首一面　東廓東等廂起意發心功德糺首安子阜趙子成等十二人

耆官安子忠等二十四人

人美廟功德主義官何鳳弟義官何宦等

義官安桓等二十五人

第二面　義官馮子敬　義官武子旺　義官安鑑等

第三面　義官田清等六人

第四面　義官姚子龍田仲海等五人

第五面　義官孔宣郝仕清等九十人

第六面　望春里助緣義官李葵等

第七面　本廟助緣人張鑑等九十人

第八面　大明弘治六年歲次癸丑五月十三日造

右鐵醮樓高一丈五尺有奇周圍一丈五尺共分五級第三級横分八面首一面功德糺首之姓名第二面施財檀越之姓名第三面善信等之姓名第四面維那之姓名第五面檀那之姓名第六面隣村助緣人名第七面本廟助緣人名第八面年號月日陽文正書行數字數不一

今在汾陽縣東關武安王廟

按醮酌而無酬酢之謂古冠婚之禮皆用之今婦人再婚者謂之再醮即謂此也又祭也漢書可醮祭而致道士設壇祈禱亦曰醮今祭畢奠酒化帛於盆謂之燎盆亦謂之醮盆他處多用鐵盆石柱或石盆石柱亦有鐵盆鐵座者汾邑則用鐵鑄如樓高約丈餘上有頂作廈式中空如鑪有三層四層五層四面六面八面之别每面書祝語年號人名每層又有間蓮瓣上書人名者今城内府城隍廟狄公廟關聖廟東嶽廟鄉村之龍天聖

毋閑聖等廟亦皆有之大概多係正德嘉靖萬歷時慶成永和兩王府人員與社民所捐造而此為明孝宗弘治六年造較他尚遠故特列以槩其餘

○(盆)

明觀音殿銅醮盆

喬木高等九十五人

生員黃淦等一十人

成化十五年二月吉日造

右盆連架高二尺七寸盆徑一尺七寸半深八寸半下銅撐三股底座一圈上題名銅發綠色今在汾陽縣郝家莊觀音殿

按各縣醮祭除石盆外多鉄盆萬泉縣泰山廟有金大定二十四年鉄醮盆闕帝廟有元至正十三年鉄醮盆稷山府君廟有

元元貞元年鉄盆此以銅鑄則為罕也

○（池）明鐵魚奠池

鉄魚池長約一尺七八高約八寸仰腹作池寬約三寸首尾鱗均宛然下置四方座一高約九寸今在汾陽縣南牧庄村龍天廟

按禮記主人既祖填池注謂填池當讀為奠徹即俗言奠池也祭畢以奠酒者世多用錫或石作長方或圓形而此以鉄作魚形則特別也惜無年號文字然以殿前鉄熙樓鑄明嘉靖十九年肆月吉日造鉄香爐鑄嘉靖二十二年四月造等觀之當亦嘉靖間所造也

○（鑪）明關聖廟銅香鑪

横周鑄　嘉靖肆拾年玖月初柒日下火

左耳鑄　慶成王府奉國将軍耒搗施財糺首

李㐰口　口口口　金世風　趙景付造

右耳鑄

施財宗室　耒仰知奐新埒王府官　知奐知歛新均田永公　徐日東　㡯口和

王三府二小二府新圢新坧　王四府五八府二大五府新墟

右銅鼎連三足高二尺七寸足高一尺口徑二尺內周六尺外周六尺一寸其腹周圍六尺七寸鼎口左右有兩耳長均尺許寬二寸半上刻施財人之姓名侌文正書字徑三分許形製甚古無銘有座今在汾陽縣鉄馬關帝廟

○清石磐山銅香鑪

汾州府汾陽縣各坊廂里等虔心鑄造金鼎一堂謹献石磐山西頂正殿供奉

玄天上帝
順治元年歲次甲申仲秋望日建造
焚修香火道士何一貫
香首任相
善男信女張令聞等三十餘人未備錄
右鑪長方形高約二尺許四足高約五寸深約一尺五六寸前後寬各約二尺許左右寬各約一尺四寸餘兩耳長約一尺寬約寸半字鑄周圍今在汾陽縣西石磐山真武廟
按古者以鼎為傳國之實或以為旌功之器故鼎有銘又有以鼎為烹飪之器如伊尹爨鼎後又以為煉丹煮藥烹茶之器號丹鼎藥鼎茶鼎或以為焚香之器名香鼎亦名香鑪漢有博山

爐（五鳳三年造）大皆三足兩耳惟耳與足有長有短有項細有腰細者上列即細腰長耳短足者狄公祠呂祖壇亦有一銅鼎大小與此相仿而腰尤細如葫芦無文字若方者則四足即非鼎也

○(碑)

明關帝廟鉄碑

額書（慶成王宗川 永和王恒南）

文載 是廟創自唐貞觀元年四月八日迄至大明萬曆十三年正月慶成王府奉國将軍捐一歲所入布施得金百十兩並捐己資鑄鉄馬二鉄人四波厮二香爐三列門陛以壯其觀並精裝忠義樓大銀香爐金字門對門匾一面云云

旹大明萬曆十三年歲在乙酉孟夏吉日鼓樓南一甲立

郡庠生王山　石廷瓚撰

郡庠生龍川　馬　元書

郡庠生文山　宋純仁篆

右碑高約四尺寬約一尺七八寸分四節鑄造今在汾陽縣城內關帝廟

按碑原屬石以鐵造者則鮮太原省城西門甕城內有成化間關帝廟鐵碑太谷北洸村寺內有萬曆間鐵碑皆分節鑄造茲分四節亦係明時則鐵碑或始於明歟爰列其畧以備一格

○（額）

明鑄鐵炮

汾陽縣知縣劉必達奉

本府張文蒙

按院明文捐俸造

崇禎十五年監置金官

張成

右大鐵礮長五尺許周圍二尺有奇火門一節造字五行行各字數不等正書徑四五分今在汾陽縣北門城上

按礮為古攻戰之具以機發石號為將軍礮見唐書李密傳故為礮俗作砲元初用西域人亦思馬因與阿老瓦丁所造大礮攻襄陽至元十年攻襄陽名回回砲手是為中國用火炮之始今亦作炮後至明用西洋礮而火器愈發明清初康熙三十年御製金龍礮左滿文右漢文以銅鑄之此為明莊烈帝崇禎十五年猶以鉄鑄造者所

鑄本府張按院明皆可補通志與府志之闕惜均未著其名字也

○(盔)

清初鉄盔甲

鉄盔如瓜皮下口徑約六寸上插纓頂鉄管長約寸餘　鉄甲外繡花紋內襯鉄片無數厚一二分

康熙四十四年製

右盔二十餘頂甲已爛不成套除變賣外餘檢稍好者存縣圖書館

按盔為首鎧形如帽以鉄片製成甲為戎衣用革或鉄葉為之上被肩者為披膊中當胸者為胸鎧下垂兩傍者為腿裙其重至四五十斤清制官之盔甲用錦緞或施綵繡兵用布皆著以

禦兵刃者火炮盛行遂廢

汾陽縣泉貨類編目錄 金類

刀

莒刀 齊

錯刀 新莽

布

慈氏布 晉

大布 新莽

貨布 新莽

泉

五銖錢 漢武帝 北魏孝文帝

半兩錢 漢武帝

馬錢 漢武帝

貨泉 新莽 原編誤列漢前

大泉五十　新莽

五行大布　北周武帝

周元斬蛇錢　後周世宗

正德龍鳳錢　明武宗

符卦錢

長命富貴錢

八卦十二相錢

福壽字錢

蒙古字錢　元武宗至大錢

滿字錢　清世祖順治錢　聖祖康熙錢

當十錢　宋徽宗崇寧錢　大觀錢　金章宗泰和錢

當五十錢　明熹宗天啟錢　清文宗咸豐錢

泉貨類

九府圜法萬物相權初行皮幣繼鑄貨泉刀布差異龍馬象傳問行交鈔（宋行交子關子）復改緡錢或記以數或紀以年元清通寶番端文鎸凡此錢法歷代革沿可觀政治可考書篇編泉貨類

刀

○莒刀

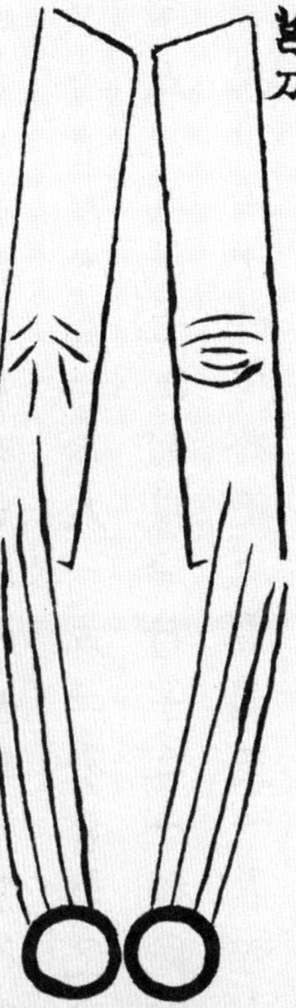

刀長三寸八分內及長二寸一分寬四分柄長一寸四分面鑄☰背鑄亣寬三分圜徑三分汾人魏級三於民國二十年得於榆次

按☰為吕字亣即行字吕與莒同金石志云莒刀亦齊刀樂毅

伐齊城不下者惟莒及即墨古脊即墨刀書即墨邑寶貨等字此書呂字是莒邑所出之刀也其背書行字蓋取周行之義也又脊書𠂇一𠂇二即左一左二脊書㕛乙㕛八即右一右八等字蓋記其數也上列僅書行字之一種民國十九年盂縣北鄉曾掘出若干此得於榆次蓋開天一渠所出之物也

○錯刀

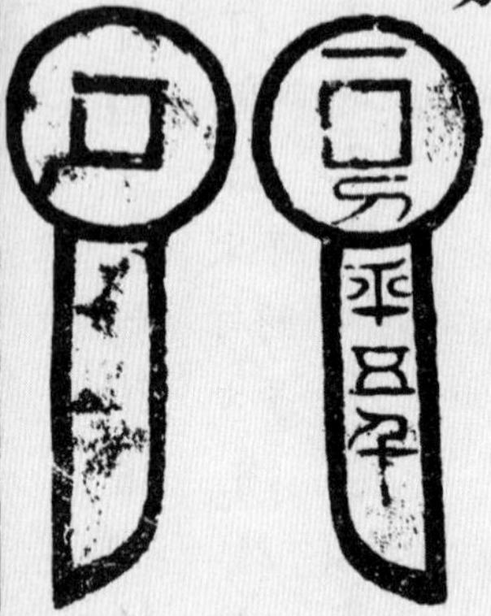

刀長一寸九分輪郭隆起上圜徑寬七分中孔方二分半長一寸二分寬三分共寬一分圜上方孔上篆一下篆刀圜下篆平五千三字汾人魏紱三收存

按漢志莽居攝變漢制錢造大錢五

十即大泉五十又造契刀上圜如錢下身如刀長二寸文曰契刀五百（契刀二字在圜左右五百二字在刀身直列）錯刀以黃金錯其文曰一刀直五千如上所列係平五千志謂直者解平五千之義非刀文為直字也刀錯字以金填之故所見多係金脫而只留字痕者志又云大泉五十契錯刀與五銖錢並行莽即真以劉字有金刀迺罷錯刀契刀及五銖而更作金銀龜貝錢布之品是錯刀之行未久古詩云美人贈我金錯刀何以報之英瓊瑤則當時已缺罕而珍重矣今所見者大小稍有不同蓋多贋造焉

布

○慈氏貨布

方足　方足　銳足　銳足

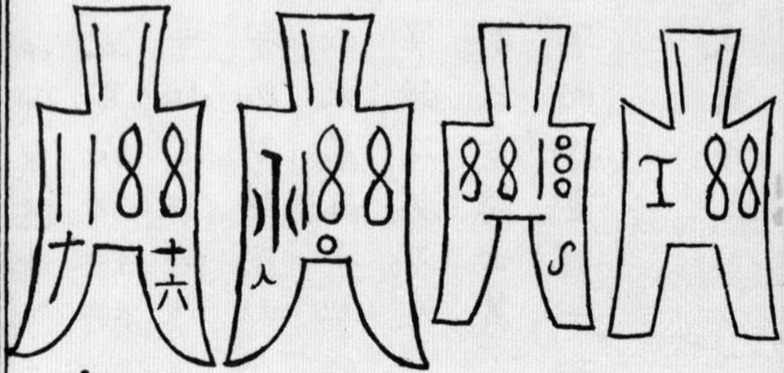

慈氏

慈氏

尒亦作氏
人作貨

慈十六
十亦作氏

背

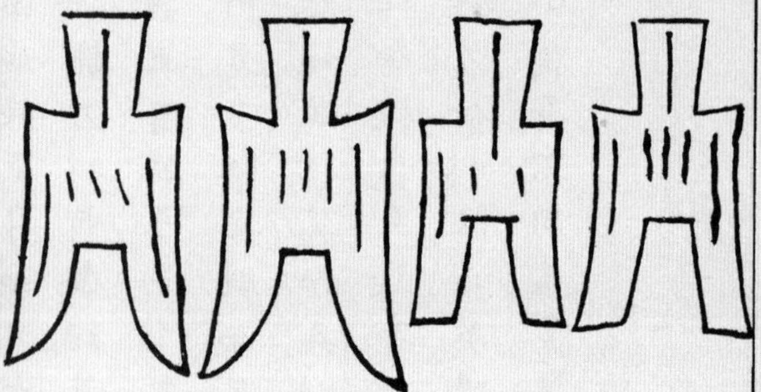

銳足

銳足

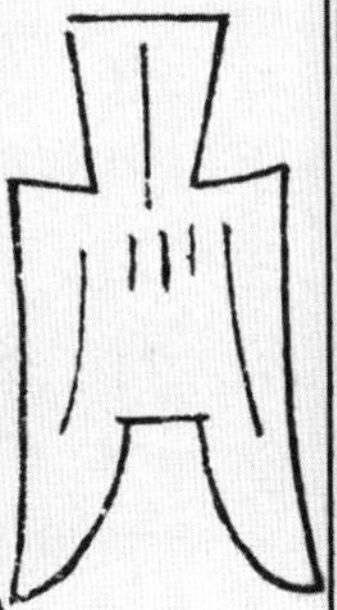

右慈氏方足貨二銳足貨四慈省作88氏篆作工肴作𢇁者肴作𢇁88者有文一作88者有文二慈氏平列者有文四慈氏八化者有文三兹氏銚者此為方足文二平列者二品此布銳足者多玆慈氏為太原邑慈亦作兹按布文十个士均氏字今汾陽縣南十五里有兹氏城一名甄子城史記夏侯嬰食邑兹氏是也

〇大布

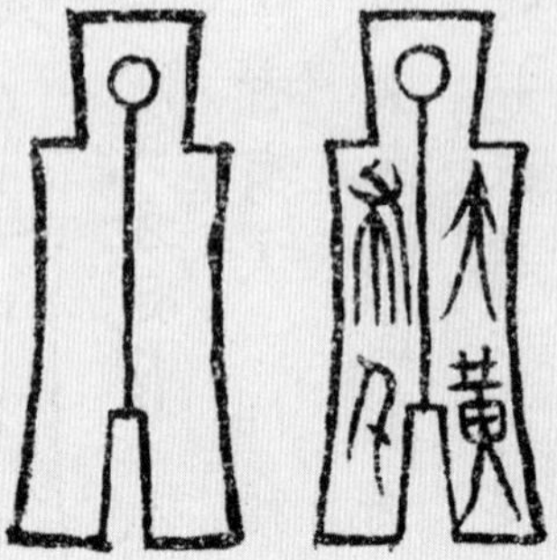

布長今尺一寸六分廣五分厚不及分首長五分廣四分孔徑一分足枝長五分各廣二分相間一分篆文大布黃千三收存

按漢志莽布十品(一)曰小布一百篆作小布一百(二)曰幺布二百篆作幺布二百(三)曰幼布三百篆作幼布三百(四)曰厚布四百篆作厚布四百(五)曰差布五百篆作差布五百(六)曰中布六百(七)曰壯布七百篆作壯布七百(八)曰第布八百篆作第布八百(九)曰次布九百篆作次布九百(十)曰大布黃千即上布文小布長一寸五分重十五銖以下各相長一分各相重一銖直各一百至大布長二寸四分重一兩直一千矣

○貨布

布長今尺一寸七分廣六分厚不及分首長六分廣五分孔徑一分半兩足枝各長六分各廣二分相間一分篆文貨勢級三收存

按漢志新莽天鳳元年罷大小錢改作貨布右曰貨左曰布長二寸五分廣一寸首長八分強廣八分其圜徑二分半足枝長八分閒廣二分重二十五銖直貨泉二十五以上係建初尺即劉歆銅斛尺東漢章帝時尺之度與今才尺每尺祇差四寸矣

○泉

泉貨圜徑六分穿孔二分半有廓背無文

五銖圜徑八分穿孔三分輪廓半分字與穿徑同有廓背無文今俱見於汾陽城肆

按漢武帝元狩五年有司言三銖錢輕易以姦詐請更五銖錢元鼎二年罷白金鑄赤仄錢一當五賦官用赤銅爲廓俗謂之子紺錢銖字作銖　新莽天鳳元年罷大小錢改作貨泉（讖謂白水真人者）徑一寸重五銖文右貨左泉如上列枚直一與貨布二品並行　光武中興復行五銖錢　後漢昭烈五銖錢上下有直百二字又有五銖二字左右相反穿上鑄十字者　魏文帝初復五銖旋罷明帝復行銖字作銖如上　宋文帝鑄四銖錢後罷復鑄五銖錢與漢錢同　梁武帝鑄五

銖周廓較寬銖字朱較短又普通中鑄鉄錢面文五銖背文四出又鑄五銖穿上下有篆大吉大通大富三種錢錢背文俱四出敬帝鑄四柱五銖穿上下各有兩星又有兩柱錢上下各一星　陳文帝改鑄五銖朱字尤小以一當鵝眼之十宣帝鑄大貨六銖以一當五銖之十有二種背俱無文　北魏孝文帝鑄五銖穿上下有太和及齊和二種孝莊五銖又鑄永安二字北齊文宣帝五銖有常平二字　隋文帝鑄五銖白錢五字近好處有一畫餘三面無廓又鑄小五銖錢徑三分者至唐武德四年七月始廢五銖而行開元通寶錢矣茲列銖字作銖蓋曹魏五銖焉

○半兩錢

圜徑七分方孔徑二分半篆文半兩左右行背無文今在汾陽縣城內趙輔臣家

按漢食貨志秦錢質如周錢文曰半兩重如其文漢呂后時行半兩錢文帝紀五年春二月更造四銖錢應劭注其文亦曰半兩金石記秦半兩稍重漢半兩稍輕秦錢背平無郭武帝半兩有輪郭文帝半兩至輕小此有輪郭稍大當為武帝時半兩

○馬錢

馬錢圜徑六分馬作回顧式中穿方孔徑二分孔上似一圓有字漫漶今於汾肆見之

按漢書食貨志武帝造銀錫白金（雜鑄銀為白金）錢以為天用莫如龍地用莫如馬人用莫如龜故白金有三品㈠文龍外

周均圜盤以雲龍重閒直三千(二)文馬外周中孔均方孔下馬如飛重六兩直五百(三)文龜楕圜而長上下均作折角形中作龜背文無孔重四兩直三百此作圜形背無文與馮氏金石索所列馬錢八品(一)背書魏騎驪足面方孔上騎人(一)背書趙將廡頰面方孔下作馬跑形(一)背孔上書長字面孔上下書千里二字(一)背孔上下書追電二字面方孔上書馬字下作花文作馬奔形(一)背方孔左右書渠黃二字面馬作回顧式(一)面方孔上下書騕褭二字馬作奔形(一)面方孔上下書飛黃二字馬作前奔形(一)面圜孔上下書背日二字而背均文無均不同蓋皆本漢馬錢之變造者歟

○大泉

圜徑八分方孔徑三分篆文大泉五十上下左右行背無文今存於趙輔臣家

按食貨志王莽居攝變漢制更造大錢徑一寸二分重十二銖文曰大錢五十背無文其郭有雙邊者有單邊者其背孔上有鑄雙柱者有鑄寶劍七星龜蛇者又有鑄日月北斗者始建國更作小錢文曰小泉直一幺泉一十幼泉二十中泉三十壯泉四十此爲五十共六品

○

五行大布

圜徑八分方孔徑二分強郭半分文篆五行大布上下左右行背鑄寶劍七星龜蛇今存趙輔臣家

按北周武帝鑄布泉一當五其文左行又鑄五行大布與布泉並行背有三雀花草飾於中圜周圜而中圜內有方孔上下左

右書五行大布四字又有文篆五行大布四字背鑄蛇龜寶劍七星與此相仿而行字不同蛇在上龜在下與此龜蛇均在下亦不同亦有背鑄上蛇下龜左右雙劍者有背無文而圜較小者又有背書圜圓二字圓孔均作花紋者大抵皆壓勝之用也

○周元斬蛇錢

圖徑七分輪廓一分穿孔二分面孔上下鑄周元二字左右鑄通寶二字背孔左人持劍右蛇盤繞

存面明山家

按五代周世宗毀天下銅佛鑄周元通寶錢宋太祖承周制亦鑄宋元通寶錢是此錢爲周世宗柴榮之所鑄然背鑄斬蛇當亦壓勝之用也

汾陽系金石類編　泉貨類　卷二　二

○正德龍鳳錢

圜徑七分半輪廓一分穿孔二分面孔上下鑄正德二字左右通寶背孔左龍右鳳存田明山家

按金石索有進千秋萬歲錢背文左鳳右龍無年號此為明武宗正德年號而背孔左龍右鳳考唐景龍中中宗嫁荆山公主鑄長命守富貴背五出用以撒帳傳為撒帳錢今舊俗結婚用五谷升内裝錢撒洞房即此習也大抵皆用吉祥語如五男二女永安五男等文此作龍鳳蓋取龍鳳配如婚帖用龍鳳之義或亦正德時撒帳之用歟

○符卦錢

圍徑一寸三分半輪廓一分半圓孔三分而孔左右書符字徑六分中書文云雷霆八煞鬼降精斬妖降邪永保神清奉太上老君急急如律令敕分三行而孔上中間六字双行寫字徑半分背書八卦字並卦圖

按西清古鑑天罡錢面圓孔左嵬右靁上天罡天罡斬邪滅亡吾有令劍斬鬼不存下急急如律令上清攝背圓孔左䨻右䨻上神清神清捉鬼降精此符到處滅鬼不存下急急如律令雷乡乩注天罡即北斗也道家以禮爲修攝壓勝此符與天罡前面符均相仿而文稍有異且背面鑄八卦字與八卦形又有不同盖亦道家壓勝之作也

○長命富貴錢

圜徑一寸五分輪廓二分半圓孔徑三分面書長命富貴金玉滿堂八字周鑄八寶花樣背鑄一鹿與樹與草

按錢譜有長命富貴錢爲唐中宗嫁公主撒帳錢背五出無文又福德長壽錢背作神人雲月蟾蜍之狀爲唐宮中祈福錢又西清古鑑有金玉滿堂錢面作篆書文由上下左右讀背作雙螭皆以錦地見考金玉滿堂爲道經語此合長命富貴金玉滿堂而鑄盖亦道家祈福之用也

○八卦十二相錢

圜徑一寸二分內孔徑三分外輪廓一分一面鑄八卦名與卦

象一面鑄十二辰與十二相民國二十年魏級三得於榆次今存其家

按西清古鑑有星官錢一面書本命星官四字左右作南北極相對狀下作一爐旁作龜鶴各一一面作十二相而內周無十二辰等字考道家有祭星法常以受生所值之日祈請司命以祈壽也又金石索有十二相錢作十二格內圜十二辰一面作星官坐像對立一人一鶴又有十二相錢內圜十二辰內外通作十二格一面星官立像對立一人進桃上飛一鶴皆得於曲阜又有十二相錢外圜子丑寅卯辰巳午未八相內圜申酉戌

亥四相各括以圜間以字一面作星官駕鹿對立童子上飛祥雲北斗下列龜蛇虎鶴得於任城而皆未有八卦此錢不見於金石諸書亦未詳年代所始觀其書八卦與十二辰相之意亦道家壓勝祈壽之作也

○福壽字錢

圜徑一寸一分中圜孔二分輪郭一分半外圜十二字內圜六字兩面均同惟字有異耳魏級三收存

按此錢字不可識有似唐佛陀波利所取之經文梵字一面又似篆福字一面似壽字蓋亦僧人祈福壽之作也馮氏金石索

有梵字錢疑為釋家歷勝錢但與此異故特錄之

○

元蒙古字錢

圍徑約一寸六七分孔徑約二分正面鑄大元通寶背鑄蒙古字四如上民國十六年曾於稷山北門外掘土得之茲於汾陽亦見一枚

按元史食貨志元之交鈔寶鈔雖皆以錢為文而錢則弗之鑄武宗至大三年初行錢法立資國院泉貨監以領之其錢曰至大通寶者一文準至大銀鈔一釐曰大元通寶者一文準至大通寶錢一文即此錢也背鑄篆文如上金石索以為西番篆又有至正通寶三品背孔上鑄[illegible]者稍大鑄[illegible]者稍小下有二字鑄[illegible]者又次之馮氏謂大次二種讀若巴納梵語錢字也下書

二者讀作額蓋當二也與此篆同體以元立蒙古字碑考之當爲蒙古字焉

○清滿字錢

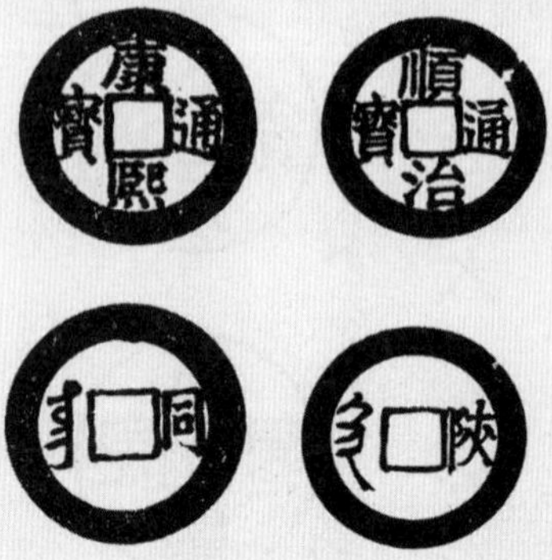

順治錢徑七分孔徑二分背右陝左康熙錢徑八分孔徑二分背右同左乾隆錢徑六分孔徑二分背右左除陝同爲鑄造地名外餘均爲滿字

按歷代鑄錢背多無字其有字者亦僅有數目如一二等字而書地名者則始自唐武宗會昌五年所鑄之開元通寶錢唐高祖武德四年廢隋五銖錢鑄開元通寶背有掐甲痕作偃月形如孔上書京洛益襄洪兖潤鄂平興梓福丹揚等字又有右書藍荆梁廣左

書宣潭下書越字者亦間有月痕者又有上書會昌年之一昌字者其書番字者惟元之大元通寶錢至清初順治康熙錢背右書地名左書滿字如同福臨東江宣原蘇薊昌寧河南廣浙臺貴陜雲章又有加工二戶文等字者乾隆以後則左右皆書滿字滿州文字咸豐時則間鑄鐵錢茲錄三種以見鑄滿字之始也至光緒季年則仿外洋鑄造銀圓銅圓背作盤龍而滿字即廢矣

○當十五錢

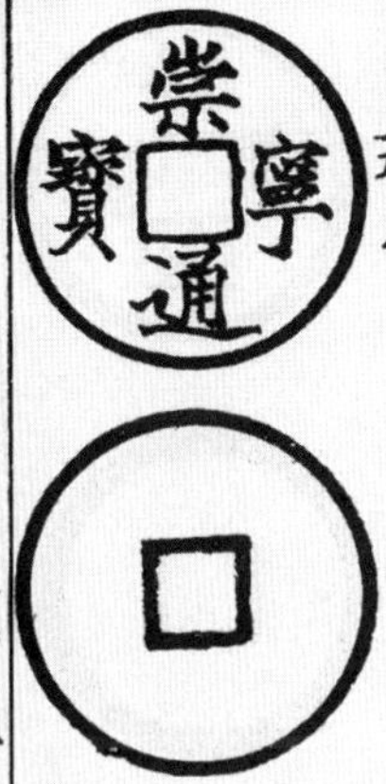

崇寧通寶錢圜徑一寸輪廓半分方孔二分文由上左下右轉讀正書字徑二分强一當十崇寧三年鑄字與大觀錢一體當亦徽宗御書

崇寧重寶錢圜徑九分輪廓八厘方孔二分文由上下左右而讀分書字徑二分一當十崇寧三年鑄

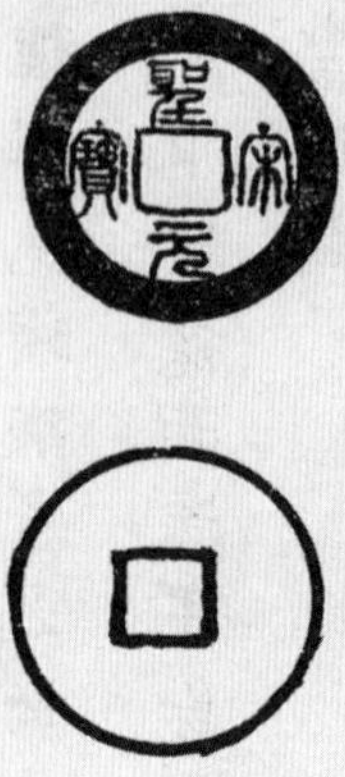

聖宋元寶錢圜徑八分輪廓一分方孔二分文由上左下右轉讀篆書字徑一分半一當五崇寧二年鑄

大觀通寶錢圜徑一寸一分輪廓四厘方孔三分文由上下左右讀正書字徑四分一當十大觀元年鑄徽宗御書

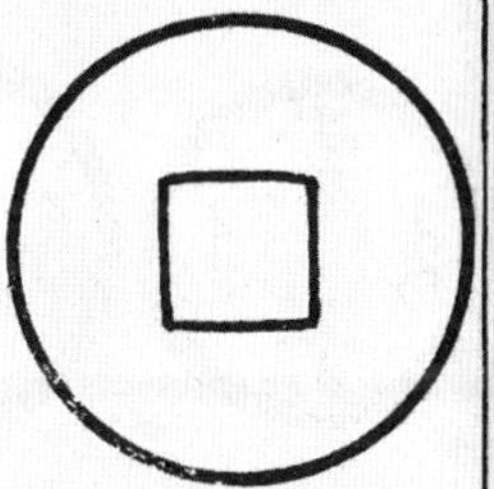

泰和重寶錢圜徑一寸二分强
輪廓四厘方孔三分强文由上
下左右讀玉筯篆書四
分一當十泰和四年鑄

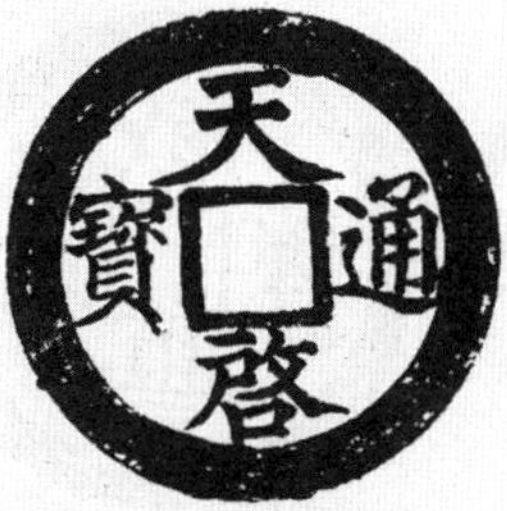

天啟一兩錢圜徑一寸三分方
孔五分輪廓二分面鑄天啟通
寶四字上下左右行背鑄孔上
鑄十字左一兩二字

咸豐當百錢圜徑一寸三分半方孔四分輪廓一分半面孔上下鑄咸豐左右鑄元寶各二字背鑄當百二漢文[illegible][illegible]二滿文

咸豐當十錢二種㈠圜徑一寸方孔三分輪廓一分面孔上下鑄咸豐左右重寶四字背孔上下當十左右鑄[illegible][illegible]漢滿文各二字

㈠圜徑九分半方孔二分半輪廓一分面孔上下鑄咸豐左右鑄重寶背孔上下鑄當十左右鑄[illegible][illegible]各二字

咸豐當五錢三種（一）圜徑八分半方孔二分強輪廓半分面孔上下鑄咸豐左右重寶背孔上下鑄當五左右（滿文）各二字此外尚有二種稍小惟滿字均同以上七種均藏蔡德滋家

按錢自漢鑄半兩四銖五銖而相沿者多屬五銖或加年號如北齊太和五銖永安五銖北齊常平五銖是也後漢昭烈帝五銖錢孔上下書直百亦有僅書直百而無五銖二字者又吳大帝鑄大泉五百亦有大泉當千者梁武帝鑄孔左右一百下書平者要皆鑄於面而背則無文後以年號鑄錢面而間有背鑄五字如唐天佑（錢文天祐作天佑）錢背孔上書㐅宋慶元錢背孔下書五或六咸淳錢背孔上書二或七淳熙錢背孔上下或十二或

十六淳祐錢背孔上下書當百者是也

又宋史食貨志徽宗崇寧二年改小平錢鑄當五大錢以聖宋元寶爲文三年鑄崇寧當十大錢有崇寧重寶崇寧通寶二種又大觀元年鑄大觀通寶當十大錢金章宗泰和四年鑄當十大錢泰和重寶與鈔並行但背皆未鑄明所當之直數 至明熹宗天啟錢較前代錢均重背孔上書十字即指其直數左書一兩二字當指此重量是當十錢明即復行也 清至文宗咸豐間庫帑支絀鑄當五當十當百錢而左右仍書滿文面書重寶示較他錢重大也當猶今之紙幣有百元十元五元數種以用多而費省也然亦行之未久而即廢茲特列以見其制

泉貨補正

按莒刀[illegible]字一謂籀文明字間有鑄作[illegible]漢志平明屬北平郡列國屬燕史記秦昭襄二十五年拔趙二邑於韓王新城與魏王會新明邑蓋謂新拔趙之明邑也然細玩刀文非秦時所鑄此刀近多出於北平之燕市及河間易縣等處是為燕平明邑之刀見王錫棨泉貨彙考而前列為莒刀則以通考謂齊人莒人謂之刀之語也見馮氏金石索

又正德宋時夏崇宗八年亦稱此號但西夏載紀自仁宗崇宗子天盛十年始治鑄則非西夏之正德可知其為明武宗正德時無疑清康熙五十年日本中御門亦稱正德或亦鑄有錢乎

又天啟元至正末徐壽輝亦稱天啟鑄天啟通寶錢明劉中愚酌中志曰

司鑰庫集有歷代古錢熹宗一日於御前得天啟大小錢數枚徧問無知者大於熹宗之天啟錢此為天啟當十錢背鑄十字及十一兩二字較徐壽輝之天啟錢又大考熹宗天啟當十錢有背鑄十字在穿上有在穿下者有穿上鑄鎮字下鑄十字者有穿上鑄一府字有穿上十右一兩左窗者其窗字及鎮府字三種甚少此為穿上十右一兩與嘉靖當十錢十在穿上一兩在穿右者相同也西清古鑑熹宗時兵部尚書王象乾請鑄當十當百當千大錢後罷未行

又咸豐鑄有鐵錢考五代楚馬殷嘗鑄乾封泉寶鉛錢閩王審知鑄開元通寶大鐵錢王延羲鑄永隆通寶大鐵一當鉛錢百見十國紀年泉志王延政天德二年鑄天德通寶大鐵錢一當百背穿上有殷字則鐵錢不自清咸豐始也

汾陽縣鎔像類編目録

神像

北城樓玄帝銅像

物像

明關帝廟鐵獅　武宗正德五年七月

關帝廟鐵人馬　神宗萬曆十三年正月

清北城鐵鳳凰　仁宗嘉慶二十一年六月

鎔像類

周秦金人鑄像所始若佛若神笵銅笵鐵後至魏周曾詔銷毀迨及有明鑄者尤盛更有馬牛（霍縣北關橋上有鐵牛）又有獅狗（襄陵河邊有鐵狗）或以鎮邪或以鎮水年月銘詞時有可取搜集餘存藉明建造編鎔像類

○北魏宣景達夫妻造銅佛

正光六年六月十日上林

在村宣景達夫妻敬造

孤勒像一區上為國家四海

安靜一切洽生之務

晋同真鏡

右小銅像屏風帶座共高約三寸餘座長方高約一寸寬約二寸屏風上銳中寬約一寸六七分立像約一寸文刻屏風後共五行行十字至八九字不等字徑約二分曾於汾肆見之

按正光為北魏明帝第三年號歷時六年僅至五月此刻六月十日蓋村民僻遠尚未知已改元孝昌也文刻弥勒作孫勒物作務普作晋真境作真鏡魏時書字多作別體鄉人尤甚也

○元清涼寺地藏王鐵像

地藏王坐像 坐高五尺有奇兩膝相距二尺九寸背間皆各村施財功德主之姓名今在汾陽縣盡善里張家堡清涼寺

按像無年月據康熙間碑載寺建於宋元明隆慶間遭兵燹之災將寺焚毀獨留地藏王菩薩鐵像一尊以此知其像係在明

以前也故列爲元

○明壽聖寺鐵佛

蓮花臺後鑄造鐵佛修緣

伏以千鈞鐘器成就必資於良匠萬觔佛像鑄造須賴於當人切見汾郡東北文陽西南古有梵刹號曰壽聖寺前代住持明公月堂和尚於正統年間云遊天下洞府名山叅師訪道遇明師知識數人過講曾經百度其人者休心習念戒行精嚴次至年高耄老至復住本山捨鉢施囊建中殿之五間塑三身之大覺壁粧五彩盃佛相之千龕請命良匠斷削雕鑾上以十方諸佛下以大悲菩薩中殿之前建定光佛舍利寶塔丙宮蓋前殿之五間內塑天王

之四尊上懸四知彌勒尊佛下安護法韋馱尊天進數步置金剛
之寶殿塑護法之善神左右建廊房一十二間内金七佛八大菩
薩十二大將總皆完水陸明王俱了畢左塑彌勒二十四位諸天
青龍崗起蓋鐘鼓樓朱雀地建立禪室後殿增補十大明王兩廊
十王羅漢成化十一年秋七月月堂逝矣其徒覺審接本師之行
跡續親教之規模興言發志内佛傾心鑄鐵佛一萬餘斤蓋無梁
殿七間轉九由是釋子處恭擅那扶助諸方募化經云十室之邑
尚有忠信之人萬衆之邦豈無好善之者不嵗月余錢鐵俱備今
者工緣難行鑄造臨邇屬予求記用垂千萬載不朽予辞不護援
口而書之以遺後者知其始終以紀嵗月云爾今具僧行丹意列

於前檀施芳名排于後

西府隱士田廣書

本寺募緣鑄佛僧　覺審然　門資　性得祐

助緣僧　德原　覺道　德妙　覺忍　覺善

大明成化十三年七月吉日　成造

右鐵佛坐像高六尺八寸寬四尺四寸半蓮臺高一尺四寸左右寬六尺二寸半前後寬三尺九寸今在汾陽縣冀村北壽聖寺

按壽聖寺在汾陽城東北四十里文水城西南三十里故曰汾郡東北文陽文水陽也之西南月堂和尚於英宗正統間雲游訪道老復返山建殿修塔定光佛即燃燈塔在寺內塑諸菩薩鑄造鐵佛憲宗成化十一年月堂逝其徒覺審繼之越二年成鑄此以記書為西

府（明慶成王府在東永和王府在西故為西府即今西府街）隱士田廣而文云屬予求記蓋併撰文也

○明靈巖寺鐵佛像

(正)殿佛像三尊各高七尺皆坐像左膝至右膝相距五尺

(中)佛像係銅造被毀只存蓮座座旁有造像匠人齊胤男伯安本州北郭人

(左)佛頭後　河南汝寧府息縣人氏見在汾州知州鄧真室人張氏王氏張氏

陝西〻安府耀州同官縣北陽里人氏見在汾州判官可盛室人孟氏楊氏維氏舍人可學可用

本州省祭官王威男添祿
陝西膚施縣人氏見汾州倉官秦傑舍人秦志人
陝西洛川縣造像善友馬普通
佛背下節　住持正源門人法堅法庶等重孫洪誠永讓等
觀音院住持比丘尼開山開能　文煥室田氏
小相東里都功德主女善人王如賢等二十二人
東社都功德主任仕能　副功德主任伯林　維那韓子昊
副維那任學貴等九十人　助緣功德主教員段福
羅城里義官劉遠　施錢人崔贇等五人
黑浮圖塑像大匠張晉旺

(左)佛座　本村助錢人武伯威等三人女善人田妙喜
都功德主義官任威郡掾任立流
常化緣都糺首任伯周等六人
黨施錢任習洪和子政等二百七十二人
弘治十八年五月十八日造本院僧洪寬門徒永懷永寬
(右)佛背　都功德主任伯英武旻　副功德主王希厚
功德施主任德畾　都維那任伯寬義官任欽
副維那王鑑等信官張彝等三十七人
助錢人王希林等一百七十二人
弘治二年五月上旬吉日造像

(右)佛背　正德拾壹年七月十一日造佛僧人永現

崔明　辛遠　辛廷庫　郭如通

小北郭里都功德主辛文勝等

故顯里都功德主康希川

施錢人任恭等一百八十三人

(前)殿中間佛座　平陽府太平縣雲水助緣道人祟普明

本寺化緣修造佛續臨濟二十六代遠孫洪祥門人得寶永定等

本院兼住峯巖寺住持講經大戒沙門堅中天門徒法慶等十八人

馬寨里東唐家堡唐希山等十三人

東河頭唐景元等六人

右鐵佛正殿三尊大小相等前殿另有一尊今均在汾陽縣小相村北靈巖寺

按明孝宗號弘治武宗號正德左佛座鑄弘治十八年右佛背鑄弘治二年又一段書正德十一年知非一時所造也左佛頭背鑄汝寧府元置明清仍今汝南縣息縣今河南息縣清屬光州據此則明曾屬汝寧府又西安府今陝西長安縣耀州後唐置梁改崇州宋仍為耀州金元明清均仍今陝西耀縣同官縣隨置今陝西同官縣清屬西安府據此則明屬西安府耀州也膚施縣今在陝西明清原屬延安府又洛川縣明改為雒清又改為洛今為洛川縣據此則明初亦為洛也前殿中佛座鑄平陽府太平縣即今山西汾城縣後魏置泰平縣北周改太平在今縣東北唐移敬德堡即今縣

明清均屬平陽府民國初改為汾城所鑄鄧真等銜可為縣志職官之助

○明辛村關聖鐵像

萬曆二年九月吉日造　糺首張安武定等　施財主數十人

右像高四尺許武裝坐像兩膝相距二尺五寸背間有字皆各村施財之人名旁有年月今在汾陽縣辛村之東原關帝廟

○關聖乘馬銅像

關聖武裝乘馬像聖身高六尺四寸半足長七寸寬三寸半圍三尺七寸作服甲胄持鞭狀

所乘鞍馬身長五尺一寸半尾長二尺六寸半腿長二尺四寸耳高三寸口徑三寸長四寸半前後腿距三尺七寸餘胸廣一尺九寸口旁索環鞍橫五尺二寸餘今在汾陽縣城內關帝廟

按像無鑄造年月而其銅之古當在明萬曆十三年鑄鐵馬前寰山東嶽廟有關公騎馬鐵像亦萬曆間造是銅鐵像多造於明時

○慶雲寺銅佛

趺坐銅千佛像 頂至座高五尺六寸左右膝距離寬五尺有奇鐵座上寬六尺縱約三尺有奇上寬下窄如月案形周圍鑄小佛千尊高各三寸五分均係銅質佛像後有屛風（僧號炎光）佛座周圍以八卦闌干護之均係鐵質今在汾陽縣西關慶雲寺

按河北固安縣有千佛缸高九尺寬五尺餘缸上趺坐佛四缸周圍小佛千尊傍多書太監如魏忠賢等名此千佛亦與相仿民國廿年間馮軍駐汾送偷座上小佛邑人因以泥封之有無年號亦無從查攷惟銅鐵佛多為明時鑄碑載寺為明時建其亦明時鑄乎

○玉皇宮銅像

高坐神像 高約六尺上寬二尺六寸下寬三尺四寸鬚長一尺三寸執笏冠冕左右侍像各高四尺半寬一尺半挽髻捧印無年號考碑當係萬曆九年鑄今在汾陽北關本宮

○大雲寺銅佛

趺坐佛像 高約一丈下寬約六尺今在汾陽城内西南隅本寺

○北城樓玄帝銅像

高坐神像 高約八尺寬約五尺頭作披髮像今在汾陽縣北城樓

按前二銅像均無鑄造年月以銅質觀之當均在明也

○關帝廟鐵獅子

起意施財功德糺首王子然　田洪　周俊　田澄　黃琛　矯

玖寬　原亨

施財功德主謝𢷹等八人

大明正德五年七月十六日造

右鐵獅連底座高五尺五寸坐形抱球勢底座上鑄年月人名陳列捲搠前左右頗見雄猛今在汾陽縣城内關帝廟

按古者宮殿衙署左右有石獸左曰牴右曰⿰牜危卷髮巨眼張吻施爪俗謂石獅子見王惲牴⿰牜危贊秉心甚靈忠直獸也衛郡醮、門下俗傳殷宮中故物後世多鑄以銅鐵考臨汾縣城關帝廟有金大定二十四年鐵獅高河鎮壽平寺有元泰定三年鐵獅而汾陽所見者如東嶽廟及東關火神廟鐵獅皆明時所鑄也

○關帝廟鐵人馬

左右鐵人各二鐵馬各一作二人御馬像

右馬身長四尺五寸尾長二尺八寸頭長一尺七寸耳高三寸五分前腿高二尺後腿高二尺零五分兩嘴角有環圜圓四寸五分坐鞍長五尺寬一尺二寸五分鐵人四在兩馬左右各一各高四尺八寸作攔馬勢今在汾陽縣城關帝廟門外

按本廟有鐵碑載廟創於唐貞觀元年四月八日至大明萬曆十三年正月慶成王府奉國將軍捐一歲所入佈施得百十金並捐己資鑄鐵馬二鐵人四等語是鐵人馬鑄於萬歷十三年也查河南陝縣署有鐵人四山西榮河舊縣有宋大中祥符間鐵人四猗氏馬莊武王廟有宋政和三年金天會十五年所鑄鐵人各一太原晉祠有宋紹聖政和明弘治間及民國補造鐵人四而鐵馬（宋書鐵馬二千風驅電擊言士馬精悍為鐵之堅銳又簷馬亦謂之鐵馬風起有聲）則罕見茲鑄鐵人四鐵馬二故特列之

○北城鐵鳳凰

大清嘉慶弍拾壹年陸月吉日鑄造平遥縣合張家砂院金火匠

人淨攬到汾府新鑄鉄鳳凰壹對言定價錢伍百仟整

右鐵鳳凰高五尺長四尺許頭仰高一尺五寸腹下至止處高二尺九寸鐵底盤分三層上層分六格中層分六格高皆八寸寬皆一尺八寸下層共八格高一尺寬一尺三寸各層均畫山林龍鳳之狀原鑄於明嘉靖十五年知汾州事劉一佺後被風損壞於清嘉慶二十一年補鑄之

按縣志汾郡多山北山崖石錯互有似雁形俗謡云石雁照汾州清官不到頭明太守劉公一佺（山東壽張縣舉人嘉靖十五年任）作雙鐵鳳於北城上以鎮之清嘉慶庚辰（即二十五年）太守岳公祥繼鑄焉今觀原鑄係嘉慶二十一年丙子所鑄豈志誤歟

又按東龍觀村慈寧寺有鐵佛頭高約二尺無年月惟寺為清初修門額為莊親王書其他處鐵佛羅漢亦尚有存茲不備錄

汾陽縣鑄音類編目録金類

鐘

金顯慶寺鐵鐘 熙宗皇統七年四月

鐘樓鐵鐘 世宗大定二十二年四月

元福昌院鐵鐘 仁宗延祐二年八月

明汾州儒學鐵鐘 英宗正統五年五月

關帝廟鐵鐘 正統十一年十一月

青蓮寺鐵鐘 正統十四年四月

淨土寺鐵鐘 英宗天順元年十月

玄帝廟鐵鐘 世宗嘉靖十三年

清石磐山銅鐘 世祖順治二年

磬

明東嶽廟鐵磬　孝宗弘治七年十月

關帝廟鐵磬　神宗萬曆元年十月

點

明縣署雲版　神宗萬曆二十四年

鼓

真武廟鐵鼓

鑄音類

金首五行亦始八音為樂之奏為音之節古有鎛鉦今多鐘鼓暮以振聵晨以儆心鳴鑼示衆巡鐸警人銅磬雲版皆樂之珍可申誠敬可考古今編鑄音類

(鐘)○金顯慶寺鐵鐘 上層第一段

恭祝

皇帝萬歲寮

宰千秋

法界生靈同

沾勝善

上層第二段

奉信校尉行縣尉卞玫

文林郎主簿張正

奉政大夫行西河縣丞相里廸

華嚴經偈云

洪鐘震響覺群生聲過十方無量土法界含生普知聞口諸衆生

口在苦

承直郎錄事叅軍劉厚

奉政大夫書記王彥回

承奉汾州觀察判官張況

朝散大夫汾陽軍節度副使雷望

朝奉大夫同知汾陽軍節度使馬季立

昭武大将軍汾陽節度使完顏希顥

上層第三段

本州醫博靳復　馬大有　州學秘校么仰　鄉貢進士宋使

王善冲　么作霖　王大純　韓師雄　趙希甫

前任安德州同侯列官郭厚

從仕郎郭時　登仕郎李庠　登仕郎史良

忠武校尉辛如飛　敦武校尉辛如松

承事郎知慈州吉鄉縣主簿兼縣尉孟中

奉直大夫雲内州掌書記賜緋魚袋郭齊
承信校尉懷州軍器庫副使王球
上層第四段
都孔目官張振 孔目官劉權 弓章 孫寧 畢仲 李廣
押司官郭才 趙晃 任澄 王時 徐恭 前行 張高
張意 李詔 王謂 李亮 趙恭 後行 王仲 李甫
徐横

郭守 郭瑀 曹裕 杜寶 高宇 吳裕 任造 許徽
吳禮 張仲 趙起 趙宣 尚高 許川 郭京 何永
王東 劉甫 任荃 郝湜

上層第五段

狄武襄公宅　孫男堯俞　□言　知微　知章　知來　成僧

大娘子田氏　九娘子尹氏　外甥呂恬　呂惲

奉親顯慶禪院住持沙門僧未悟　當院僧衆奉運奉知奉寬奉

教無念　師姪上院小院親覺　知庫　親喜　下院小院主

親智　知庫　親定　住崋谷庵親擇　住淨谷庵親善　住閻

社庵親能　親漳　同住僧親起　住國寧寺親現　寄住僧覺

宣　親榮　親會　親玥　親瓊　親滿　親海　親文　親先

親和　親乂　親應　親政　親彥　親學　親信　□□

上層第六段

都管句化緣鑄鐘僧奉悟

門人親善　親喜　親玫　親彥

糺首化主鑄鐘僧親璋

都維那陳陶妻相里氏男如時如晧三喜重怜

副維那馬芳妻洪氏男三口弟馬靖

右層第七段

故武襄公狄青

先祖師公賜紫沙門全謚

先師公寶親大師親溥

先師公賜紫沙門顕口

先師沙門口瑞

先師沙門□□
先師和尚慶緒
□□院知文高僧修智
管内都僧判官□□□□沙門僧崇珎
□□大德汾州管内都僧政西河縣大平村法㒷院賜紫沙門慶
靖
門人信倪　信法　信深　信忠
上層第八段
三學院法師宗紀　太子院法師遇基　天寧寺法院業清
寶相寺前副政慶行　安國寺法師法盤　寶嚴寺院主寶瓊

朝院院主慶符　玄水院賜紫僧法奉

崇勝院主慶茲　資聖院前表白寅玫

法興寺表白信倪　天寧妙口法師口口禪師了覺

南董寺村小宋成等　衆香疰宿威　趙諒　趙玉　王緒

下層第一段

振威將軍　汾陽軍　定義軍

都指揮使周清

宣義第一指揮保義校尉指揮使彭貴

軍使蘭令一　左什押郭成　右什將馬彥　左承局李茗

右承局吳俊　左押官郭友　右押官薛滿

宣義第二指揮使畢青　軍使劉榮　本典王廉　左什将王鐸
右什将趙德　左丞局武万　右丞局武立　左押官李沁
右押官姚錫
下層第二段
口口軍指揮使王宣
軍使張成　什将王皐　承局郭直　本典李肇
進武校尉韓位妻胡氏男道保
下層第三段
修武校尉馬玠　馬益　么林
彪仁坊都監尹湯舉　倉坊社温立妻田氏男温珎孫男八么
将相坊曲周弓輿　助教馬珍　信乂社高作頭　豐化社劉媄
省倉權司李迪　錄事司典史郝寧　佐史任光

西河縣司吏田仲

下層第四段

劉村法華邑么貴等高良　韓成　和友　高寅　陳榮

郝洪村馬璋　陳義　曹莊　安家莊　上生邑

郭太尉庄郭顯　宿靜村郭立　韓佾　趙槩　曹德　么彥

么榮　高望純

下層第五段

法華小邑衆自逸　高雲　陳芬　李德　聶德　申津　宋侯

荆榮　高外喜　馬德　郭德　趙千　和弁

安家庄宋言　宋立　宋阜　宋興　鉄匠曺滿　馬文金

相里典　么立　王真　劉村邊定王大

下層第六段

趙周村穆廣　穆林　么恩　王万　郭靖　任思　馬魯

穆羔　么士　牛琼　穆喜
豹子村韓豐　王周　韓登　馬思　馬弁
黑浮圖村姜嚴　姜庶　李道　姜擅
王家社村趙恭　楊立　楊成
狄家社狄友　狄勇　孫鎮　孫津
任令社么瑞　么和　么立　么辛

下層第七段

任家社么克己　么克任　李受　任顕　李信　閻懿　周在
趙錫　趙儀　么進　閻慶　王良　閻時震　蘇甫　郭津
武德　裴安　王温　亢成
魏家莊村侯道　李明　李居中　李興　王雅　王貴

陳長官村胡靖 陳立 馬授 陳如暉 胡千 周全

隣里鄉貢學究集詩邑僧信悦 么千 僧親慧

大相村樊甫 任儀 相里勍

安樂莊曹春 曹順 北郭村武道 相里開

寒逢村郝順 任万 程宣 滎家庵村馬道 郝友 康德

呼延遇 呼延乂 定胡縣上劉村王廣

岢嵐軍穆家坪村妻何氏男么小二么皋妻朱氏

下層第八段

本軍鑄鐘大監趙進弟寧男趙德趙廣趙贇孫男永安永定永宗

永順永恩小六小七

小監王德兄王福母曹氏姪男喚住哥 小監高全男望哥

郝洪村鐵匠曹滿

皇統七年歲次丁夘四月甲午朔二十六日己未

奉親顯慶禪院記

右鐵鐘高六尺五寸口徑寬五尺上徑寬三尺八寸紐高一尺二寸分兩層各八段重約一萬二千斤人名未備錄今在汾陽縣劉村顯慶寺

按金史百官志上騎都尉勲級正五品雲騎尉勲級正七品承務郎從七品將軍自廣威至武略無建威又上户不滿三千户為下縣不置尉以主簿兼散官高於職事者帶行字鐘書行縣尉卞玫行西河縣丞相里迪蓋皆散官高於職事者又書主簿張正蓋西河為上縣而簿尉並置者金史從五品中曰朝散大

夫金天會六年置汾陽軍設節度使及同知節度使節度副使等官安德州遼置金廢據此則金猶設安德州今瀋陽錦縣慈州唐設今吉縣宋為慈州金天德三年改耿州明昌元年改吉州此為太宗皇統七年故猶為慈州吉鄉縣後唐以吉昌改設今吉縣元併入吉州懷州今河南沁陽縣唐設濟源後移野王今沁陽縣金仍元為懷慶路雲內州今綏遠烏拉特旗地遼置明初廢孔目官唐設掌勾稽文牘宋時內外衙署多置之其三司轉運又有都孔目官元改都目置於諸司明清惟翰林院置孔目其餘稱吏目都指揮使唐設本方鎮軍校名稱五代及宋沿為禁衛之官又有指揮使副指揮使之名元因之明代建都指揮使司為一省軍務

最高機關有指揮同知指揮僉事此書都孔目孔目都指揮使蓋皆沿宋制也鐘爲狄武襄公顯慶寺鑄故上鑄狄武襄公宅又書故武襄公狄青與先祖師先師等名上鑄村名多與今異姓氏如相里呼延與厶姓皆可爲考汾陽地理與氏族之助

○金鐘樓鐵鐘

上層一段

奉爲

皇帝萬歲　仲臣千秋　法界有情　同登彼岸

上層二段

維大金國

大定二十二年壬寅歲次四月初六日鑄造

上層三段

淨法界真言曰

 唵嚂

護身真言曰

 唵齒臨

六字大明真言曰

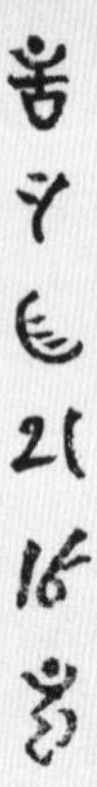

唵上層四段麽呢鉢訥伙吽

七俱胘佛母心

大滔提陁羅尼真言曰

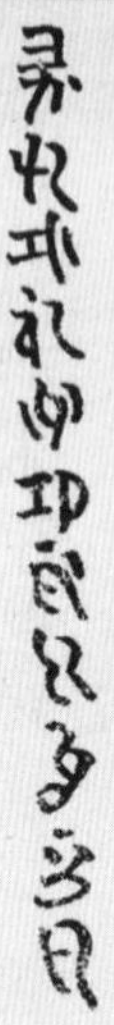

南無颯吆喃三菩三藐馱俱胘

[illegible]

喃怛你也他唵揹㵽主䉺准

[illegible]

提裟婆缽訶部拃二分

普禮真言曰[illegible]唵縛日囉缽勿 上層五段

破地獄真言曰

曩謨可口咲忠筱約王么道五母敬

[illegible]

故緻喃唵良[illegible]母王氏

[illegible]二

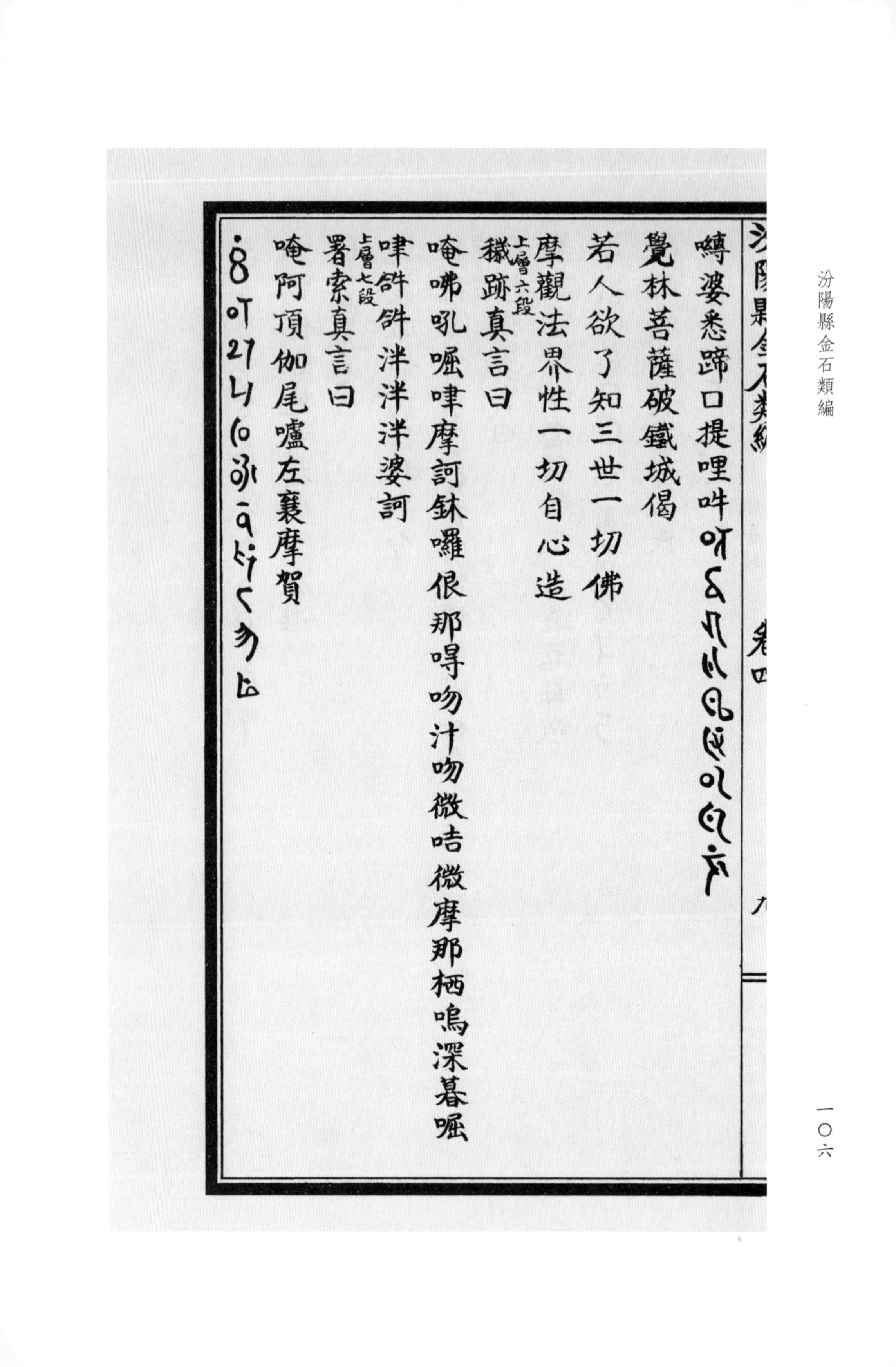

嚩婆悉諦口提哩吽

覺林菩薩破鐵城偈

若人欲了知三世一切佛

摩觀法界性一切自心造

上層六段

纖跡真言曰

唵咈吼嘔嗶摩訶鉢囉佷那嘚吻汁吻微咭微摩那栖嗚深暮嘔

上層七段

嗶餅餅洋洋洋婆訶

署索真言曰

唵阿頂伽尾嚧左襄摩賀

母捺囉伽摩机鉢納麽么
[illegible]□
嚩二擁体囉叩辟聉節吽
[illegible]□□
上層八段
東五臺
大金河寺下院化緣僧性巨
母趙氏弟張瓊妻何氏寄住化緣僧清玉
下層一段
助緣人張明　何琳　董桌　董玘　張高乙
相子村
維那郭受妻侯氏男伴姐

維那董順妻李氏男董宣

施主等

進義校尉董綰　矦琮　句建　董儀　董慶　董現　向瓊

向寶　向贇

下層二段

劉崇　矦榮　薛進　閻琮　向榮矦　張傳　董彥　向珪

進義校尉宋立　張臻　向臻　向尋　向權　向資　向威

向誠　宋權　宋桂　張福　張威　張榮　楊德　楊万

下層三段

侯定　何元　董家門下許氏男臻　本村施常住地人董潤

趙庄村

維那王靖男王準

施主等李寶　劉賢　李權　趙聚
田庄村施主王贇　張慶　趙槩　趙琮　石顏　石琮
王遇
下層四段
李家庄施主佘琳　李豐
羅城村施主
劉嚴　劉威　劉貴　張演忠　崔德　王益
下層五段
宋家庄施主曹賢　薛進
馬家社施主武俊明　褚進　安明
武家庄施主趙元　武璋　許全　白全
狄谷村施主武寶　胡天錫

神子社鉄匠張進妻李氏男強造

下層六段
西河縣施主

郭栅杜村鑄鐘人王恩妻趙氏男王忠王志王俊王惠王應

王憲

下層七段
武城村東社

武德潤　王賢　楊慶　粟裕　粟厚　李舟

胡家庄郭彥明　郭琦

張家堡村人矦百通

下層八段
題慶院施木炭人僧親喜

旹大定二十二年歲次壬寅四月乙巳朔六日記書字人何海清

右鐵鐘高六尺三寸五分下徑寬四尺五寸重一萬五千斤上下分兩層上層八格下層八格上層鑄年月偈語及陀羅尼等眞言並繫梵文各一節下層鑄隣村檀那等助緣人名正書陽文字大小不等今在汾陽縣城鐘樓

按大定為金世宗年號二十二年為壬寅上下均書年月相同蓋前上段為鑄造時後下段為記書時也前鑄各真言皆附梵文後書各村施主姓名亦可為考汾陽文字及地理之助

○元福昌院鐵鐘

祝　皇帝萬歲

以上第一方

維那　村名人名

均不備錄

功

德　村名人名

主

以上第一方至第四方

書丹人李化棠

汾州張家堡鄉貢進士兼儒學教口齋長王熙

汾州西河縣前都綱司知書住持張家堡

福昌院化緣鑄鐘僧子瑄　創造

延祐二年歲次乙卯八月　日謹誌以上第四方

右鐘高約二尺七寸下徑約一尺八寸分八齒各鑄八卦中分四方每方約高一尺二寸寬約八寸上紐約高五寸環周八孔原在汾陽縣義豐村南福勝寺今移存本村相公廟

按延祐為元仁宗第二年號二年為乙卯距今已六百二十年矣鐘存相公廟不知創建何年殿額為齊聖廣祐王亦不知為何神清咸豐間村人任榮宗扶乩請示謂為令公非相公縣志謂乩示為後唐李嗣源亦無所據若以令公証之當為汾陽王郭令公但至今仍稱相公廟云

○明汾州儒學鐵鐘

(一)方　汾州儒學鐘銘記

(二)方　鑄鐘匠許志能　許志庸　張達等七人　謄夫姚思中等十人

旹正統五年歲在上章涒灘五月穀旦鑄造

㈢方 汾州提調官

陞從四品俸知州張軏

同知滑恭

梁贇

判官于淵

管絃

吏目杜如淮

儒學訓導朱貞

㈣方 本學廩膳生

王遵 李幹等三十七人

(五)方
本學增廣生楊文等三十五人
記造鑄鐘生員侯玠

(六)方
本州官舍
清澗張偲　肥鄉于璿　清苑滑潮　華州管繼宗
本學官舍江都朱宣

(七)方
本學寄名讀書　劉清　劉英等六人
形類豐山鮎鐵成　鑄來汾泮振群英　晨昏聽矣衣冠肅
歲月因之道義明　金鐸聲傳由孔教　指南車導自周

(八)方
迮
當今文運亨嘉日　興起賢材輩輩生
嶠震題

内虛外實　玉質金聲　靜矣寂寂　動也鏗鏗　弟子資
師　小大皆成　置諸汾泮　振起斯文
賈鵬書
汾州鑄匠人齊敳璞等

右鐵鐘連紐高二尺六寸口徑二尺分上中下三級上級連紐中級平分八格格各有文字惟下級花樣平列口徑凹凸不等聲極清脆今在汾陽縣太和橋府學明倫堂後

○明關帝廟鐵鐘

(一)方　西冶烹煉成大器功匠鑄寫勝功能祭祀聖賢高懸掛行香
早晚听鐘聲
正統十一年十一月吉日造

（二）方　汾州北廓廂金火鑄匠齊友諒男齊鸞彪父齊貴叔齊海　書字人吳文

（三）方　義勇武安王

（四）方　汾州安静坊助緣人坊長張子林等五人書手田俊老人史文貴施錢人康聰等

（五六）方　承上施錢人名等十九人

（七）方　汾州守禦千户所助緣舍人謝得助緣百户駱薛良等十一人三眞坊王仲威史翼同郎坊賈文英南善廂劉釗劉居來南廓廂李郁立信廂李春故显里曺鸞張堡里王思名馬寨東里李春田同北里李庸

（八）方　西府化鉄人齊興施錢人劉明等十三人

右鐘高二尺二寸八分下口徑二尺一寸上六孔每孔二寸四分紐高五寸撗周分三截首係花式次分八段年號詩句人名下鑄八卦又下分八齒每齒五寸各相間隔高五寸寬三寸强今在汾陽城内關帝廟

○明青蓮寺鐵鐘

(一)方　皇圖永固帝道遐昌佛日增輝法輪常轉

皇帝萬歲

鐘聲傳佛號法界普聞知四生登樂果三有利群迷

(二)至八方　均人名

(八)方　正統十四年四月吉日造

右鐵鐘高約三尺下徑寬約一尺七八寸上鼉紐下旋上鑄八卦形今在汾陽縣西南源頭村本寺

○明淨土寺鐵鐘

嘗謂祝
奄演教須資梵唄之音破夢指迷實賴霜鐘之韻耳聞心悟意誠
伸融誠鐘之德者也茲惟淨土寺者乃汾陽之巨刹也幾經荒蕪
屋宇盡傾碑碣尚存僧無所主近得香舊武文貴等延請靈岩住
山榮菴銀公行緣抄施海宇一新工未備開公去逝矣復請榮菴
高第萬壽住山無為開長老以繼斯席大敭得道寺惟缺鐘今善
信王守信程福等發心廣募又得口忠範金千秤乃叨斯緣復命
金火齊俊立院戍格補息為雷烟飛聲烈於太空焰發迸光於霄
漢巍巍佛德凜凜神威禺人兩手加賴而仟戹告我一飯幾夕流
金而頂史伏惟無為長老口口舊時口口問今日正胷偬力伏行

一心負荷剏口長老音曾令信予口而不息今也厥宗是闡按見
成合口口香初口以記千年老朽雖不能文摭拾口詞口口乎其
請口口口以紀歲月云
走入流金出格圓口口口口口劫初口一声喚醒迷中客三擊分明
靜裏玄倒掛寒空元不動高懸碧落正宗徧叢林梵唱申三祝上
願　皇圖億萬年武林叟玉光山人汪民初記　書丹僧賢應碩
大明天順元年十月上澣
汾州在坊安靜坊淨土寺開山住持銀崇庵門徒　首座德闡
提點行賢　都管行演　維那行忍　行瓛　行寬　使者行識
行理　行銘

右鐵鐘高三尺八寸許口徑一尺二寸共分三層首層連紐約尺許第二層有鑄鐘記一篇附七言詩一首第三層列各廂里檀越姓名共分八方陽文正書字徑四五分不等今在汾陽縣城西南隅大雲寺東廊下

○明北極玄帝廟鐵鐘

讚曰大哉

真武玄天上帝遺像無存廟宇久弊居人重建不畏艱辛一朞未已煥然鼎新內臣阮公稟賦好善鑄鐘奉神人咸稱便上祝

皇祚

聖德齊

天

王國請宴福澤綿延五穀豐登四靈畢至天下太平正統萬世

詩曰
棟宇摧頽經歲久居人重建不辭辛巍巍廟貌全非舊凜凜神儀
総是新銅鼓已成容易擊金鐘曾鑄獨難仲内臣用運無雙美願
祝
皇圖億萬春
嘉靖十三年其下糢糊難辨
汾州北廓廂鍳匠齊友諒妻温氏許氏男齊鸞等

元始上帝號

志心歸命禮三界之上梵炁弥羅上極無上中天之先鬱羅蕭臺
玉山上京渺〻金闕森羅平弘玄元一炁二七之先寶珠之中玄
之又玄明景三界化生諸天億萬天真無鈌數衆旋斗曆箕廻度
五常巍〻大範萬道之宗大羅玉清虛無自返至尊妙道元始元
尊
玉皇天尊寶號
太上彌羅無上天妙道玄真境渺〻紫金闕太微玉清宮無極無
上聖廓落法光明寂〻浩無宗玄範總十方建寂真常道恢漠大
神道
玉皇大夫尊玄穹高上帝

玄帝百字寶號

混元六炁教法教主修真悟道濟度群迷普為衆生消除災障八十二化三教祖師大慈大悲救苦救難三元都總管凡人游奕使佐天光北極佑圓大將軍鎮天助順真武靈應福德衍慶仁慈正烈協運真君治世福神玉虛師相玄天上帝金闕化身蕩魔天尊

右鐵鐘高二尺二寸下徑一尺六寸連鈕共分三層中層平分八格格首一格鐘讚第二格鐘詩第三格年號其餘模糊莫辨第四格造鐘匠姓名第五格為善最樂之印第六格元始上帝號第七格玉皇天尊寶號第八格玄帝百字寶號陽文正書字徑四分行數字數不等今在汾陽縣鼓樓北街真武廟

按鐘古制上徑小下徑大縱徑小橫徑大有柄無鈕柄謂之甬

甬頂曰衡甬傍有鐶曰旋附於甬以衘鐶者曰斡斡刻蹲熊盤龍之屬故亦謂之蟲鐘口兩角曰銑鐘唇曰于于上曰鼓鼓上曰鉦鐘頂曰舞介於鉦鼓之間刻飾之者為鐘帶亦謂之篆篆間纍纍隆起者為枚亦謂之鐘乳其受擊處曰隧周官鳧氏為鐘之制如此今傳世古鎛鐘編鐘（十六鐘同懸一虡）並同但大小有別後世惟鎛鐘猶沿此制大鐘編鐘皆有鈕無甬編鐘外形橢圓大鐘上弇下侈鐘口皆齊平而正圓古今於鐘上皆鐫文字垂久遠經傳多作鍾佛教之犍椎本鳴之以名僧衆故曰傳佛號神廟之鐘為祭祀行香故曰行香早晚聽鐘聲與古之鐘形似故翻為鐘也晉省鐵鐘最古者盂縣有唐貞觀元年鑄鐘汾則

惟金元時之鐘為最久也

○清石磐山銅鐘

攷之古初有鳧氏刱為制而鐘名焉後人準之審音得其統以故宗廟明堂神殿祠宇咸設其鐘叩之而鳴通人心之誠昭神明之靈所以明鐘暮鼓良有以也汾邑西頂石磐山建立　玄天上帝殿碧宇輝煌廟貌巍峩遐邇莫不起敬則鐘可廢與詩云鐘鼓喤喤磬管鏘鏘器備精誠達天矣是以香首段煥王合靳亮段百錦等各捐己資協鑄金鐘復樹虡蘂雕鏤之善設器而懸刻畫之加壯觀而耀彩功施即成雖足見人之虔敬實以見帝靈之有赫也聲振來禩响徹千秋可與永為不磨故誌之

管齋香首傅大堂等
西頂石磬山正殿金鐘
順治二年歲次乙酉造
汾郡庠生段百新書
住持道士何一貫

右銅鐘高約二尺下徑約一尺二寸今在汾陽縣西石磬山關帝廟

按鐘多屬鐵質而以銅鑄者陝西長安縣迎祥觀有唐景雲二年銅鐘銘山西晉城縣天慶觀有唐天祐十一年李嗣昭鑄開元寺銅鐘河津縣覺城寺有宋天聖七年知縣成灝鑄銅鐘此亦銅鑄雖屬清世祖順治二年造亦特列之

〇明東嶽廟鐵磬(磬)

山西汾州安靜坊中右所信士

孟演清男孟安寧

為因見得自身平安発心曾叩

東嶽天齊仁聖帝統領七十四司

衆神位前告許造鉄馨一顆施

貢献焚香永保平安卜今

弘治柒年十月十五日謹発誠心

施財請到

平遥縣金火匠人張愛鑄造

上報四恩　降大吉祥

如意

大明弘治柒年歲甲寅孟冬月

十五日施造

右磬高一尺三寸口徑一尺七寸深一尺二寸四分下有三孔今在汾陽縣城内東嶽廟

按宋史真宗封禪畢加泰山為仁聖天齊王遣職方郎中沈維宗致告續通鑑長編大中祥符四年五月乙未詔加上東嶽曰天齊仁聖帝命翰林學士李宗諤等與禮官詳定儀注自是東嶽之廟徧於寰宇是天齊仁聖號始於宋時也弘治為明孝宗年號七年甲寅距今已四百四十年矣文詞俚俗以明物錄之

○明關帝廟鐵磬

（一）義勇武安
英濟王殿

（二）義和廂金火匠人曺継先起意糺首慶成王府輔國將軍知鍬
謝永齡徐大卿田万錫郭鎬武大祉謝維清王穩張運

（三）劉漢總李鳴章黄廷國黄文

（四）萬曆元年十月

右磬口徑一尺四寸五分厚三分深九寸底有四孔每孔一寸九分横徑二截第一截二龍戲珠第二截分四段鑄字如前今在汾陽縣城關帝廟大殿

按磬古樂器以玉或石為之形如矩博而短之一端為股狹而長之一端為鼓今僧徒以銅或鐵為鉢盂擊以發聲者亦謂之

磬即前所列者與古磬已不同矣稷山小杜村坦然寺有元至正十六年鐵磬即為鉢盂式也

○(點)明縣署雲版

萬曆二十四年

右雲版共高約一尺五寸上雲頭寬五寸五分中一孔下寬約一尺二寸八分中一孔下一圓凸兩傍雲頭各高四寸餘寬二寸五分左圓凸處書月右書日中項至雲朶長七寸餘寬二寸六分中書萬曆二十四年一行六字正書字徑四分同邊均鑄小圓點如釘今在汾陽縣署樓上

按雲版樂器俗謂之點衙署及寺廟多懸以為打點之用稷山小寧村興化寺有元至元四年雲版小杜村坦然寺有元大德三年雲版此鑄萬曆二十四年正設汾陽縣之第二年二十三年以宗

藩强横廾汾州為府始設汾陽縣也又大堂有崇禎十六年九月吉日宋宅造雲版大小相仿而距後已四十七年距今已三百餘年矣

○(鼓)真武廟鐵鼓

鐵鼓長約三尺圓徑約一尺八寸無年月文字原在汾陽縣東北盡善北堡本廟民國十二年尚存今已佚

按蠻苗舊俗多用銅鼓如坐墩而空其下滿面細花紋四角有小蟾蜍拊聲如鞞鼓後漢馬援於交址得駱越銅鼓是也夏赫連勃勃造銅鼓篆龍昇元年七月大匠渙九字亦似西南夷所造見董氏廣川書跋及崔鴻十六國書今四川時於土中掘得傳為諸葛武侯所製而此以鐵為之無花紋文字亦物之罕見者豈沿俗傳明海瑞責武當山之革鼓而易為銅之意耶

汾陽縣金石類編

卷一

石類

汾陽縣造像類編目録附畫像

造像

東晉觀音造像安帝義熙九年二月

北魏侯伏等造像宣武帝延昌三年三月

妙覺寺造像宣武帝熙平元年九月

東魏田達等造像孝靜帝武定七年四月

永安禪院造像孝靜帝武定八年三月

北齊任敬志等造像文宣帝天保三年正月

田與兒等造像武成帝太寧二年

缺年禪定寺造像

向陽峽磨崖造像

畫像

唐彌勒佛像讚　代宗大曆三年一月

金香積寺如來佛像碑銘　熙宗皇統六年四月

明重刻寶公禪師遺像　世宗嘉靖七年正月

李公畫像讚　嘉靖三十五年七月

重刻關公竹說　嘉靖四十年

重刻吳道子菩薩佛像　神宗萬曆六年五月

崇勝寺觀音畫像　萬曆二十五年

汾陽縣金石類編

高淳迂叟編輯

造像類附畫像

古像多銅漢始造石武陵祠壁僅刻畫迹魏齊毀佛文成石易軀雕等身鐫碑摩崖風行一世山僻皆齋隋唐猶盛宋元式微明清間刻雕者極稀今鄙述信人舶遠飛忠孝所寄未可厚非編造像類

○東晉觀音造像

觀音　晉義熙九年二月造

坐像約高一尺六寸餘下寬約八寸餘肩寬約四寸餘頭寬約二寸餘頂挽髮髻石質清亮背刻觀音二字字徑約一寸餘臂刻年月五行中三行各二字兩旁各一字字徑六七分不等均正書字畫與石紋混淆不清原在汾陽某廟今歸汾陽醫院萬德生大夫收藏

按義熙為東晉安帝第五年號九年即北魏太宗永興五年此時汾屬北魏而石書義熙九年當猶不忘晉祚北魏造石佛始於文成帝此已開其先歟

又按太平廣宇記晉義熙十一年太原郭宣蜀郡文處茂因其友梁州刺史楊收敬有罪同下獄被桎梏宣念觀世音十日後夜夢菩薩慰諭之鎖械自脫又冥祥記（見圖書集成神異典）東魏孫敬德天平中定州募士奉釋教曾造觀音像自加禮敬後為劫賊所引夢僧令誦救生觀世音經臨刑刀折丞相高歡請免死及歸視其家觀音像項有刀折迹三是晉魏時崇奉觀音造像之證也（增考觀世音至唐以太宗諱世字後始簡稱觀音此像背刻觀音二字恐係後之僞造者特附以資識者）

○北魏侯伏等造像碑

前面

上節大佛龕一（侯伏王□）　下節大佛龕一

後面

上節大佛龕一　下節大佛龕一

左側

□□□年歲次甲午三月庚辰朔一日庚辰□□

□□汾州郡令長上為七世父母□□□□□

□□大姊伏妃兄弟姊妹□□□□

右側

小佛龕五

右碑連穿高三尺五寸寬一尺五寸前後面均有大佛龕上下各一前面左邊上有人名一行字徑四分左側文三行行各十三四字不等正隸參半字徑一寸右側有小佛龕五高三寸寬二寸半原在汾陽縣東賈璧村作井馬石故上有穿孔今存府文廟西碑廳下

按北魏文成帝興光元年宣武帝延昌三年均爲甲午惟文成帝係七月始稱興光而此書三月則當爲宣武延昌三年也否則爲北齊後主武平五年惜殘缺無可確定也

○北魏妙覺寺造像

熙平元年歲次丙申九月□□□

上佛龕一　中小佛龕四列每列六龕　大佛龕一下層

汾陽縣金石類編

碑陰

小佛龕四列每列五龕

大佛龕一

邑子賈□□
邑子□□□
邑子□□□
邑子□□□
邑□□□□
邑□□□□
邑□□□□
□□□□□
邑□□□□
□□□□□

□□□□□

邑子□燧□

右碑高約四尺中廣一尺六寸上狹下寬前面上層佛龕一中與層小佛龕四列每列六龕下層大佛龕一內大小像三中層下層之間刻年號一行字徑六分背面上層小佛龕四列每列五龕中大佛龕一內像三下書人名多殘缺字徑七八分均正書碑爲沙石故剝甚今在汾陽縣南馬莊妙覺寺

按熙平元年爲丙申北魏宣武帝之第五年號實爲即位之第十七年以景明正始永平延昌均各歷四年也

○東魏田達等造像

夫□□□□語之迹□階□容□廓證見之形莫□故慧日□

禪長夜未覺其曉法鼓時振昏寢誰悟其俗輪廻生滅逝川莫已

賴我能仁推濟万有神工歙忽妙用難量文三乘□□敎設十力以方便寶珠照於大千香雨□於世界山瀏搖炎息浪苦海自雙林韜光金輪寢駕聲敎潛轂□矣遐長靈夢西通白馬東歸照晰神州□□中土鎔暮鍾範人天迴向是以汾州前主簿别駕□□史中山西河二郡太守建州刾史田達邑義八十五人□□蓋豪流□家秀彥言照利息悟有悲常識信□□屠□靡怯拔□壓心擔昇妙□故能迭相勸率敬造石像一區靈容澄其相好莊嚴魏魏□□又若霄日籍此福慶願
皇道継昌寶曆續遠九區順軌八表食和又願
故大丞相渤海王神超三空智走非想又願大將軍□弟寶智内

諸□□外屬永享仁壽甚保元吉及邑義諸人已身眷屬不

履塵劳早昇淨樂逮及有形咸登正覺

大魏武定七年四月八日造釋迦觀世音弥

勒并諸佛本師八十六□佛

銅鞮縣令恒農太守田材狀侍佛時

旨授馮翊太守田法略侍佛時

佛弟子田道隆侍佛時

上節第一層

□□□□郡太守田僧德

旨授河間太守田法能

□州主簿兼治中田靈和

第二層

前行□城令田道□

橫野將軍□□田□□

□正太守田□崗

肓授馮翊太守　田文招　前西河郡中正田□□
肓授山□縣令　田阿門　孝子供養□□田□□
肓□魏德縣令　田延□　橫野將軍都督田□敬
肓□襄樂太守　田道明　刺史衛儀同司田元信
肓□魏郡太守　田阿小　田延祖
前西河郡中正　田小猥　晉陽縣令城州刺史田洪慶
襄樂縣令　田寶樂　前西河郡中正田業珍
平陽太守　田靈珍　佛弟子田世慶侍佛時
靈天縣令　田阿礼江會郡□□州刺史田德□
晉陽縣令　田牛奴　田海儁

陽平縣令　田祖□　田宗慶

□□城二縣令　田真榮　田儁□

前□□川太守　田阿里　介休縣令田道敬

蒲吴縣令　田道貴　田道珍

歷城縣令　田道萇　賀援□同州主簿田皎

北平太守　田法度　□州□□都督田德奴

西河郡中正　田道延　前西河郡功曹田業□

前西河郡功曹　田明之　盪寇將軍都督田興丞

前西河郡中正　田崇顯　田歸敬

□仁縣令　田□□　育援蒲吴縣令任胡奴

第三層
□氵□□功曹　田臺郎
田伯濟
前□□□中正　田慶琭
田敬承
田□□
前□□□長史　田□□
前汾州府主簿　田潄琭
玉壁別將田和仁
田僧和
一心念佛弟子　田思朗

第四層
郡功曹田法□元歡
郡中□□□□□慶
田□□顯
佛弟子田□先
佛弟子田□棻
□作火匠郭洪達
前郡中正郭□歡
田小和供養□□□
前□□景
□□景

田英賢　□□鄴
田慕伯　□□之樂
刺史陽林公主簿田鴻纂　□詵和
掃寇將軍治禮郎田和挨　奉朝□□□定和
前開府行參軍　田元賓　前郡中正　田元和
田業珍　前郡中正□元休
田倪郎　漢城縣令田貴珍
□□□□縣令　田□行　秦豐二州刺史田貴宗　田思宗
□□□□事史　楊法□　河間郡□□夏州刺史田雲要
□□功曹糧達龍管賢□　鄭州許昌太守孝子田僧仙

前□郡石□令　翟令和

李永興

前郡□□□　田獨媚

第五層首授北平太守□定□□邑人田詵刂也此行參列文前

佛弟子前郡中正田文法

首授潁州刺史田波□

巴州長史田德

北平太守田文祖

定興太守任茂連

前郡功曹任□就

□□入田顗招

都邑主田賓海

開府參軍田長乂

□□□

江陽縣令田超宗

令州歷城郡守□州刺史田貴兜 此行參入文後

右碑高七尺二寸寬二尺三寸前面造像碑陰下節文共二十三行行二十字正書徑七分原在汾陽縣田村定覺寺今移存圖書館

按武定為東魏孝靜帝斯時權歸渤海高歡雖亡高澄高洋弟兄續輔己開禪位之漸故文言皇道繼昌並云故大丞相渤海

王神超三空大將軍口弟永亨仁壽等語亦可見人心之歸嚮矣後列銜名有書前者蓋仕而致者有書旨授者蓋僅有其銜如板授之例也有僅書某縣令太守刺史者蓋猶在職也至中山郡屬定州今河北定縣建州今山西晉城縣銅鞮縣在今沁縣恒農郡在北魏有四(一)義州恒農郡今河南汲縣治(二)荊州恒農郡今在河南內鄉縣(三)陝州恒農郡今河南陝縣一謂西恒農(四)縣州恒農郡在今安徽阜陽縣一謂東恒農此當在汲縣馮翊郡在北魏有二(一)雍州馮翊郡今陝西高陵縣(二)南郢州馮翊郡當在今河南境此當在今高陵縣河間郡屬青州今河北河間縣魏德縣屬司州今河南湯陰縣南萇樂萇樂郡屬冀州今河北冀縣長樂縣北魏有二(一)屬司州東郡今河南安陽縣東(二)屬青州渤海郡今山東高苑縣西魏郡屬司州今河南臨漳縣西南晉陽縣今太原縣為晉陽之南閼地靈天縣未詳恐天字有悞城州未詳平陽郡北魏郡在晉州今臨汾縣陽平縣北魏有三(一)屬司州陽平郡今山東莘縣治(一)屬楚北陽平郡今閼

當在安徽鳳陽境(一)屬兗州魯郡今山東滕縣地(一)屬徐州南陽平郡今江蘇銅山縣地介休縣即今介休縣北魏時
復置縣北齊始入永安縣今孝義縣蒲吳縣當即蒲吾北魏屬定州常山郡今河北平山縣東南歷城縣
北魏屬齊州濟南郡今山東歷城縣治同州今陝西大荔縣按北魏無據此可補史缺北平郡北魏有
二(一)屬定州今完縣東北(一)屬平州今河北盧龍縣治玉壁北魏為城今山西稷山縣南漢城縣末詳漢字
恐有誤秦州按北魏無秦州唐秦州在今甘肅秦安縣據此可補史缺豐州按北魏有豐縣今江蘇豐縣治而無
豐州據此可補史缺河間郡北魏屬瀛州又屬青州今河北河間縣西南卌五里夏州按北魏無夏州據此可補
史缺鄭州按北魏為縣屬華州華山郡今陝西華縣治此為州又轄許昌當在今河南鄭縣可補史缺許昌郡
今河南許昌縣潁州按北魏無潁州據此可補史缺巴州南宋為郡今四川巴縣據此可補史缺定興郡
按北魏無定興郡金元有定興縣即今河北定興縣據此可補史缺江陽縣按北魏無南宋南齊均屬益州江陽郡今
四川彭山縣此蓋任南齊之職也令州按宋有令州屬絡慶府當在今四川而北魏無據此可補歷城郡按北

魏有縣無郡
據此可補
汾州西河郡即今縣北魏太和八年復為隰城縣
又置西河郡孝昌二年兼為汾州治
而郡縣俱僑置平陽界永安中縣又僑置汲郡界北齊復為汾
州西河郡隰城縣此為武定七年當仍僑置於汲郡故均書前
西河郡中正　前均可為考地理之助中正即九品之職橫野將
汾州主簿也
軍盪寇將軍皆北魏武職之七八品者造像碑書此銜者甚多
蓋亦如前清捐銜之濫也碑多田姓而任李楊翟郭之姓寥寥
足見田村之在北魏已久矣

○東魏永安禪院造像

□孔穀ノ成□ホ□ア□□　□賜名□□□□□祖□惠　□安禪院
□真□□入理□□（以下漫漶不清）
勅賜　□子□□□□□區 以下漫漶
□□□　□證□危之 下漫漶
上佛龕　永安　下佛龕　□□□　佛殿五間□堂 漫漶
□□□　□廊□□□□□

禪院

□□□□□□□□□□□□□□八年□淨語□

□□□所□□□□□之
□□□特賜□□□□□□堅□
旋武來□□□□上善□頌
昔武定八年三月八日□□
□□□□□□□□□□□
□□□□□□□

像龕　像龕　像龕　像龕　像龕

右石高三尺寬一尺八寸二分正面上節大佛龕二左右各有文字一行下節文十二行行均漫漶後半小佛龕五背面像龕三行每行亦各五龕無字今在汾陽縣北辛安永福寺

按石殘剝惟像龕尚存文後半多漫漶不清以本院宋景德二年碑証之為武定八年三月八日考武定八年五月禪為北齊天保元年此為三月故書武定

○北齊任敬志等造像

夫首□□□□□□□□□□□□□□□□故大聖□□
日□□□□□□□□□□□□是□□□□□□□□□
□□□□□□□□□羊□□□□□□□□□□□□□
□□□禾□□□□□□□□□□□□□□□□□二猶
北堪淊亻仕化□□□□□□□□□□□□敬賢里人任敬志
偽主□□□□□□□□□□□說法超余深然苦心□□□□
相里□□□□□□造釋迦石偽一堰神□□□□□護菩薩□
醜叔□□於左右香煙□馥普□□□□□□□□□□乃使□
侍佛之步則洞□居空□之□□□□□□佉頌曰
道性玄嘿非有非旡託神應機道化開敷□□三界□惜長

珠心氷湮洗垢彰雲際□□□□往復連□循環生滅惛寢
長眠擜玆舸濟渡□洪□昇達彼岸妙□斯原鎔嚴鏤範瑩
□隹□顛捨塵勞永□天明
大齊天保三年歲次壬申正月十五日造像□
顛皇祚永隆七世眷屬延及邊地咸蒙斯祉
碑陰上節 供養主比丘　上堪像主前平陽太守任貳清供養佛時
道惠侍佛　中堪像主虵蛭庫庚真
邑師　下堪像主　左金剛主開府行叅軍相里翀悅侍佛
法朗　立像高五寸寬二寸　立像高一尺一寸寬四寸
侍佛　右金剛主殄□將軍給事中□求供養佛

當陽大像主佛弟子前京兆太守杜寶相供養

都大

像主　大像堪　大像堪

□□

太守

□□

邑師　立像高三寸寬二寸　立像高一尺寸寬四寸　金剛主相里□□□□□

惠明　迦葉主□□□□　交龍主任舍憘侍佛

侍佛　比丘曇仙侍佛　阿難主任□□□□　榮酒從事史相里繼宗

寶聖主前□□□□□□功曹杜顯樸供養佛時

下節

都邑主任敬愛

都維那主相里令孫

都檢校維那主相里慶□

將作大匠王顯貴侍佛時

左師子王主杜義悅侍佛

左寶塔主杜和穆侍佛時

左齋主前華州西曹書佐

相里山洪供養佛時

寶瓶主相里雙□

左神龍王主任儁悅前主

光明主濕城令相里榮矯

香爐主任景裕侍佛

神龜主前廣州長史任升

右神龍王主李洪又

右寶塔主前新興太守

相里方生供養佛時

光明主前西河太守相里

興龍供養佛時

右師子王主任阿胡

邑義香火主前西河大□

相里何亮供養佛時　　邑子相里道德供養佛時

維西面那杜保相邑子田豐維那任安王邑子相里阿陁邑子張蟠龍

邑子相里祖愛邑子荊仵龍邑子相里桃邑子相里僧隆邑子王

伏奴維那任祖愛邑子杜曇賓邑子相里胡兕邑子相里活愛邑

子相里金保邑子杜懷略邑子任珍海邑子相里阿堆邑子史道

練邑子杜金侯邑子相里榮智邑子郭衆樂邑子任定海邑子相

里真龍邑子任定祖邑子范曇悅邑子陳永壽邑子荊方邑子相

里胡邑子杜曇惠邑子相里去悅邑子王常儁邑子相里文悅邑

子張顯達邑子相里少宗邑子任迎秀邑子相里法僧邑子段顯

明邑子相里永□

按邑子相里敬悦邑子杜慶族邑子相里雄猛邑子鈀蛭庫歷真
邑子相里貴悦邑子相里興龍邑子相里得奴邑子任向智□□
任□□邑子相里蠻醜隊垂虵蛭相周邑子相里安都邑子杜欄
禄邑子任□賓邑子相里□□邑子王景賓邑子周樹山邑子田
定忻邑子相里難池邑子□顯示邑子相里王和邑子任龍虎邑
子辛普賢邑子相里道隆邑子相里清奴邑子相里法□邑子□
勝□邑子司馬阿幸□□幸□□邑子□□□邑子□□□□□
□王□□□□□□□□

右碑高四尺六寸寬二尺文共十九行行十八字正書徑八分
首面文上爲像龕後面中間像兩龕左右上下均人名今在汾
陽縣大相村崇勝寺

按天保三年爲齊文宣即位之三年即西魏廢帝元年南梁元帝承聖元年碑文殘剝惟頌詞與文内敬賢里任敬忠及造釋迦石像一軀數句尚可識像即像軀即軀堪即龕書多僞體亦魏齊之陋習也後列人名十之八九爲相里氏今仍爲大相村多相里氏其中堪像主虵蛭庫厍真與後邑子虵蛭庫歷真當爲一人其姓名特異至神龍主神龜主寶塔主香爐主皆造此像之主也其列官銜者惟平陽（今臨汾縣）太守京兆（北魏屬雍州今陜西長安縣）太守新興（魏晉新興郡屬并州在今忻縣 北魏屬穎州在今安嶽府境）太守西河（即今汾陽縣）太守華州（晉爲縣今山東費縣東北西無 北魏亦無州據此可補史缺缺）西曹書佐廣州（晉爲縣西無州北魏亦無據此可補史缺）長史隰城縣（即今汾陽縣）令至開府行參軍殄寇將軍

給事中祭酒從事將作大匠皆當時之雜職而無顯者蓋鄉人之崇佛祈福者也此碑顧亭林朱竹垞皆曾親訪錄之

○北齊田惪兇等造像

夫秘道淵乎貢凝寂矣神工難喻人天絶侶杳杳大夜誰覺其曉芒芒巨海孰祭源輪迴生死闕二字迷没於其閒者蓋有恒數矣賴我能人唯靈唯聖大垂哀闕四字朝則重雲夕卷輕舟孤沉而淊天息浪自旼白東流三甲闕三字雲降潤九天等悦化周大千之表教盡無窮之域天祇闕四字隨喜悟物非常同茲漏盡雖晦迹雙林而道實在人緬闕三字之遥遠劫嗚呼慈父瞻言邈矣然三輪遊駕羣生慕德是闕三字口邑等皆是良家豪儁達彼空無

識知非有追蹤無上各□□□　大齊大寧二年歲次辛巳二月
八日敬造釋迦石像并□□□木□寓三堪以兹微功願
皇帝永隆四方寧太安宮闕四字止息又願逝者乘此以至道場
上謁殄陁永歸常樂現闕四字與善會法界合生皆登佛路何山
有固福祿無窮僉闕四字推年代交謝人物易徂金石難朽不有
所記後世觀闕四字重加讚嘆其詞曰
眇眇真姿洸洸闕四字為靈入塵為聖託彼虛沖應兹白淨
圓揮大照長眠□猶闕三字易融□□□改正悲愍三津哀憐五
徑芊㢈扣門羣迷乃闕八字周極壤慧日晝暈明燭夜朗矇塵拭
目於斯闕十字依輪虛寄毉歸空象望林侍泣言歸何下闕

佛弟子壹男敬為息欣兒闕

菩薩主田輿兒

邑子田妙妃

上節第一層

邑母任醜仁

邑母任阿媚

邑母張南容

邑母倪法光

邑母任妙容

邑母里容女

邑母任阿旨

第二層

邑母任僧妙

邑母殷小妃

邑母李滿姜

邑母王畫娥

邑母任買女

邑母胡南敬

邑母曹妙英

第三層

邑母郭姿容

邑母宋思敬

邑母宋勝姬

邑母任小姬

邑母任阿醜

邑母郭延姜

邑母王阿孃

第四層

邑母任元姜

邑母郭媚姜

邑母張元妃

邑母任雙姿

邑母任歸勝

邑母趙男香

邑母張牛女

邑母靳姸姿　邑母李勝英　邑母常小勝　邑母王乂仁
邑母尹要姜　邑母酥律乂仁　邑母王明妃　邑母張河醜
邑母任恭堂　邑母郭玉妃　邑母郭好姫　邑母任阿襄
邑母張元姜　邑母任舍好　邑母王元妃　邑母任阿思
邑母張醜女　邑母溫令妃　邑母任顔姿　邑母任幼妃
邑母趙妙仁　邑母張法好　邑母宋端勝　邑母郝郎妃
邑母任妙容　邑母溫□妃　邑母任施僧　邑母任金妃
邑母任阿敬　邑母宋恭妃　邑母任倪女　邑母郭要妃
邑母白敬容　邑母史識姿　邑母任外妃　邑母田榮姿
邑母宋小姫　邑母郭媚光　邑母溫良姿　邑母梁旦妃

邑母宋謹姬　邑母胡妙南　邑母張龍姬　邑母胡男姿
邑母任阿姬　邑母梁法姜　邑母武續男　邑母董思妃
邑母張□妃　邑母宋大眼　邑母田娥玉　邑母田羅妃
邑母里□姬　邑母張廻男　邑母任苟山　邑母王義姿
邑母□妙□　邑母郭阿定　邑母梁阿海　邑母郭要姜
邑母□□姿　邑母田妙妃　邑母任元姿　邑母宋賜□
邑母□少妃　邑母李明陵　邑母張買仁　邑母任顕妃
邑母□□姜　邑母田妙洛　邑母宋買曇　邑母宋阿清
□□□□□　邑母田大孃　邑母邢阿姿　邑母梁廻好
第五層 襄主田法敬　第六層 齋主田波羅

襄主田世暈
襄主田万僧暈
襄主王廻貴
都邑主田衆敬
都邑主尹要姜
都福德主成元明
都福德主王景業
都福德主田亢吼
都唯那段阿禮
都唯那田廻伯

齋主田道貴
齋主田天保
襄主田黑仁
襄主田僧愛
襄主田道珍
齋主田安兒
齋主田興宗
齋主田照興
齋主田摩侯
齋主斛律副何

都香火主郭□□　裹主田匡生
都香火主王□□　邑子田景文侍佛
都福德主比□□　文妻梁侍佛時
迦葉主田㕣□
大像開明主　菩薩主田寶達
阿難主田□□　妻任醜女一心
邑母相里徙　阿難主任銀姜
邑母任要□　邑母翟光兒
邑母閻伏□　寶海母王姿兒
邑母張□□　祖妻田顯姬

邑母□清□
邑母史洪暈
兩側第一層
邑母任佩□
邑母胡相兒
邑母胡愛兒
邑母郝內姜
邑母任妙姜
邑母任逢容
第五層
邑子田思邕
邑子田伯男

邑母田貴妃
第二層
邑母宋鳳皇
邑母張貴姜
邑母王歆姜
邑母胡善姜
邑母郭進姜
邑母郭先暈
第六層
邑子田阿慶
邑子田洪略

第三層
邑母任勝姬
邑母任玉妃
邑母尹妃容
邑母李敬姜
邑母王思男
邑母靳令姬
第七層
邑子田羅奴
邑子翟醜郎

第四層
邑子郝善悅
邑子田寄和
邑子田元邕
邑子田僧朗
邑子田元琛
邑子田元軌
第八層
邑子魏林仁
邑子雷佩祖

邑子田欣仁　邑子任曇勝　邑子田王儁　邑子田宜淂
邑子田野廗　邑子韓僧悦　邑子田車兒　邑子田銀寳
邑子田幼略　邑子田悦兒　邑子田子元　邑子田永伯
邑子田戩顯　邑子田都仁　邑子田轉貴　邑子田孝則
第一會比丘惠達　第二會比丘志顯　第三會比丘法洪比丘惠光　第四會邑頭田元長　第五會邑頭郭元渊
比丘惠曰　比丘惠明　比丘惠遠　邑頭田康和　邑頭田李際
比丘惠碩　比丘惠悦　比丘惠元　邑頭田汶洪　邑頭田子邕
比丘法顯　比丘惠先　比丘惠興　邑頭田醜奴　邑頭田定洛
比丘惠志　比丘惠益　比丘惠深　邑頭田元樹　邑頭田衆貴
比丘惠寧　比丘惠洪　比丘惠湛　邑頭田永貴　邑頭田洪湛

比丘法顗　比丘□□　比丘惠□　邑頭田買遵　邑頭田恩賓

第六層邑子王文□　第七層邑子田阿賓　第八層邑子田文和　第九層邑子田孟禮

邑子田義遵　邑子田利益　邑子田孟遷　邑子田阿買

邑子田買侯　邑子田海珍　邑子冀崇儁　邑子田元穆

邑頭郱律剽何　邑子田像買　邑子田明略　邑子董伯和

邑　邑子田海貴　邑子田元勝

邑子薛上東　邑子田洪珍　邑子田明僶　邑子田神慶

邑頭□□向渠　邑子田伯子　邑子李醜陁　邑子田□悦

右碑高五尺七寸五分寬二尺三寸五分側寬六寸七分前面造像碑陰下節文十八行行二十五字正書徑八分原在汾陽縣田村定覺寺今移圖書館

按太寧爲武成帝年號元年爲辛巳即北周武帝保定元年南陳文帝天嘉二年此書二年恐有誤文內孰察其源漏其字文皆崇佛語字亦雜别體如象作鳥齋主作齋主亦作襄主後列人名多婦女與比丘而人名中田姓居八九其母書邑母男書邑頭則又爲此碑之特例

○禪定寺造像

□勑定國普通

女哉聚沙童子終成無上之國□□□□早□有□□

之行蓋以脩崇既漸果報寧虛方便而□□化城真實

上節

而諸同淨戒□□經傳不□報□疑脩動□□□□□

佛龕　□以□□□□□□□□□□□□□□□□□□□

二層　之□□□矣□□□□□泯□□□□□□□□□□

每層　□皇帝臨朝寔□□□□至丞相南□□教來朝東

三龕　□□□土所貢奉州□郎□之碣公□學發例之帝族

來領郡城□懷誘臨之□□□□以祀容□去默光賢

謂州所□□□□□□□□之寒微□□凝□三乘於

楊公彼芒□令能□□□□□□□以值□開嫩□□

□新能□□□□□□之皆□□[illegible]佛□□亙□□僞

之□浦遊屆居東覩□倉□□□□象法儀作□興之

朗奏□□□□□□□□□□□□□□□首僧法能

難視□□□□□□□□□□□□□□歲盡□金与
地□造□□□□□□□□□□□□□□□瑋□當
□□□□□□紗□□□□□□□□□邑子□□□
□□□□□□□□□□□等□□□□□□□□□
□□□□□□□□□□□□□□□□□□□□□
□□夜以絕□□□□□□□□□□□□□□□□
□□□□□□豪□□□□□咸□出□□□□□□
□□□□□□□□□□□□□□□□□□□□□
□□□□□□□□□□□□□□□□□□□□□
□□

碑陰

邑子□□□　邑子□□□　□□□□□□
□子□□□　邑子任令歡
邑子范□玉　邑子張遵□子衛□歡
邑子任□家　邑子任仲和
邑子□□□　□子任海偶　邑子任□肩
邑子任合□　邑子徐□□
邑子□景像　□子□□□　□□□□慶
□□□文和　邑子任浩□
邑子□賓　□□周□□　邑□□□□

□聖道□□□旁□□□□□□真佛□
入天□堪視聽□□□□好惡□□□□
興亡□□□釋加現□□題抄□□□道
十方□法輪□□於□建□千□今□
銘□今薛邑主任□□廿二人□□曇
任才任遜□□□□□□□□□□□
□轉生□長冲□□□光□□□遂伯□
□□□年妙如□□□□□釋迦石偶一
區證□□□□□□□□□□□□都衆

汾陽縣金石類編

邑子王雖儁　□□□高進

□□□銘瓊州□□□□□□□□匣於

邑子張□　佃叅和穆　邑子□□□

□□□□□□世望父子現佛□□□□

邑子揚□□　邑子□□□

□□□□□□□□□□□□□普為十

□□界奇□□□方□□咸同斯福越□

□□□□□□□□□□□□□□無猜

□□□□□□□□□丨□者術

右碑高三尺餘寬二尺前面上節大佛龕二層各三龕下文廿四行行各廿三字不等字徑四五分後面上節小佛龕五層每層六龕每龕傍書人名字徑五六分下節文共十五行行各十二三字不等字徑六七分文後小龕二行行各二龕無人名文均正書漶漫不能句讀今在汾陽縣普會村禪定寺

按造像書法當亦在魏齊時惜殘剝不能確考也

○向陽峽磨崖造像

大佛灣

上龕佛五尊　龕高約丈深寬各約八尺像高三尺蓮座高一尺中間一尊尚完全餘均缺首無文字在半崖距地約三丈右有石梯十餘級狹不及尺龕右有明隆慶元年磨崖碑

下龕大佛一尊侍像二　龕高約五尺深約三尺中佛高約七尺兩旁侍像各約高五尺中像兩手左像左手右像右手均以泥補塑龕下有小龕約八九寸內空下有兩站像約高三寸無文字大龕距地高約七八尺在上龕東約廿餘步

小佛灣

石龕像一尊　因崖作龕佛高約三尺餘半臉已缺無文字有清道光三年張學旺等修龕碑記

右佛像在汾陽縣向陽鎮西峽口內距五里為小佛灣又西十

里為大佛灣像均在北崖崖前時有流水風景清幽而旅客絡繹石墨題名布表護佑者甚夥不免迷信矣惜缺文字無從考其造始然觀隆慶元年碑刻偈文云蒐山陡峻石仏祠青山綠水更生津過往客商不能口張祖明師作石梯則磨崖造像時人尚易登歷久水沖滄桑迭變崖遂陡高而人不易涉明人始造石梯則佛龕決非明代所造以磨崖造像之風尚及地勢之變遷情形推之當亦在魏唐時矣甲戌季春愚親游覽題曰佛照行人以志名勝亦未免遺人之訾笑也

附畫像

○唐彌勒佛像讚

大曆三年一月　□　日誌

彌勒佛像　坐高一尺五寸四分上寬四寸四分中寬一尺下寬一尺六寸刻像

道從初悟　興佛衣傳

斷情因果　云心善緣

帝聞糊耳　面壁九年

翻開窩臼　說法宗禪

存神過化　無量無邊

人驚入滅　執履西天

右石高二尺二寸寬一尺七寸今在汾陽縣城內報恩寺

按彌勒義爲慈氏淨名疏云彌勒過去爲王慈育國人至今常爲慈氏佛教徒謂釋迦滅後五十六億七千萬歲當下降人世而成佛釋迦在世時常侍旁聽法諸經皆謂彌勒爲將來繼釋迦而起之佛讚云面壁九年考神僧傳天竺菩提達摩於梁普通元年渡海至金陵見武帝機不契遂止嵩山少林寺終日面壁而坐九年謂其精誠貫金石也大曆爲唐代宗第三年號至今已一千一百五十餘年矣

○金香積院如來佛像之碑

上節 奉佛弟子號城村梁氏闔村郝氏

如來佛卧像

奉佛弟子虢城村王氏任達村張氏

下節　香積院重結涅槃會碑銘

住持汾州天寧禪寺傳法賜紫妙總大師了覺撰

原夫釋迦文佛化導能仁肇基於姬周發軔於炎漢靈光湛寂成池水映心明妙語淵徹定沼花含法淨願言由在悲心尚熏爰從兜率陁天降自迦毗羅國弃梵宮三時之娛樂隱雪嶺六載之羇棲不知餘閏之年頂上鵲巢不知大小之月膝内穿蘆槃寒法以鹿裘塞飢瘡以麻麥迹后道成覺樹悟感星精八万度門充仞閻浮世界三千寶刹布濩竺乾提封由是功成事遂退藏密機順天

道也一代之能事畢矣莫不雙樹潛輝菠提默耀寔周穆王壬申之歲二月十五日也噫生從順習死從變滅有旨哉直得人天擗踊釋梵撫臂三十三天哀音烟而涕泪無從十八梵天將欲語而沾襟洒血色無色界墮泪如雨人非人等哭聲如雷憾慈船以識沉痛法燈而遽滅波旬夜手舞足蹈釋衆額感首痛心儻不委寄聖賢曷以繼踵苗裔法法連綿於祖祢燈燈不斷於靈峯二十年月照寰瀛光明烜赫十萬里星排覺樹枝葉芬芳非筆舌所能罄盡也且如汾陽梵刹基布覺苑星聯闔有犨鼎之儔不無畜鷹之士而況當院者昔号如來光相照著於聚落今名香積穀麦豐腴盈倉箱號水當前晝夜寒聲漱玉商山入望春秋翠色參天崟迤

城闉宛同林嶺衢容鍾梵上出煙霄清淺柳唐植迎秋之菡萏蕭
森竹徑拂拂曙之莓苔夕惕宵勤魚梵徐吟於午誦辰斋暮禮鯨
音繼送於斜陽郊扃之望寺也所謂卧如来像者乃安生妙手也
梵容奇古態度威嚴衆聖投涓闍千慶喜没於憂海加以淨象鞾
穆泫屬臻齊非徒倒屣迎賓抑亦投轄避客頃聞舊宋宣味年中
有當院誦經大德住持任達里壽聖院惠廣性地夷而淨心月朗
而明福祜厚結於鄉邦身心每存於繼葺相與諸上善人維那宋
釗張珎張朝等幾三百餘人結集涅槃大會没齒而已甫及三年
忽改德士既而識冠厥事寢廢然而石刻尚存真風不振誰不嗟
惜至

本朝皇統四年二月十五日有當院主僧初廓相拉廣之高弟洪良矢擔重議興建繼而化到會首段和紐雅王受溫理等而下五百餘人是日也莫不幡幢蔽日繒蓋遮空森列花燈敷陳茗果萬申虔恪同會香蓄唯憑奉佛之因仍切懇禱之懷不遠跬步之間恭命前僧政和衆大德智賾前判官三學法師宗裕施作佛事大陳懺悔辦般遮瑟會講涅槃尊經數滿三會時里閈善友等咸樂適從因不抃舞而況二法師者雍容和衆好閑謙恃每護法以忘身唯利人爲己任廓寺主良寺主蘊澄波之量無秋毫之私允合輿情可副人望衆維那等疇昔靈山受記於今佛會植因爲像教之金湯壯法門之柱礎一日和衆大德惠書求記於交蘆翁俯仰

之間誠多媿怍復念聲同應而氣同求水流濕而火就燥不敢以老病他辭直紀其重建茲會無窮之觀俾諸方之耳則為汾上之新聞辭媿斐然係之銘曰

淨法界身　本無生滅　如晴空雲　如水中月
生當周昭　滅當穆蒲　死而不亡　孰云脩短
來為衆生　去亦如是　妄心測度　非狂即醉
虞城都會　號水朝宗　有大梵宇　締構其中
龍象安肅　樫施畢集　像法之中　諸方楷式
惠廣成功　拂衣高翔　音塵如在　德譽昭彰
辦集斯事　允屬良廊　谷變□□　名不消鑠

一鄉善士　斯友衆善　福不唐捐　功成果滿

大唐卧佛　老安奇塑　重建法筵　流芳□□

香積梵苑　雄偉祇垣　嘉聲遠播　億劫斯存

當院勸緣賜紫僧　洪辯　洪滿　洪寶　洪通

文辯大德汾州管内都僧政講經論賜紫沙門　慶靖

汾州管内都僧判官講經論沙門　崇琭　知文書僧　脩智　表白僧　宗毅

大金皇統六年歲次丙寅四月八日立石　都管勾化緣善士孟律　白文建　任賢　孟先

汾陽張革書并刊　西河任文鐸篆　蒲坂李宗善畫

右碑高六尺二寸寬二尺四寸共三十行行五十字正書徑六分上節如來畫像一副高一尺五寸寬二尺二寸額篆香積院如來佛像之碑九字徑二寸書法頗似大蘇今在汾陽縣東官村三賢祠後

按皇統爲金熙宗第三年號六年爲丙寅文爲駢體頗清麗撰者爲天寧寺大師了覺即後書求記於交蘆翁也天寧寺在今縣東關西北隅碑言宣和中當院住持興壽聖院惠廣結集涅槃大會甫及三年忽改德士考宋史本紀宣和元年正月詔改佛爲大覺金仙僧爲德士寺院爲宮觀即此事也皇統四年當院主僧與惠廣之高弟洪良復作大會故曰重結末書汾州管内都僧政及管内都僧判官盡爲當時僧官之制書者汾陽張華篆者西河任文鐸時汾州置汾陽軍西河縣故云碑見山西通志金石記及山右石刻叢編

○寶公禪師遺像

侍像 高七寸

畫像高一尺二寸 本寺住持明印 真賓 真寶 真贊 真實

眼臟像

舊鐫於此以歲久薄蝕亦因而闕剝之留古蹟也 望春里石匠

重脩寶公禪師遺行之碑

郡庠生馮思翊撰

儒士李渭書丹

舍人張珍篆額

州西五里許有崇真寺寺有寶公禪師祠按元提舉河防學校事袁之翰撰碑師諱印寶姓康氏榆次人少質良好善及長落髮從

大寧妙總禪師焉所授法華諸經□能深悟妙總故又嘗從太白山之明禪師熊耳山之端山主駿駿然超入法界□年五十由文水至汾州梵天院時會絳州節使完顏金紫請為住持梵天院十年為河南洿池僧延請師之去五年復來汾之天寧寺寺之井舊苦澁不可飲師至則甘人多以善感九淵論之居五年忽示微疾田某時往矣其徒涕請所遺乃有七十年來一夢間大風離散不為顛而今脫下娘生襖一句臨行莫亂參之句俄而圓寂更有語錄偈頌法界觀圖行於世後有言見師之形於黃櫨嶺者人傳以為悟真矣因於火屍處起石為塔且建寺焉時在元之明昌三年也又謂火化之餘眼存如生厥後負目疾者禱之輒應故以眼職

神之云今年正月太學生李君文臣以觀野至其地見厥寺蘭葺厥碑斷裂厥字之蝕於苔蘚者三之二因喟然曰墨道不可知也古蹟不可泯也以其不可泯而存其所不可知可也以其不可知而廢其所不可泯不可也厥蹟弗振則禪師之遺之翰之撰皆廢而至於泯矣烏乎可乃輟拾其斷文破字而廓請于予予故因其不可泯者而模之記

嘉靖七年歲次戊子春正月吉日監生李廷儒立

右碑高四尺三寸寬二尺一寸共十八行行三十二字正書字徑七分額篆重修寶公禪師遺行之碑十字徑一寸半前面遺像並花紋共高二尺五寸今在汾陽縣西石塔村崇真寺

按寶公和尚即金六師院寶公禪師見向子垣寶峯寺碑圓寂於明昌元

年其生平行脚與金袁之翰所撰寶公碑銘略同袁碑謂師諱
磁州參大明寶公禪師以道眼視之造東京參才和尚即請師
曰將正法眼以妙心付之師逝後火化得舍利數千粒眼舌存
焉此碑謂師火化之餘眼存如生後目疾者禱之輒應故以眼
臟神之云今寺塑像猶稱眼臟菩薩惟寶峯金碑係承安二年
袁書銜前河東南北路提刑司知事而此書係提舉河防學校
事以起石塔在明昌三年是較承安二年早六年蓋袁之翰先
為提舉河防學校事也惜碑書袁與明昌皆誤為元天寧亦誤
為大寧查撰文人馮思翊為孔天胤之師立石人為文臣李廷
儒蓋即西巖別墅之主人號賓卿者寶公像舊鐫於此石李公

於明世宗嘉靖七年睹而開剔之以重修此碑也故嘉靖丙辰三十五年李公亦刻像而附西巖别墅記於後蓋襲此碑也

○明李公畫像讚

李公畫像一 約高一尺

秩秩臚句、巖巖李公、其德溫厚、其儀碩豐、富無驕侈、貴有謙沖、辭榮闕下、游樂園中、夏雲冬雪、春柳秋桐、四時佳興、終歲靡空、桂子咸列、蘭孫成叢、郁乎盛矣、康壽永隆、

文谷山人前行省左丞孔天胤讚

碑後 西巖别墅記

汾郡西倚梁山東帶汾流屹然中據為三晉形勝之區梁麓綿亘

千里吞吐雲霧蒼□□矣窅窱嶔巖人跡罕至賓卿李公為諸生
時讀書其間因自號西岩云既卜近地澗河之涘得厥□□園百
畝乃恢之園舊有亭榭公于後建堂三楹前鑿池背池築山恠石
交加屈曲不能上山椒有□□棲駐□茭歌景迴出塵壤四面珎
蒔花木至不可辨識堂之前種竹萬竿把玩徜徉無忘肉味於戲
若賓卿者非□囂囂者歟一時縉紳交與聞公麋爵之懿樂其幽
適靡不游咏如大參於公題曰西岩别墅憲副□□題曰逸樂園
郡人孔文谷憲副題曰西岩樂處予往歲亦題其軒曰四宜於戲
若□□者殆不負□□歟况夫防患恤貧訓子之事至周且急非
徒為安樂為也壬寅秋北虜南犯深□□□□郡村落餌其□備

多所殘害公先築圍園南圜十餘畝崇墉鐵樞聳壯可恃上建高屋四隅各□□□□□器千餘□內建堂第數椽周垣翼以大廈起百尺樓於中央以備延瞭比過虜警居人卒□□□□辟之旁置家塾一區義倉數庾教約井井詳盡可述公生平日喜誦薛文清公讀書録乃揭其有□□□□數條於坐右朝夕警玩以為飭躬砥行之助嘗戒子孫曰予承先業有薄田數百畝廬舍數十間□□□方耕讀衣食足饒不落人後矣先正云持身以孝弟忠信為本治家以勤儉恭恕為先凡我後人以永遵守至哉言乎經傳有曰富而好禮曰德厚流光曰生于憂患曰禮義由賢者出賓卿公其兼有之以故尊賢樂善能好禮也發粟周貧積德厚也禦虜

捍災存憂患也課耕訓子敦理義也悉有衆善□□□之所以興
乎嘗謂滿而不溢所以長守富也賓卿馬可誣哉公蚤有冑監授
鴻臚寺序班親蒙
詔允終養遂不出事厥考翁存歿悉以禮汾人宗之以為法程冢
嗣渤亦籍國□□□武定州判與予世締姻好每念乃祖乃父
崛起畎畝遭際
明時躬創鴻龐之業身躋華近之階簪紱相望焜燿一時光裕之
功於斯盛矣武定君思垂創之維艱圖紹述之罔替走介於石匄
予為記其事予通姓既久聞見頗稔且嘉武定之純孝誼當載筆
作西岩別墅記

嘉靖丙辰孟秋上澣之吉

賜進士第大中大夫光祿寺卿兼翰林院五經博士內閣管誥勑

石郡鳳麓張湘撰

賜進士及第通奉大夫河南布政司使前奉

勑提督學校副使陝西按察使文谷孔天胤書並篆

大寧都司斷事前武定州判李渤立

右碑連額高四尺五寸寬二尺許共二十二行每行四十字正書字徑四分半前像讚後記文額篆鹵岩別墅記五字徑一寸七分今在汾陽縣西北馮家莊村李公園

按賓卿為李公號記云育冑監授鴻臚寺序班考縣志以貢監列仕籍者有鴻臚寺序班李廷儒當即其人大寧都司斷事李

渤郎其子蓋前為武定州判故記云武定君石為其子渤立文為其戚石州張湘撰也壬寅秋北虜南犯郎嘉靖二十一年韃靼部俺荅由太原南下入汾州事公告終養徜徉林野蓋崇孝義者故汾人宗以為法程像讚園記足見其概丙辰為嘉靖三十五年斯時孔文谷已遷河南左布政使也張湘號鳳麓今離石縣東五十里鳳凰山縣北二里有雲鳳山鳳麓之號當取此記云汾郡西依梁山考離石有呂梁山蔡傳謂梁岐皆冀州山梁山即呂梁在離石東北岐在孝義即狐岐山今孝義薛頡嶺呂梁今劃歸方山縣東為溫泉山南為黃櫨嶺故云汾郡西依

○重刻關公竹說

斯竹也昔漢前□□□□□□□
□□□□□□□□□□□□□
□□□□□□□□□□□□□
□□□□□□□□□□□□□
□□□□□□□□□□□□□
□□□□□□□□□□□□□
□□□□□□□□□□□□□
□□□□□□□□□□□□□
之宣威於荊襄之□□□□□□
若見公之振□□□□□□□□
貴□□□□□□□□□□□□
□□□□□□□□□□□□□
余□□□□□□□□□□□□
簪□□□□□□□□□□□□
榮□□□□□□□□□□□□
萎氣矣余故為之說而翻刻之夫
說而翻之者爲誰
大明晋永藩輔國将軍新埯生也
歲在嘉靖辛酉□□

不謝東君意

雨竹一竿數枝葉作成字如兩詩句勢若帶雨　高約一尺寬約八寸

丹青獨立名

關王辭曹操書

竊以

日在天之上心在人之內日在天
之上普照萬方心在人之內以表
丹誠丹誠者信義也某昔降漢之
日有言曰主亡則輔主存則歸新

受

曹公之寵顧久蒙劉主之恩光丞
相新恩劉公舊義恩有所報義無
所斷今主之耒某已知望形立相
覓迹求功刺顏良於白馬誅文丑
於南坡

丞相厚恩滿有所報每留所賜之
資盡在府庫封緘伏望

台慈

俯垂

照鑒

丞相府下

關某頓首再拜

莫嫌孤葉淡

風竹 一竿數枝葉作成字如兩詩句勢若飄風　高約一尺寬約八寸

終久不凋零

右石高二尺二寸五分寬一尺二寸五分前面上刻關公竹説共二十行行十三字下刻雨竹並詩二句後面上刻關公辭曹㩁書共十九行每行十三字下刻風竹並詩二句前額篆關公竹説四字後額篆關辭曹書四字今在汾陽縣城内關岳廟

按關聖風雨竹傳爲在許時手繪暗寄昭烈以自明心跡之物然以詩意觀之似爲辭曹所繪原在解州即今解縣關聖廟現北平前門外關聖廟亦有此刻石此爲明永和王府輔國將軍所翻刻蓋崇關聖之義故併辭曹書而刻之惜竹説磨滅太半未克見其全文以萎氣二字觀之是亦勵世之頽風矣石爲明世宗四十年所刻爲時雖不遠而取其崇關聖忠義之心故特録焉

○明重刻唐吳道子菩薩佛像

左菩薩像　立高四尺一寸五分
中寬一尺二寸

中佛像　立高四尺八寸
中寬一尺七寸五分

右菩薩像　立高四尺一寸五分
中寬一尺二寸

大明萬曆陸年歲次戊寅五月吉日山西
汾州盡善北壽聖寺住持定昷發心重刊

唐吳道子書

大明萬曆陸年歲次戊寅伍月吉日重刊
慶成府輔國將軍表橙　知焊　知焜

唐吳道子書
永和王

唐吳道子書

大明萬曆六年歲次戊寅五月吉日
汾州盡善北里壽聖寺比丘定昷重刊

右石三通中高五尺七寸寬二尺三寸八分左右各高五尺五寸各寬二尺三寸六分中佛正面赤足左手平仰依胸左像面右右手兩指圓仰持柳右像面左右手四指高舉拈蓮兩旁均正書年號人名字徑三四分今在汾陽縣盡善東堡關帝廟

按石刻唐吳道子書明慶成王府輔國將軍表橙及永和王壽聖寺僧定昷於萬曆六年重刻斯時之汾州尚未升府設汾陽縣（萬曆二十三年升府設汾陽縣）慶成王永和王皆於此建府唐代畫中仕女多曲眉豐頰錦衣赤足亦足見唐時尚未纏足佛教畫中亦往往有此情形西域唐風畫壁有修行者或樂伎皆赤足可證兩京耆舊傳云寺觀之中圖畫牆壁吳道子作凡三百餘間足見吳道子畫佛像甚夥今河南安陽縣天寧寺有吳道子文殊像山西臨汾縣右玉縣均有吳道子水陸道場像而吳作之像面如

滿月眉目疎朗衣紋如蓴菜條或稱柳葉描趙希鵠云畫忌印吳作衣紋揮霍如蓴菜條正避此耳汪玉砢說柳葉描似吳道子觀音筆是也動盪回旋純出自然雖似粗率實有不可捉摸之勢曲阜孔子像石刻及河南觀音像石刻均可證明此像豐頰赤足神采活潑衣紋生動確為吳作雖翻刻亦可貴也

昔東坡以吳道子畫四菩薩捨於僧惟簡以守之故至今寺觀多吳道子畫而傳留不亡以僧不自有其身而何有是物不自私其物而人何競其物此物之所以長存也

○明崇勝寺觀音畫像

前為觀音坐蓮台像 像高約一尺下寬一尺上刻雲竹右刻韋馱像下刻蓮花左右刻善財童子

山西汾州大相里崇勝寺僧照鉛立

後為仙姑持魚籃像 像高約三尺寬約一尺餘立像赤足手提魚籃

萬歷丁酉年造

右石高約五尺寬約二尺餘兩側厚約五寸均刻施主名前後像刻均極精緻今在汾陽縣東北大相村崇勝寺

按萬歷丁酉為神宗二十五年考法華經云苦惱衆生一心稱名菩薩即時觀其音聲皆得解脱以是名觀世音唐諱世字但稱觀音龍朔二年洛陽龍門佛弟子彌偈造尊像一龕即世尊諱世字觀音俗多作婦人像胡石麟筆叢王世貞觀音本紀皆謂古時無婦人像陔餘叢考據南北史駁之盖六朝已作婦人像矣

《山西文華》編纂委員會　編

山西文華·史料編

汾陽縣金石類編

第四册
石類卷五下至卷六

民國　王堉昌◎編

山西出版傳媒集團
三晉出版社

山西文華

汾陽縣金石類編

卷五下

石類

○狄武襄公祠堂記

進士王國華撰並書篆額

功業祀遠、理之口口、公實寓焉、夫公狄姓、諱青、字漢臣、廼西河狄家社之巨族也、公生而豐姿奇偉、慎重寡言、奮自布衣、善於騎射、少好將帥之節、里閭俠少、多從之者、初遊京師、遂補拱聖日中行師必正部伍、明賞罰、雖敵猝犯之、無一士之敢先後者、故常以與士同飢寒勞苦、嘗獨被髮面銅具、挺身軍陣、衆莫敢爭、丞相韓公琦資政殿學士范公仲淹、同東武節、征于西邊、公時為裨將、二公見其器宇恢軒、仲淹又嘗以左氏春秋授公、以謂為將者不可不知書、匹夫之勇無足尚也、公于是自春秋戰國、至于秦漢以來成

敗之迹、槩而能通、為涇原招討、起居舍人尹洙知渭州、因與公善
洙學通古今、嘗與公談用兵之術、稱曰古之名將、殆無以過其先
也、又謂有古良將之略、豈誣也哉、公嘗伏讀兵法曰以治待口、以
逸待勞、此善用兵者也、為國虎臣、威震夷羌、喜而談禮樂、怒而為
伐、剛而能柔、威而不猛、
天子擢陞、歷官樞密使、封武襄公、此布衣之極也、公配魏氏、封定
國夫人、生子六人、長諒、三班奉職、蚤卒、次曰諮、西上閤門副使
次曰詠、內殿崇班閤門祗候、次曰諰、內殿崇班、次曰說、東頭供奉
官、蚤卒、次曰諫、殿內崇班、蚤卒、二女許嫁而卒、爲公西定寧夏、南
平智高、年甫五十、感疾於陳州而薨、歸葬于汾之西河、公之子西

上闇門副使諮、與其昆弟族人謀曰、祖居狄家社、距西河之遠、可以建公祠堂本社、起立市廛、使民交易各得其所、是族人曰諾、則孝子仁人之心、莫盛於此、由是建祠三楹、中刻神像、立市每月六集一日為市歷年深遠、以被風雨傾敗、迨公之孫曰輝、備葺祠宇復立常市請文銘石、以垂不朽云爾、是為序

凡百事物書于碑陰

大元元貞二年歲次丙申律中姑洗月初旬有六日

前務官七代孫狄輝謹立

右碑高三尺二寸寬一尺七寸五分共二十一行行各三十四字正書字徑六分上半節橫立兩截額篆狄武襄公祠碑六字分列三行分在汾陽縣狄家社狄公祠

按碑書武襄事多本宋史狄青傳惟傳只載子諮詠二人而碑云六人蓋以諒誽諫早卒諗不顯也傳云諮詠並為閤門使御祭狄武襄文有西上閤門使狄諮（熙寧元年）通鑑長編諮歷官東上閤門使四方館使詠知榮州進皇城使西上閤門副使（熙寧七年）又以擊威茂蠻還容省副使西上閤門使（熙寧九年）轉東上閤門使（元豐七年）今碑只云諮西上閤門副使詠內殿崇班閤門祗候蓋簡叙也又碑云公少時閭里俠少多從之者邑有王壯橋傳言據橋横霸邑人無敢攖公曾毆而除之今橋蹟猶存（在西陳家庄村西）縣志載詠字子雅美手姿哲宗為大長公主擇配示近臣曰人物要如狄詠者時稱為人樣子（見過庭錄）此皆公父子之軼事也公薨

陳州(今河南淮陽縣)殯西河(今縣西劉村)時為西河縣也諮等以祖居狄家社村距西河之遠(村距公墳五十餘里)因建公祠堂於本社起立市壘以志不忘至元成宗元貞二年七代孫狄暉修葺祠宇復立常市皆仁人孝子之心也今狄社猶存而公墳已荒圮幾湮矣狄氏子孫其當圖之元成宗未定貢舉(仁宗延祐二年始行科舉制)國華書進士蓋至元二十二年省擬吏員貢法(各道按察司歲貢儒人一名吏員一名)之歲貢儒人也

○棲隱禪院粧塑聖賢儀像記

古魏高村寂照禪院講經律論賜紅沙門壇主洪撰

崇真禪院前汾州僧正司提控案牘法善書并篆

竊聞釋迦如來之應世也生在迦維羅成道摩竭陀說法波羅奈
入滅俱尸那此天竺遊化耳暨乎周星閟彩漢代騰暉白馬䭾經
素氈圖像鴻臚改寺烈焰焚經邪正斯分黄卷赤軸者乃漢世之
光顯也自後佛法隆替朝代興亡唐宋已來弘傳久矣迨及金國
泯滅
大元龍飛養育兆民憲章三教勑修寺宇看轉琅函賜鈔封香弘
揚釋教可謂大矣茲者沙門子珂剃髮染衣為僧久矣常於法眷
更代住持遂居板井村棲隱禪院以仁慈為禮良用和氣作心神
迎送往來曾無厭倦遂感壇那敬愛僧衆安寧常因親教師誨曰
古德云為僧不預於十利侍佛謾勞於百歲予既有緣何不興福

乎子珂蒙師教誨紀化壇那捌塑
釋迦遺像一會暨應供賢聖一十六尊莫不渾金晃耀五彩新鮮
聖像粧嚴息爲具備誠願
皇基永固佛教興隆雨順風調民安道泰惟恐壇那名姓歲久湮
微壠石鐫文輒爲相記耳
皇慶歲次癸丑癸亥月丁巳朔化緣僧子珂立石
親教師法善助緣　　助緣僧子琪　行湛
汾州三賢坊丹青郭文美　男　郭濟　等
汾州四縣石匠提控黒浮圖郭　春　等刊
右碑連額高四尺寬二尺二寸上截刻文二十三行行二十二字正書徑四分半中下兩節人名未録額篆書塑聖賢儀像出

額八字徑一寸五分今在
汾陽縣龍泉村棲隱寺

按記云釋迦生在迦維羅梵語作迦毘羅又曰迦比羅伐窣堵即釋迦父王所主國也在今尼泊爾西南境拉普的河以東釋迦在世國即滅晉法顯旅行時城已荒蕪民僅數十家唐玄奘西游而見伽藍窣堵波及阿育王所建大石柱今已不可見其地在今哥拉克普爾以北為釋迦降生之處至成道於摩竭陀說法於波羅奈大藏經世尊詣波羅奈國鹿野苑中轉大法輪入滅於俱尸那周穆王五十二年二月十五日世尊往熙連河側娑羅雙樹下泊然宴寂皆天竺梵語地名周星閟彩周昭王二十四年摩耶氏夢金人懷孕四月八日誕生穆王三年二月八日明星出時成佛漢代騰輝漢明帝夢金人佛教始傳於西域白馬馱經漢遣蔡愔取佛經四十二章以白馬馱來素氎圖像氎細毛布也以金色之氎奉上如來是也鴻臚改寺等語皆言漢世之興釋教也自此後佛法隆替朝代興亡如梁武帝之崇佛元

魏世祖又崇道抑佛焚毀佛寺周隋亦皆一度毀佛唐初崇佛宋則式微矣至元世祖以八思巴為國師而釋教尤盛賜號賜印賜錢幣土地作奸犯科僧人尤橫於朝野記言弘揚釋教未免過甚此記沙門子珂住持板井村民國二十三年改為龍泉村棲隱禪院以仁慈為禮貌和氣作心神感衆助緣創塑釋迦及賢聖諸像以興教安民藉以化令人打倒仁義禮智之心不無可取皇慶為元仁宗年號二年為癸丑

○重修仙姑廟記　本州四縣提控石匠郭春刊

鄉貢進士王俊民撰兼書

夫汾陽之西廼慶雲之鄉有名曰魏家莊坐高形勢野秀繁華東望川原迢遠西連山谷幽深富庶士民風俗淳美里社近已雖大

之音相聞比數年間桑果園林甚爲暢茂斯立
仙姑廟昔自戊午年創建也
神像儼然清虛靜寂經值大德七禩歲次癸卯八月地震牆壁倒
塌棟梁摧隤由是觀之良可惜也其人存則政舉丙時至以事修
欲廢將興從新革故惟
麻衣仙姑者西河洪哲里人也姓任氏捨此常情之俗歸乎大道
之真隱於州之西石室山一石室中修身煉性不求而衙備不言
而物成積有日久親戚憐之見訪厭棄世之煩溷托開石壁而入
其壁復舊石壁之上手痕存焉光顯聖像嚴懸湧乳泉滿盈而不
溢緣有　聖跡闔境人民香火之奉但遇亢旱祈禱必應孟子

曰蔑油然作雲沛然下雨則苗浡然興之矣其如是五穀豐登生民皆倚賴之妙合神功非九之所及也猶能與群黎之降福永享受一方之致祭宜哉歲在柔兆執徐夷則二十六日時祭禮畢李昇并衆耆老人等退立於庭中顧相謂曰貧富兼并出資助力暨衆好呷之心共議營為之意庀材僦工不期而日成補葺廟宇三楹堊飾結寬完備畫棟雕甍翬飛壯麗東砌子殿基址輪奐俱新抑又言復構似昔其功可呂刻諸貞石奕世綿綿庶不湮没於是遂命予為文予愚蒙淺識孤陋寡聞不能進其才者也再三固請辭不獲已謹摭重修之始末以紀其實用曰不朽云爾

大元延祐三年丙辰歲戊戌月重陽日立石

右碑連額高五尺五寸寬二尺五寸上節共文二十四行每行廿五字正書徑六分半額篆重修仙姑廟記六字徑二寸下節係施主姓名未錄今存汾陽縣北西庄仙姑廟

按記云仙姑廟昔自戊午年創建蓋建於蒙古憲宗八年戊午也距仁宗延祐三年五十九年值大德七禩八月地震元史成宗本紀八月辛卯夜地震太原平陽尤甚廟經摧隤故重修也蔴衣仙姑西河洪哲里人姓任氏孝神仙傳麻姑建昌人修道於牟州姑餘山後漢王方平召降蔡經家謂方平曰接待以來已見滄海三為桑田是即俗祝女壽之麻姑也又後趙麻秋女因築城恤民假作雞鳴止工秋覺欲撻之姑逃入石洞修道後飛昇文水桑村有麻姑廟清王鐘健撰廟碑謂為秦人查麻秋胡人為後趙石虎將人

極險毒時兇啼毋呼麻胡恐之輒止今猶沿此習後歸秦為苻健所殺故亦為秦汾陽舊為西河郡西河縣時與文水當皆屬後趙汾亦傳有白胡種族仙姑似亦可謂為秋女惟記言姓任隱於州西石室山（縣西三十里）府舊志云生於唐貞觀元年七月二十六日不願婚嫁披麻衣入洞（山有麻衣仙洞）旱禱輒應是確為唐世之仙姑也記言石壁手痕存焉是亦若稷山之姜源足跡靈石之唐公主手痕盂縣之晉公主足印以及本縣神塘之馬跑蹄跡皆未免好事者之所為也歲在柔兆（即丙）執徐（即辰）夷則（孟秋）二十六日祭畢李昇等始議修葺碑立於延祐三年丙辰重陽日撰文人為鄉貢進士王儉民是元仁宗延祐二年初行科舉後之

鄉貢進士也

○趙郡王里佛堂之記

本州石匠提控郭春男郭澤鐫

冀寧路汾州儒直學曹思敬撰

冀寧路汾州西河縣儒學教諭盧宣書

河東山西等處鐵冶都提舉司吏李敏篆

覆載能容兩儀之大矣照臨極遠萬物之生焉生理無窮賦性有異人之性與物之性所稟不齊稟氣之偏塞者物稟氣之清濁者人人性亦然清者智而濁者愚美者賢而惡者不肖智愚賢不肖其揆各有一也

吾夫子言性相近也習相遠也其意昭然夫性之近者至理會合

之初渾然罔有養其心於未形之日三軍不可奪威武不能屈及
其既發泡應曲當隨感而見此君子存心於善者也習之遠者人
欲蔽交於前懵然無恥放其心於故縱之特百驥之難進萬夫之
難敵惟其所見簾視壁聽自是而非此小人存心於不善者也不
善則懸懸則不祥莫大焉君子為善小人反是為善者惟日不足
孜孜焉勉勉焉不惟操守於動靜語默之特必當影顯於顛沛流
離之地不惟戒慎於不聞不睹之中必當謹敬乎造次須臾之際
是以終日而不自失況一息而間斷乎今夫善者
佛修之善以慈悲之心為善又可明其本然之善性也哉斯趙郡
王里古有人焉賢且智義且哲一日謀於衆曰從善如登從惡如

崩吾所念也欲起一祠而奉 觀音無僭竊之罪非圖以快
其人之心目亦足以驗其人之禍福也遂得隙地不拘多方各馳
工力築垣立址載嵗而締構成至元間里人王 出游外府懇悟
釋教拜師削髮謚普甫其有兼愛之心幾踰年省親還家里人請
以住持是院允之不託且無煙爨於其中羨粥其家曩日普甫而
言 佛氏觀音相配受香火之儀可也二十九年里人運事分張
有等重興寺額門墻序蚌螯靈顯廣禪武安王之位背西南而朝
之每祀境神亦即其内甚有瞻望大德十一年普甫卒里人稽顙
於朔望之勤鎖鑰而已慮不卒於楊墨宜自後尊有都功德主張
寛等同心遠慮再起成就之功不召而鳩集各賫已財嚴粧繪塑

一新衆嘉其增崇於前日驚駭不時欲紀諸石張仲賢張成李讓
輩與榆次縣前典史王元亨田仲温踵門求文於我知不得辭以
其所爲所主而書之復銘于后　銘曰
人性至善　天理渾然　默循天理　豈懼乎天
虛靈不昧　内斯静專　及其接物　仁義出焉
仁不可奪　以玉之堅　義不可屈　如直之絃
見善則允　行善則賢　慈悲爲善　佛教優傳
思及所祀　起其善緣　營之不日　建之有年
增崇寺貌　繪塑兼全　圖功弗朽　金石斯鐫
延祐四年十月　日　張寬　李弥　王貴　李信天　卜棟　張賓　劉貴　李順　趙求　張子政　張仲賢　劉仲良　幷村衆人等立石

右碑高四尺八寸五分寬二尺四寸共二十四行行五十字正書徑八分今在汾陽縣趙郡王村重興寺

按記以性善與為善論儒釋之道儒以敬慎存性善佛以慈悲明本性此功之作亦其為善之端也普甫懇悟釋教踰年省親是學佛而仍不失為孝見性善也本兼愛之心而作普救之功見為善也記云至元間出遊外府幾踰年還家住持是院二十九年里人張有等重興寺貌序虸蟄（虸蚄神）靈顯（二郎神）廣禪（牛王神）武安王（關聖）之位大德十一年普甫卒張寬等再起成就之功是普甫修佛為善而里人亦多從善也碑立於仁宗延祐四年距世祖至元二十九年亦二十五年矣曹直學以儒師而闡佛道可謂儒釋貫通矣

○重修棲隱禪院碑記

前祁縣儒學官李　侯撰

鄉貢進士古魏喬彥昌書並篆

夫始有天地生民以來興廢有數成敗有時蓋舉三教之道豈無興廢成敗之時數耶且儒與道之教固不論其所以唯釋道之教有自然矣一從漢代之時佛教經文來乎中國興廢故有其數成敗故有其時何況殿堂屋宇無其興廢成敗也哉今乃見聞汾州西河縣板井村里有一棲隱禪院本洪西社崇真院之法眷也昔時元根創建法堂屋宇粧塑

釋迦聖像羅漢一堂以曁歲久日月遠邁今因殿堂屋宇塵舊風

雨損壞復有師僧
賜紫衣沙門法念徒子璨繼踵前緣特發誠善之心願興良緣之
事舉其言曰此乃祝賀
皇王聖壽之禪院殿堂梁木瓦礫損壞又值風雨淋漏恐傷堂中
聖賢像儀遂乃僧子璨再行重加修理佛堂殿宇又因恃賴壇那
仁賢相助修造一派渙然亦已完備而新之又況僧子璨　佛法
精嚴為僧德量忽一日有棲隱禪院下僧主子璨以備其禮三踵
門而來備具前因告丐碑銘記文於余而言曰小僧敬尊
佛教拜禮　佛儀恐不堪事故已修理完而備之又皆賴壇那仁
賢助造之功望先生作一碑銘記文用表小僧重加修造

佛殿堂宇之心焉余固辭不已遂乃忻然修撰斯文而銘刊諸貞石以傳後世千載不朽其名云爾　其銘曰

棲隱禪堂　興廢難量　興之有數　廢之不常

僧主虔懇　慈善心良　憫嗟堂殿　至誠談揚

壇那動感　助土可堂　營造成就　完備無妨

渙然新飾　堂像嚴粧　師徒遂願　法名馨香

祝壽禪院　永遠榮昌　賀

皇王壽　萬歲無疆

復改至元二年歲次丙子辛卯月戊寅朔壬寅日化緣修造

光教普明大師賜紅衣沙門子璨門人行策行穩

當里局下赤白堊瓦匠提領李順男子英子智子敬

當里石匠提控郭英刋　男　仲誠仲温仲良仲堅

碑陰

汾州西河縣

進義副尉西河縣達魯花赤兼管諸軍奥魯勸農事失剌不花

縣　尹　闕

進義校尉西河縣主簿不顔怗木兒

進義副尉晋寧路晋城縣主簿王遵道

西河縣尉趙質

西河縣典史孫克義

右碑連額高五尺寬二尺二寸上節録文共三十一行每行二十八字正書徑五分中下兩節人名未録額篆重修棲隱禪院碑銘八字徑一寸半今在汾陽縣龍泉村棲隱寺

按後改至元二年為元順帝後至元二年以世祖由中統改號至元順帝由元統復改至元也二年為丙子辛卯為二月碑記沙門子璨重修禪院與子珂皇慶二年之㲀塑聖像相距二十三年而殿宇損壞恐傷聖像矣羅漢梵言阿羅漢比丘修行得道者之稱也位次於菩薩梵語謂菩提薩埵菩提者覺也薩埵者衆生也簡稱菩薩謂能自覺本性又能普渡衆生羅漢精進即成菩薩銘言慈善心良足見釋道之真諦碑陰銜名可補縣志職官之缺

○勑建大明觀更上清宫記　雪峰逸士　曹思敬謹録

真大道崇道廣廣大□休庵老人講經師前進士杜成寬撰并篆

汾州前管道正判官趙士正書丹

原夫清濁未分二氣氤氲而玄進陰陽肇判兩儀怳惚以方成道妙近以難窮體希夷而莫究欽惟

大道祖師金闕玄元老君生太初太易之前處無象無形之内蒸陶九氣治轉六虛四象由生五行已運庸茲大化立爾含情始造農桑遂興宫室居處寧而巢穴之風□易蚕穀登而鮮鮮之食以充人知飽煖之可以矣形軀是生物欲而漸致亡天理流於中古浸失真淳舍朴素而嗜浮華降道德而為仁義因禮節而生矯偽

用知巧而設刑名理既昧於自然人惟知於苟免功利之患競起
貪安之想繁興情欲之火熾然性善之水莫潤大地衆生適邪而
造惡致六天魔恩（覦使）以為殃或致水火盜賊之災或作飢疫刀
兵之害我
太上聖祖隨機設教作九古之楷模應變無方為百王之軌範甚
欲反今而□古務實而去華奈由習惡之已深謀生而致死是用
悲心不舍願力惟深復□□中降來人世爰至滄州樂陵之北㞐
登　隱士劉公之門傳以心法授以儒經命以善仁為法名偉
弘大道之宗教是公也有事母之孝行據濟物之仁心致感
聖真付此妙法以見素抱樸少思寡慾為立道之本用除邪治病

濟生度死爲開化之方度恭山院究忍而大彰闡教之威神得白
雲洞石碣而乃知宿世之因果治梁子榮癩病而馳譽除趙大郎
妖狐而著名在家養道者拾八年遊方行教者二十載東連晉益
北及燕齊共闡化三十八年其人莫知其數所在立觀到處建功
以前四代自中□紀合於山□後二師從燕北教流於西蜀　二
代教主俗姓曰陳師號大通真人掌教一十五載　三祖師俗姓
曰張真人稱純陽之號掌大法二十伍載度徒衆萬八千人　四
代祖師姓毛□□教廿五載號元陽真人遜傳　弘教大師是爲
伍代師祖俗姓鄺氏子稱道元克紹前猷大敷宗教除魔立正役
雷召龍大集徒門廣興宮宇懷來水谷乃師誕有之邦奉

朝命起建栖真之淨廬蒙
聖旨改賜太玄之宫號　寵光師德具號復同非惟一己為膺命
之真人遂使列宗繼□
宣之鴻緒其為初也山原植果平陸種蔬以之供衆則薺葅之供
有餘以之延賓則茶□之奉不缺道人歷耕稼以為修養之資女
冠業紡織用供伏臘之計桑麻被野黍稌盈田四方徒門率以萬
計是故名聞朝市德感遐邇於癸巳甲午之間由太原路行教汾
州西河之趙周村有舉師武德用在此興教得檀信韓監軍發心
舍田蓋通真舉師已自肇端復向道徒門齋心買地遂興觀宇名
號大明義謂大道光輝從此大明於當世為　國家祈禳之地

作信善敀嚮之方仰則祝
聖延祥增嚴
皇祚俯則弭災崇福保衛生民繕殿纔興　教原大啟是觀也東
則滋於汾水南則倚於汾州金顗關竅護於西隆潤濟神陰佑於
北鄙子夏山崇岡接漢狄相墳古木連雲天開圖畫四序輝華巠
產珎奇千秋富庶琳宮建立　神祇助扶植之功淨衆安榮
道法有匡持之力觀之作也始則分隆陽宮事力衆茲基搆中則
伏和德平舉師與□修營村衆人肥瘠福田向法師廼成蓋造田
德春任德信一體資力任德才耿德用協心效勞觀方落成人或
歸化通武德和當知觀事韓成貴輦助焚修有田清貴精心供衆

六祖通玄真人深心提奬將謀立石遽爾登真衆以此時欲終其
事乃狀厥實上白　當代七祖顒真體道真人曰化行於垂一
百三十餘年受傳已成七葉啟端尊宿半已成真如武德揮者蓮
心興起造之□□章作立碑之事心猶未滿身乃言歸欲望元慈
克成勝事光揚先烈激勸後人於是果被洪音屬余為記成寬自
慚衰朽誠久困於文詞勉強作為恐□□□貽誤固辭弗獲謾爾
承當採□端由為之紀叙具有莊嚴檀信過見□流記録難周碑
陰具載并為之銘曰
茲太原路　郡有汾州　邑隸西河　村名趙周　大道祖師
行教茲土　有武德用　師當舉師　以無相法　教化度人

驅邪治病　取效如神　二三年間　聲名響撼　所化徒門
難以籌算　既舉其意　不日而成　爰立觀宇　號曰大明
有土有民　既庶既富　興此善功　不言而喻　東近汾水
西金鎖關　南倚汾州　北子夏山　狄相有墳　潤濟有廟
相彼山川　堪資要妙　寂真舉師　法諱德平　孝義受業
于兹立名　與衆躬耕　□□□□　□曰□持　□□□□
起造有倫　德業自新　衆欲紀事　勒之堅珉　上白元師
屬余為記　併與為銘　用傳永世
前至元十二年歲次乙亥中元日寂真大師太原路教門舉師和
德平　立　知觀道士武德和

至元二年歲次丙子孟夏四月上旬有　日趙周里上清宫明真廣演普德大師李路方下舉正門人馬進道等重立石

右碑身高六尺五寸寬三尺一寸共三十三行行各七十二字正書字徑八分今在汾陽縣北宏士村大明觀

按碑爲世祖至元十二年和德平立撰文人杜成寬書前進士斯時元尚未行科舉制當爲金進士故書曰前杜以儒徒而兼奉道教故碑叙天理人欲道德仁義之説理旣昧於自然人惟知於苟免情欲之火熾性善之水涸大上聖祖隨機設教務實去華傳授劉公心法俾弘大道是於儒老之道均融會貫通也考張真人碑劉公名德仁此云名善仁蓋後改名也爲真大道教之祖號無憂普濟真人生於滄州今河北滄縣樂陵今山東樂陵縣之北

事母孝濟物仁少思寡欲為立道之本是有儒行也再傳陳師正號大通演教真人三傳張信真號沖虛靜照真人四傳毛希琮號體玄妙行真人五傳酈希成號太玄真人六傳孫德富號通玄真人七傳李德和號頤真體道真人八傳岳德文號崇玄廣化真人九傳張志清號玄應真人碑言五代祖酈師大集徒門廣興宮宇於師誕有之懷來（今察哈爾懷來縣）水谷建栖真淨盧改賜太玄宮號癸巳（太宗五年）甲午（六年）之間由太原路行教汾州西河之趙周村（即今宏士村）舉師武德用在此興教得韓監軍（金元官名）發心舍田已自肇端師復齊心買地遂興觀宇名號大明謂大道光輝從此大明於當世祝聖延祥教原大啟史謂至五傳始名真

大道即謂於此也是大明觀建於酈師在蒙古太宗五六年間觀在汾州之北（距城七里）汾水之西金鎖關護於西陳（在今向陽鎮西）潤濟神祐於北鄙（今神塘馬跑泉）又北接卜山西鄰狄公墳（在劉村）今均可徵六祖孫德富立石未果七祖李德和屬為記石是為前至元十二年乙亥中元日至後至元二年丙子孟夏更為上清宮馬進道等又重立石相距恰六十年矣

○重理廟堂記

冀寧路汾州前儒直學本州曹思敬撰

勅授宣德郎儒學教授本州盧　宣書

冀寧路本投下都總管領本宮地提領王思聰篆

古今寰宇艱有向道者入玄牝之門悟道者行不言之教知教當
行日用慣煙霞之癖知門可入時復見天地之根是則我
玄元妙旨虛極真風昭兹來許自有不期然而然者矣兹汾之西
孝文里者古有人焉談玄嚼妙者韓江輩易俗羣縻勤工衆勉肯
構岑巍之觀咱兩廡連楹儀
玉皇安於南向叙四聖三宫焉鳴靈顯等咸在上而有倫焉以時
歆祭進香火有所歸依恐日月居諸有不逮經營而屢圯矣非患
補葺為難惟患其力不足為尤難爾於是均輸阿堵置肥磽幾半
百之田以耕穫豐凶供内費輒圖為永計奚可已不增崇而見弁
耶前人命　妙虛觀女觀蘇道全泊介美王志昇寓守延及陳姓

氏心節不剪日蔓滋多以靜守不為甜將有土就鬻於傭耕之佃者昧人謂徵租歲納未久陳氏没里人不日而同詞曰是廟暨是土惟首韓江率村衆鳩造於前其次劉福碩聿力落成於後非道釋二家之屬也里人李顯盧彦祥以鯁直衆口推尊俾與潛謀昧土者若執訊詞窮價還地復無交錯相違之竟旅悦師愉以公論期功為盧李不亦重乎盧李曰伐善矜能果君子之心而不顧乃小人之志而必文也吾於是愧豈舍君子而學小人哉況斯廟之由斯土之有皆里人同力同價之所成今遜簪裳弗宅肯誕寘而俱廢歟然而委受之田者司其所出悉會計當而已但畢竟營修之費有圭撮盡俾人周知豈欺心之謂焉噫古人立不易之法非

相繼跡詒茲在茲念者別之人古今斯實其驗能不而道之矩絜
錄實具瑞賈吏州偕敏王吏河西前命心為朽不以李吳守周為
云概梗其題筆挽遽緒之仁當讓不以以所其視予記求門詣
本省差提控案牘徐世傑　都目仇興祖
敦武校尉冀寧路汾州判官張汝楫
忠顯校尉冀寧路同知汾州事木八剌
奉議大夫冀寧路汾州知州兼管本州諸軍奥魯勸農事姚珪
承務郎冀寧路汾州達魯花赤兼管本州諸軍奥魯勸農事塔
海的斤

汾州石匠提控郭英刊

至元二年十月　日本村都功德主盧彥祥李顯立石

碑陰

進義副尉西河縣達魯花赤兼管本縣諸軍奧魯勸農事荅失怗木兒

承事郎西河縣尹兼管本縣諸軍奧魯勸農事鮑也先

進義校尉西河主簿那海　西河縣尉趙贇　省差典史孫克義

前元帥府叅謀武煥　孫　君洚　玄孫　從善　從政

前文水縣稅務大使武孝卿奉縣司吏仲祥良幹　孫司吏恭

都紀功德主李勝盧祐　男李顯盧彥祥　孫本縣儒學齋長文智　曾孫漢卿宜卿

高泰　男思義　孫男彥才　德甫　潤甫

鄉貢進士李彥文　男　本州前儒學司李克信　孫　任郁
路彥才　男　路通　孫　德義　德美
王仲賢　男　從仁　從義　從利　孫　君祥　君瑞　君信
李彥亨　男　孝民　潤民　本村大本都科提控武慶
郭潤　男　忠信　孫　仁卿　義卿　劉思温　男　仁甫　善甫
郝思讓　男　仁甫　善甫　慶甫等
郭思信　男　君瑞　君義　君智等
前汾州僧正司知書本村義滿門人道中
南張家庄都維那張潤　男　仁義　仁智　孫　吉慶

右碑連額高六尺寬二尺四寸共二十行行各五十字正書徑七分額篆重理廟堂碑記六字徑二寸今在汾陽縣東家莊王

皇廟

按碑言韓江等建玉皇廟內敘四聖（黃帝岐伯秦越人張機醫學書有四聖心源四聖懸樞是也）三宮（道家所奉之神謂天宮地宮水宮也）馬鳴（人名北印度高僧皈依佛教長文詞著大乘起信論）靈顯（灌口趙二郎神一謂李冰之子二郎也）等神又輸阿堵（俗語猶言這箇晉王夷甫曾以阿堵物謂錢也）置肥磽田五十畝命女觀（即女道士）泊介美王志昇寓守及陳姓將土就甯佃戶里人推盧彥祥李顯於昧土者訟爭價還地復盧李不自居功而以君子自勵是具義也委受田者司其出入會計恐窗且令營修之費圭撮（漢書量多少者不失圭撮）盡俾周知是其廉也均不可朽矣撰文人即前大明觀記雪峯逸士延祐四年為汾州儒直學故此書曰前書丹人盧宣延祐四年為西河縣儒學

教諭均見趙郡王佛堂記此時已為儒學教授矣後列銜名均可補縣志職官之缺

○重脩仙姑廟記

將仕佐郎晉寧路夏縣主簿鴈門趙伊篡
從仕郎安豐路安豐縣尹兼勸農事郡人李敏書
太中大夫彰德路總管致仕大鹵劉毅篆

西鄉家莊可仲和男謙等因予友安豐縣尹李君宣道踵門而言曰槳里有仙姑廟前輩創建地震頹圮後人修理亦自中輟今時和年豐衆力畢舉廟貌已新欲勒諸石以紀興作之由請先生為記其事予曰仙姑出處傳記不存輒採金朝之石刻及耆舊相傳

之語而畧為次第云按仙姑者古昔得道之流世傳洪栢里人也姓任氏家雄于財姑自齠齔時不葷不茹已有遺世絶俗之志及笄淑閑靜婉不喜華麗常着麻衣四時不易故鄉人以麻衣姑姑稱之遂慕方外之道一旦夢異人授以長生之術迺絶棄人間事隱于西山石室木食澗飲槁項黃馘終日靜坐煉厥身心如是者十數年其後厥親舊之叅訪將羽化而登仙忽見座隅石罅開朗內有殿宇崢嶸簫鼓迎迓姑因倏而入石亦隨合上有乳泉突出鄉閭老幼咸異其事遂於斯立廟肖像而致祭焉每旱暵輒禱于石室或光怪出沒或蛺蝶翩翩異香襲人皆為神降之驗既而時雨霑足由是數鄉之田咸為樂土矣嗚呼姑之末仙既異於俗姑

之已仙又福於鄉宜其歿祀於社而饗後世之香火也又按列仙
傳有麻仙姑者嘗會于王方平家自言接待已來滄海三為桑田
矣比見蓬萊水淺於昔姑豈仙姑之後身耶何其名同而神同也
且仙人之去來又非世俗之所能測固不可執一而泥仙姑之神
異又不可以怪誕而違衆人之所請聊質此一事而為記仍繫之
以銘銘曰

猗歟仙姑　冰肌玉膚　神異交孚　藐姑射之徒
未笄之先　麻服纏綿　不餙粧匳　宜享遐齡之年
山巖石室　草衣木食　心靜神遊　仙凡殊迹
古有異人　姑乃後身　千載同符　閬苑蓬瀛

鄉邦克禋　禱祈必靈　傳之無窮　立石刻銘

至正五年歲次乙酉九月丙戌十六日丙申

立石人當里可謙　任吉　韓彥和　郭謙　可琪

郭從道　韓思政　李恭　喬成　喬禮

汾陽石匠提控郭瑛男仲誠刊

碑陰　分四節此僅拓上節官紳其餘施錢人名未拓

西河縣

進義副尉西河縣達魯花赤兼管本縣諸軍奥魯勸農事阿都

刺火者

承務郎西河縣尹兼管本縣諸軍奥魯勸農事聶太舉

將仕佐郎西河縣主簿馬德元
省差典史張遵道
進義副尉征行百戶郭從政男元輔
進義副尉征行百戶喬文寶男回軍
石州醫學正劉安上

右碑連額高六尺四寸寬二尺九寸共二十五行每行四十字正書字徑七分額篆重修仙姑廟記六字徑二寸碑陰僅拓西河縣官紳姓名八行正書字徑四分今在汾陽縣郝家莊麻衣仙姑廟

按仙姑事辨見於延祐三年重修碑記此言地震頹圮後人修理中輟今衆力畢舉廟貌已新是言大德間地震七年八月地震八年正月五月又震後人修理中止至今修成安豐縣今安徽壽縣元安豐路亦治此尹李宣

道請為記即書碑之李敏篆額為彰德路（今河南湯陰縣）總管致仕劉
毅蓋皆汾人也後書銜名有征行百户即元百官志千户百户
之職也石州即今離石縣元設學有蒙古學儒學醫學之別延
祐三年係言修魏家莊廟此為順帝至正五年重修郝家莊廟
距地震後四十二年矣

○重修仙姑廟記

鄉貢進士郭從道撰兼書

亞中大夫廣元路總□事郭忽都篆

春秋左氏曰山林川谷有能興雲雨見怪者為神奈□有云能禦
大災則祀之能捍大患則祀之非此族也不在祀典焉吾汾麻

衣仙姑神者乃古昔□道之高□也姓任氏世居洪哲里及笄隱□於西山石室中親戚爲之見訪必欲棄俗□□石壁□□□□若其雷悠然而逝壁復其故于今手痕尚猶之存聖跡依然出泉涌乳□後山谷間往往人見之境人爲之立廟汾地高深歲歉雷雨每過旱暵濟濟焉蹌蹌焉僉舞雩於其廟則油然興四野之濃雲沛然湊千里之甘澤俾斯民易憂極之心而大荒豈不謂與雲雨見怪之神耶禦大災捍大患之族耶其於祭也宜哉曁至大戊申春復值宜陽之氣亢旱不雨當里耆老跣足涂禮與衆詣西山廟中□祈聖水迴至設壇之處黯然雲合霖雨湊至不崇朝而槁苗復蘇俄

回豐稔良久喟然曰常聞之神之在天下如水在地中如以鑿井
得泉曰水專在□豈理也哉我里耆老李心孝等鳩集輿夆立石
於
麻衣仙姑者闔境之神豈獨留於彼若於斯剏建其廟宇庶不負
神惠之福衆皆曰可鳩工殖梓不勞而成物換星移風雨所剝不
無損壞逮至正庚寅春衆戚然曰□□仍舊神像儼然惟外飾未
嚴我輩安得不理而葺之遂命丹雘煥然一新甎石之工亦均其
力焉既而迺相謂曰人竭其忠而感其神令人繼其功不没其善
豈可□晦無聞於後乎欲紀諸貞石踵門而□來丐文於予固辭
不獲遂記其始末

天地儲精　惟人最靈　能□其道　神完氣寧　俾彼西山
石室深扃　仙姑隱幕　幻化冥冥　遂立其廟　雲興雲靈
紀諸貞石　永傳令名
至正十秊歲次庚寅六月癸未丁亥日立　當里赤白塗瓦提
控李順男　子智等　石匠提控郭英男　仲誠等刊

碑陰

在市功德主
嘉議大夫山北遼東道肅政廉訪司事呂沆
前甘肅道照磨王希文弟王遵路
張相公孫男　元智　重孫　敏兼　敏忠　敏達

奉訓大夫河中府同知崔贇　孫男崔諒

前延安路安定縣尹王孝先　男王剛

汾州司吏　孟從善　賈思義　白彥知

右碑連額高五尺八寸五分分三節上節錄文中下兩節人名未錄寬二尺四寸共二十七行行各三十一字正書徑五分半

額篆重修仙姑廟記六字今在汾陽龍泉村仙姑廟

按此記為板井村仙姑廟碑板井於甲戌春改為龍泉村記言麻姑與魏家莊延祐三年郝家莊至正五年重修碑均同均為禱雨靈應而修此廟由元武宗至大元年戊申春旱禱於西山即仙姑羽化之石室山得雨歲豐里耆李心孝等興修立石考延祐三年碑西山仙姑廟建於蒙古憲宗八年戊午據郝家莊至正五年碑仙姑出處輒採金朝之石刻是廟又建於金以前又以神如

水在地不獨留於彼遂於本村建廟是板井村廟建於至大元年至順帝至正十年庚寅春重修六月立石也相距亦四十三年矣碑陰書呂流時為山北遼東道肅政廉訪司事又前甘肅道照磨王希文河中府今山西永濟縣同知崔贇前延安路安定縣今陝西膚施縣明清為延安府元為安定縣尹王孝先篆額人為廣元路今四川廣元縣治總管事郭忽都皆可補縣志之缺

○有元創建卜山書院記 翰林待制榮□大夫□□國史□□□□□□恕□□

□□□□□之道□□□□之盛文學之為長也凡為天下國家治□之□□大經大法□孔子□後□克大□□□□□者□□□□□□□□□□□代□忽□□□□□□□三也其文則易

詩禮春秋也□□□教之□□所以垂世人微□□□至道示人
主以軌範者□□□矣□□□□□□□□□上德□□
□文□□□言以明心心□體天故曰天命曰生□□□道斯之
□□□要□□□以敬敷五教是也□人□□□□言□□□□
□□□□□以傳孔子曰文不在茲乎斯文未喪固可以建而□
考而□也□安在孔氏之□□□□□□□□□□□□□□
□□□□□□□□□□□□□□止於至善脩身而□之天
下國家斯其至矣由是言之可不謂文化之盛
聖朝有天下嘗尚儒徽道□服人之□溥統外內□教所被凡郡
縣之□文□□□□□□□□□□□□□□□□□□

□□□□□□□□□□州人李寬之所創也子游吳人也平江
之常熟縣祠祀吳□梅菴朱子嘗記之矣子□□□□□□□□
□□□□□西河□□□□□□□□□□□□□樂子夏若曰
夫古樂旅進旅退和正以□弦匏革□食□拊鼓始奏以文征□
□□□□□訓□□□□□□□□□□□□□□□□□子則
□□□□□發也夫新樂□俯退□姦聲以溺而才上及侏儒優
□子女不知父子□□□□□詩不可以道古此□□之□□□
□□□□天地尚已□□□□德而玉穀昌疾疾不作而無妖祥
父子君臣以為紀綱紀綱既正天下□遂然□正□□□□□□
□□□□□□□□□之記□□之所□□其□□□□音好濫

淫志宋音□害溺志衛音趨數煩志鄭音傲辟喬志四者皆淫□
害德□子夏□□□□□□□□□□□□德之音也□□□□
□□□□□□□旄狄以舞之所以祭先王之廟所以獻酬酳酢
□序貴賤各得其宜示後世有□天倫□□□□□□□□□
□□於□□□□□□□□□□□□□□者子夏之力也子夏
嘗居石室之山山跨文水西河兩縣之境其山□□□□□□□
□□□□□□□□□□□有文學□□□□□□□□□□□
□□其有元可得智者樂之水也世有□□□□□□山水處也
山□有□化河□□□□□□□□□□□□□□□□□□□
□□□□□□□□□□□聖朝大德年間□定諸刻石存焉

今汾州西河縣大相里人樊公名宗英者以其山居密深此山河
□□行□□□□□□□□□□□□□□□□□□□壹如郡
縣學宮之制法庭闕嚴通門宏厰聖有殿賢有廡像設繪塑章服
如亻禮器備才亻□□□□□□□□□□□□□□□□□□
□□□□□良田三百畝奉師□常稟徒□□□□□□□□□
精巧樹以嘉木植以芳卉子夏□□□□□□□□□□□□
□□□□□□□□□□□□□□□請諸有司有司上之□禮
嘗移集賢必重□鳳紀之□□後□□中書聽□可持□正心□
□年也□□大學□□公學□于石□□□□□□□□□□□
是能事斯舉而宗英之墓已有宿草於是宗英之弟宗義宗禮泣

宗英之子□□創建□□□□□□□□□□□□□□□□□
□□□□□□□□□以晉山書院山長趙君作撰事□來請為
下山書院記予惟學□□□□□□□□□□□□□不敢以□
□□□□□□□□□□□□□□□□□□為要者如是夫子
夏者傳書傳易傳禮孔子作春秋屬之□其□言載之聖□□如
是□□□□□□□□□□□□□□□□□□□□□□□□
□□□□□必有興起於千百載之下者矣況樊氏多賢子孫使
之夙夜恔思其前人艱□□□□□□□□□□□□□□□□
□□□□□□□□□□□□□□□□為名士□□□部□□
與易也積善之慶具在茲予□善教者尤當勉焉□□□□□人

心□□□□□□□□□□□□□□□□□作宗
禮字繼先譽□德安府之□官不樂歸田況伯仲和□產積居唯
□庭行□□□凡賢生之德□□□□□□□□□□□
□□□□□□能以重於人而以仁義稱於鄉邦云時至正十
四年歲在甲午秋八月廿八日謹記
尚義樂施前德安府税務大使樊宗禮立
樊宗義

右碑連額高八尺五寸寬二尺八寸許共二十六行每行六十字正書兼行書徑七分許額篆有元創建卜山書院記九字徑三寸許今在汾陽縣大相村卜山書院

按縣志孝義門載元樊宗禮字繼先大相村人至順元年河南饑入粟助賑官德安府税務大使尋調汝寧告養歸與兄創建

卜山書院敦請名師成就後學即指此也惜碑殘剝而未能見其詳撰碑人亦漶漫只翰林待制等銜名與一恕字可識是否即撰尚義樂施記之馮公勵無從考証碑云以晉山書院山長五代將維東隱居衡岳受業者稱山長元史書院設山長趙君作撰事來請為卜山書院記蓋引趙君以求撰記非趙君之撰也又明樊公友為宗英九世孫於萬曆間重修卜山書院冀南道旌其門曰世義足見樊氏之尚義不衰也慶成王朱知㸅有咏書院詩今亦佚

○重建林宗祠記

奉訓大夫知汾州事胡德源書丹

從事郎知孝義縣事陳莊篆額

郭林宗先生漢名士也不晦跡於野不苟祿於朝德業聞望高出一時而不與黨人之難所謂明哲保身信足徵矣洪武癸丑夏余分巡平陽道經介休嘗造其墓側隱然對峙緜山殆天相乎冬十二月達汾州學正梁舉語及先生祠在本學儒宮之右僅存碑刻余因嘆曰自漢而下世之學聖賢者不高蹈遠引則没溺名利勉強乎中庸無幾焉先生雖丁艱難而動靜云為從容中道奬勵後進靡不成才非善學聖賢其孰能之天不假年誠可為時惜也血食後世亦何愧哉興廢補獘尚待其人知州漢陽胡德源聞之遂帥僚佐即舊基起祠一間而塑像於内先生道化之懿宛然羙牆

可謂勇於義矣祠成謁之因紀實云東魯坦然郭桓文振撰

承事郎同知汾州事王武

判官柯達善　吏目馮克粢

司吏常友直　張昭　房子章

學正梁舉　訓導劉阜

司吏郭克仁　冀魯　沈良輔

洪武七年春正月望前三日立石　郭遵諒鐫字

右碑高五尺五寸寬二尺四寸共十七行每行三十五字字徑一寸正書額篆重建林宗祠記六字字徑二寸二分今存汾陽縣府文廟圖書館

按撰文人為東魯郭桓據山西通志職官洪武間有郭桓東平人（故屬山東書東魯）並按察使考明清守道為布政司左右參政參議巡道為按察司副使僉事文云分巡平陽道（河東道原在平陽）似為按察副使也然分巡副使譜内無郭桓而僉事譜内列有鄭垣係東平人或即郭桓之誤而後升為按察使故列於按察使譜内洪武六年癸丑夏經介休造有道墓側冬十二月蒞汾州學正梁舉謂祠在學宮右僅存碑刻蓋即指金大定間所刻之林宗碑也知州胡德源即舊基起祠謁郭桓記之於七年甲寅正月始立石後列同知王武判官柯達善吏目馮克恭皆可補縣志之缺而志列梁舉係洪武六年任學正尚符惟訓導劉皋為十

七年任則當為七年之誤也

○重修畢宿廟記

地秀神靈妥乃孕乾坤之氣禦災捍患何如祈分野之星層峰疊嶂襟卜山引脉於太行巨浸洪濤帶汾水狂奔爭東海汾城之北建厥廟焉趙宋之前蓋亦有也自昔邦土之人題曰畢宿之廟厥形肖畢義取漉魚之絏其性好雨名立月烏之號遭時亢旱禱雨必徵嗣是而後金夷亂宋元醜污華兵燹淋漓於歲久月深風雨摧殘於自古在昔上棟下宇荆蓁瓦礫之荒涼横檻直闌牧唱樵歌之處所迄我

明啓運禮樂休明玆廟昭靈香火騰沸搢紳韋布籲告者魚貫而

蟬聯疾病災祥祈祝老蟻趨而蜂起切思廟額剝落激發重修葺材命匠嚴督課□由是雕墻峻宇奐焉光彩以射人朱户碧窗炳乎陸離而奪目屬予為記置喙竊言物衰則必盛事替還有隆非神乃爾惟人亦然宋之問奪錦袍之三絕發跡草萊張彦謙魁黄甲之一名奮身岩穴精强弓馬狄青樹附鳳之功扣出氷魚王氏擅慈烏之孝文昌之騰茂實禱雨祈晴彦博之耀鴻勲出將入相山川效軒秀之奇風氣萃禎祥之天予遊泮水常經點額於龍門跡晦雲山豈望圖形於麟閣但修人事上聽天公顯靈異而獨有神明紹前修而未知誰是聊書井見以竢將來

大明正德元年歲次丙寅春王正月□□后東吳詩樵書姑蘇鄭昌篆額

慶成王府奉國將軍奇灤□助

右碑連額高四尺三寸寬一尺九寸共十八行行各二十九字正書字徑六七分不等額篆重修畢宿廟記六字字徑二寸半原在汾陽縣北鴻家莊本廟今移存縣圖書館

按畢星好雨汾人禱雨建祠創始於宋真宗景德以前已見於金許安仁重修碑記此遺金元之變又為之重修也碑敘明興神靈之昭人崇之誠後言山川鍾秀之奇歷舉汾人如唐之宋之問（字延清一名少連）詩奪錦袍（武后游龍門命羣臣賦詩先成者賜錦袍東方虬先成拜賜宋之問詩成乃奪錦袍賜之）元之張彥謙（名益）名魁黃甲（張益為狀元）宋之狄青功樹附鳳（指狄武襄武功）彥博德耀鴻勳（即文潞公）言秀之所鍾也至王氏扣出冰魚（當指晉王祥卧冰事）文昌禱雨祈晴即唐段文昌節度劍南之事（遇旱禱必雨久

雨出游必睛民歌曰旱不苦禱而雨雨不愁公出游言其禎祥之萃也末又結於己身蓋東吳詩樵由茂才而及科第者文出駢體而詞間有涉俗而泛處其書法清秀有金許安仁之風味并開清何子貞之先基與鄭晃書重修觀音堂記相同惟此刻係詩樵書鄭晃篆額而觀音堂碑係詩樵記鄭晃書以文與書法觀之蓋皆詩樵所記鄭晃所書也正德為明武宗年號元年距今已四百三十年矣

○修五聖廟門記

賜進士中憲大夫前戶部郎中知山東登州府事雲間嚴泰撰

西郭有廟設像五聖神祇嘗聞在天之靈匡扶刼運誓斷妖魔消天下之災解人間之厄有功於時有補於世其來遠矣先年建廟

貌於當道之間專以保障居民非是者弗預但見廟前近褻神路無門則規模淺陋基址蕭條不足瞻仰可享神乎至正德十三年季冬之末始有起門之端不偶然也觀乃先期十月忽有流星墜廟頃刻而起淩空而去如人之立如傘之張火星隨之徹於上方不知是何祥也有容占之者曰神工及復否極泰來再造更新之兆也未幾獫狁寇邊哉

皇上御駕親征於本年十二月二十三夜半時分

聖駕西來過臨此廟殆見黃袍紫蓋風動於斯文武群臣迎候於斯三軍六師肅隊於斯笙歌簫鼓奏凱於斯又見王氣結五龍之象銀雲吐六出之花真千載之奇逢乃祠宮希世之榮也向者流

星之變於斯應矣後有兵部侍郎李公鉞過此停驂顧謂予曰凡
帝王遊幸處所尚有留題古跡況我
神武英君席捲胡沙埽清宇宙班師過此即是
天王行在之間茲當設立龍旌之位興建門闌經營防護使世世
傳香不可泯焉續有本州太守紀公勛白諸父老曰此地乃鳳輦
流芳之所龍光照耀之鄉可不修舉廢墜高大門垣以壯非常之
跡斯爲美乎時有本關紀首孟資劉文智王得倉歡然承命各捐
己貲會衆人之助築茲福地理其故墟遂爲正門三間自内而外
煥然一新工雖罔俊關繫大矣斯不忘李公之言亦不負紀公之
舉又可見彼此同心次第而成功也予居廟左幸逢其時蓋以飛

龍在野兹土朝天一方勝景回顧改觀昔以荒涼之境化為佳麗之方前所謂再造更新於斯又驗矣時當落成之日鄉人慶會之際有湇淒淒興雨祁祁月臺風淨枯槁回生顯係門既攸宜神明允協和氣昭著於上下也自是廟堂清泰靈氣攸鍾未必不禦災捍患未必不陽報陰施足以起人之敬畏也資等請記予遂書之以傳悠久使後世之人知所自云是為記

大明嘉靖四年歲次乙酉季春吉旦立

左碑高五尺九寸寬二尺五寸文二十一行行四十八字正書徑七分書法仿顏清臣額篆皇帝萬歲四字徑二寸五分原在汾陽縣西關外後移存關內觀音堂

按宋洪邁夷堅志錢塘門外有五聖祠其神無可考一謂即江

南之五通神記云扶刼運斷妖魔消災解危有功於時亦不指明何神但鄉人往往以祀神之數以名廟如三賢廟卜子夏段干木田子方三賢在今東官村四聖廟有以黃帝岐伯等藥神為四聖有以劉關張及武侯為四聖者今三泉鎮有五聖廟原祀葛仙翁河神財神為三聖後添關聖火神名為五聖此廟名五聖蓋亦祀神有五也廟久淺陋正德武宗十三年季冬始有啟門之端先期十月有流星墜起之異未幾獫狁入寇皇上御駕親征於本年十二月二十三日夜半聖駕西來過臨此廟考通鑑輯覽正德十二年八月武宗幸陽和明陽和衛今歸陽高縣韃靼入寇大同至應州今應縣帝往援寇引去十三年春還京師旋復如宣府今宣化縣七月從太監江彬言託言邊關多警自稱總

兵官統師往征又由大同渡河次榆林至綏德州（今綏德縣）還由西安歷徧闗抵太原過臨此廟即此時也據此可補史鑑之缺記云銀雲吐六出之花斯時蓋遇雪也侍郎李鉞謂當設立龍旗之位太守紀勛（雲南舉人十二年任）謂為鳳輦流芳之所均當高大門垣以壯聖蹟然以武宗荒淫流連之行謂其捲胡沙清宇宙班師過此未免涉諛嚴泰（汾人弘治九年進士）居廟左親睹其事並以落成之日興雨捍災為神鍾靈知非虛也

○明汾州太守何公遺像記

汾守何公賢字廷獻直隸河間人博學多藝志意豁如甫下車即以興廢補弊為己任期年而化行吏民胥悦尋以疾卒於官汾之

民無遠邇無小大莫不奔走悲號如喪考妣爰刻像以祀之昭其思也先是祠在郭城之西門樓上居民以香火未便乃徙於天寧寺佛殿之側予因過而謁之曰是為何公之像乎胡為乎寓此吾聞之祭法有曰法施於民則祀之以死勤事則祀之子產曰鬼神有所依而後安夫公以郡守歿於官正以死勤事者化行民悅非法施於民者不能則民之崇而祀之也固宜而但處非其地而公之神有未安且非所以示德也嘉靖十四年三月初六日始以郭城北門之端有亭三楹厥地亢燥厥位向陽刻門楣懸扁公之手筆存焉遂鳩工斂材略加藻飾即日具禮率衆迎以妥之仍創治甎堦以便登陟樹立木主以昭名姓別以一主附於廟學之名宦

祠其居民又欲以每年是日爲公享賽予因嘉其義而苦無畫一之期且懼其時或忘焉遂勒諸石以示之雖然不可泯者公之德也不可誣者公之名也名以實著德以人傳予謂何公之德與名識於汾之父老者灼且遠也豈待予言而後知耶書之以俟後之同志者

嘉靖十五年丙申歲仲春上浣穀旦

汾州同知古雄蘇瓏撰並立石　　趙時中書

右石高三尺寬一尺一寸共三十二行每行十四字正書字徑七分今在汾陽縣東關長巷營門上

按何賢直隸河間縣人以舉人於正德十六年知汾州爲人倜儻政尚惠和居歲餘卒郡人德之爲肖像記焉見府志宦蹟蘇

瓏為直隸雄縣人　均見汾州府志

○重修天寧寺萬佛閣記

天寧寺為汾郡一大叢林其寺莫知所起蓋自隨唐之間在唐為太子院道一禪師居之在宋有善昭禪師住持此寺亦名太子院時善昭建大法幢闡明無上正直之法參學之徒霧擁雲集有六大士聽法而來偈曰胡僧金錫光為法到汾陽六人成大器勸請為敷揚是也是時地以人勝故稱汾陽門下西河師子而寺益以彰矣入

國朝號天寧寺二百年間雖累有修葺然未至弘備嘉靖甲子之歲居民有信心者始募化工資悉心興理廣殿長廊門牆等項皆

易朽為新煥然改觀寺後萬佛閣別為一園傑爽靜深瑪臺秀樹
曲檻迴廊踏閣遐觀世界寥廓憑欄俯眺山水蒼茫雖處寰中實
居塵外余嘗謂天香玉宇云乃居民於此脩飾倍加工力金碧朱
丹繪画塗塑莊嚴巨麗寶輪焉奐焉之兼美也乙丑秋落成適分
守大叅知東越承山宋公登覽稱善題太虛勝覽四字扁其閣又
集黃華老人書為五七言各一絕以紀其游州守昌黎齊君宗堯
並勒碑板取鎮山門余宦游海内轍迹幾半見空林古刹得留名
稱勝於天下後世者未嘗不由高僧之住持名公之題詠也唐時
有青龍寺一長安尋常梵宇耳因曇壁上人住持王右丞題詠有
深居僧坊傍俯人里高原陸地下映芙蓉之池竹林果園中秀菩

提之樹數語至今流傳以為絶境今蘭若重新而上公來責香林再啟而翰墨垂華即其因緣際會豈非斯宇之大助哉其年風雨調順五穀蕃熟衆謂神人恊和之應夫文德旁通玄感幽賛亦理之所必至也余記焉及之尚冀其師有如道一善昭者主盟其中俾法幢永建寶剎長標焉因刻石樹攔下於以彰往而察來

嘉靖四十五年春三月上日

退默庵侗懷玄履素玉涔樵隱金庭羽客前河南布政左使孔天胤譔

右碑高五尺許寬二尺四寸共十八行行各三十九字徑六分半正書無題額今在汾陽縣東關天寧寺後院

按縣志東郭天寧寺為漢郭林宗故宅唐建大中寺宋改名太子院冀村宋嘉祐二年碑亦名大中寺太子禪院碑載偈曰六

人成大器即志謂會中有大士六人奈何不爲說法者是也承

山宋公即冀南道宋岳齋君宗堯爲直隸昌黎縣選貢是年知

汾州所題匾與集黄華老人即金王庭筠書碣分皆佚王右丞即王

摩詰維玉滹樵隱金庭羽客皆孔之自號也

○重建隱山仙王洞記

隱山迺宋家里地方距州治三十餘里誌書載之昭然可稽然仙

王姓楊氏諱玄達十二月初八日誕生之辰永寧州九鳳山碑云

晉高祖遇旱禱之即雨天福元年詔封爲護國淵濟仙王此仙王

所由名也廟在向陽鎮西向陽人等事奉香火虔誠敬重溯其修

養之源乃在於此洞爲是洞去向陽數里之地徑路崎嶇足跡罕

到此山其上則聳然特立半山即此洞焉入深二丈有餘洞頂有泉其形似乳不舍晝夜滴水有珮玉之聲流之不滿取之無窮真仙王古蹟勝景也茲有姓白僧人法名照鑒別號寶音我汾太平里籍也未歲喪父孀母守節寶音亦娶室家侍養老母六旬合葬於父斯時也覷破世情從教沙門授龍堂山慶雲天為師其心未足遂出遊南北京都天下名山凡清涼天台南海衡山廬林南華寶鼎雞鳴峨嵋終南等處參訪有道高僧廼自信曰道在是矣後還本境尋覓靜僻閑向陽有仙王古洞寂寞淒涼幽深玄遠人情不堪之地寶音於此修養三載有餘不止不寒食僅充飢感動向陽善人信士賈文柱郭韜任相等供給衣食朝夕誦經以祈一方

之安寧除古洞外新蓋正殿三間石窑一眼内造諸像數十餘尊
始功成矣是功起端於萬曆六年十月初二日完畢於十年八月
初三日洞上養贍地方東至插西原南至石峽西至小石葉溝北
至榆林凹倫將前後始終之事勒之於石以為千萬年不朽之記

賜進士第陝西布政使司右恭政玉崗張更化撰

庚午科舉人山東汶上縣知縣順齋李廸吉篆

儒　官　山　人　　平橋王氏範書

萬曆十年歲次壬午八月仲秋吉旦立石　石工成廷錫刻

右碑身高三尺寬一尺八寸共十七行行各四十字正書字徑五分今在汾陽縣向陽鎮西北七里山洞

按洞在向陽岩西高約七尺餘深可兩丈許中設石棹供仙王

西偏有小池連環盤繞石似龍鱗俗名九龍池池後有口水涸
蛇行始得見洞府玄奧洞頂乳泉滴聲鏘鏘若佩玉丁當亦奇
景也碑言仙王姓楊諱玄達石晉高祖天福元年以禱雨有應
封淵濟仙王蓋修道於此以洞有滴泉水池土人藉以禱雨遂
祀之以爲禱雨之所也撰文張更化爲嘉靖乙丑進士篆額李
兕吉隆慶庚午舉人均汾人也

○重修鄉賢狄公祠記

夫調元贊化於朝廷之上者多不親汗馬之勞折衝禦侮於封疆
之外者或難受阿衡之寄是故允文允武出將入相俯仰古今指
不多屈三代以上不可尚已漢唐以來宋之狄公其崛起乎公諱

青宇漢臣西河人手姿奇偉氣節軒昂端毅寡言慎密善慮計事必中機會行師先正部伍紀律清嚴賞罰明信犒士卒每同甘苦當俘馘必與分功若其揮霍神運剖斷風生烈烈轟轟尤難殫述故尹洙特薦韜略重於韓范仁宗倚任忠勇比之關張寶元初西平元昊身親二十五戰摧堅陷敵戎狄寒心皇祐中南征儂賊奪崑崙定邕管睿算奇謀蠻夷讋服凱旋拜樞密使平章政事四年閭夙夜一心進圖匪懈綱紀森肅權貴不撓至和之治在宋有聲皆公襄贊之力也可不謂文武全才將相名世乎覶余生長同坊居處鄰德仰止雖切崇理無由爰輯諸傳記所載加以採訪纂爲一編同郡方伯孔公天胤慨爲叙讚命之曰功行錄紀實跡也鋟

未幾適督學憲副鄭公旻以校藝至聞而嘉之復檄郡守張公一
敬選公苗裔二人籍學宮弟子員俾奉祀守塚世世相繼甚盛典
也顧英靈義氣雖歷百千世以猶存而廟貌塚塋迄今五百年而
稍廢凡經過者無不歎息因潛議擬修焉而力未逮也詎意郡中
賢王慶成宗川永和恒南尚義協心捐貲充費乃分守大參侯公
世卿郡守周公文耀雅重鄉賢復厚助之至誠昭格神力潛孚大
義攸倡人心丕應一時宗儀耆彥無不慷慨輸財畚臿雲集工匠
子來鄉耆古文明程良義曹大民輩十餘人毅然任事肇自萬歷
十七年二月至九月即告成正殿五楹左右翼為軏洞東西廡各
十楹樂樓五楹大門三楹兩旁各一楹門內兩廂各五楹仍舊鼎

新隨缺增補棟宇巍峩規模宏敞誠足以貽崇奉而妥神靈矣抑
余尚有說焉地靈人傑固理數之必然豪傑挺生實曠世以相感
溯稽有唐郭汾陽王以中書令領元帥公則以節度使拜樞密出
總將符入掌相府分位等埒無論已惟念公汾人也郭公當平蕩
懷恩之後亦嘗如汾豈汾上山川之靈秀能鍾毓鄉賢又能感召
名宦歟實地方之洪庥而士民之懿範也論世上嘉斗山在望郭
公先達驗之於公爲益顯公繼於後證之於公而有光曠世之感
良非偶爾因并及之若公之忠貫日月威震華夷傳述雖見大略
而不文莫罄頌揚在青史記載固耿耿不磨也夫復何言
賜進士第通議大夫資治尹南京總督糧儲戶部右侍郎前奉

勅提督軍務巡撫南贛汀郴等處地方都察院右副都御史

郡人王緝撰

郡庠生牛師堯書並篆

大明萬曆十八年七月十三日立

右碑連額高八尺五寸寬二尺八寸五分共十八行行六十二字行書徑九分許額篆重修郝督狄公祠碑記九字字徑一寸六分今在汾陽縣西大街狄武襄公廟

按碑以公出將入相與郭令公相提並論並輯傳記加以採訪纂為功行錄較之史傳當更詳確惜今已佚也明宗藩慶成王永和王兩府在汾捐修寺廟甚多此為宗川恆南兩王及冀南道候世卿知府周文耀等所捐修尤見其重鄉賢也末以公與

令公均為汾方鍾靈而於令公謂為平懷思之後如汾不附會
封汾陽之說尤為卓識王緝號龍洲嘉靖己未進士終戶部右
侍郎此蓋其致仕後所撰也牛師尭書法頗佳

○汾州新濬諸泉圖記

萬曆辛卯春余不佞奉
天子命分藩於汾實文學子夏講授之所甫至輒庠泮視諸生徒
陳禮容說經義則雍雍如也秩秩如也已而閱其博士家言則又
洋洋灑灑如也蓋有文學之傳焉猗歟盛矣乃二三先達後間稍
稍不振儻風氣則然與及奉羽檄戒嚴城守而濠無踏蹄之水夫
水關形勝尤萃風氣以汾之沃壤奧區不有深池即城高百雉安

所稱形勝哉是用惴惴滋懇適檢郡乘見州治西三十里有賀虜將軍馬跑泉由濠入泮可三之一歲久而堙守茲土者每議濬之以流入滲沙費不貲而止余謂闔廬之川鄭國之渠詎曰天造地設亦人所為也此必有兼併之家故爾阻撓者爰就質於司徒王公公然余言且謂馬跑外若上林若向陽西北諸泉皆可鑿而引之因出永豐渠記示余雖渠止兩集潢汙之水清泉不為民用然亦見水道之可通矣尋委判官劉杞指揮齊綱疏遂水道而慶成永和二殿下與司徒公各捐穀三十石以助工費既而州守劉君衍疇至又鑿是泉而甃焉未浹旬泉遂湧達惟是上林向陽之議猶有唯唯否否者詎知水之流也無地無之古有刺山而泉飛拜

井而泉至者具載往籍夫非可考鏡者乎顧檻泉正出氿泉仄出
獨沃泉懸出耳乃檄劉守董其役而以同知楊嘉慶及齊指揮佐
之竟不擾夫征不糜帑藏未數旬而西北諸泉俱與馬跑合達城
濠遶泮宫矣濠故低卬水一瀉不可聚仍築壩凡五以障其流壩
成匯為巨浸於是高城深池擬金湯焉而支流足溉民田數千畝
歲且有秋無何張生世蘭劉生敬容以秋捷報汾人士翕然以為
風氣之驗蓋時與事會云事既竣士子謂余宜紀厥成余惟水之
時用大矣昔孔子觀東流之水以無為似德循理似義洸洸不漉
似道赴千仞之谷不懼似勇其萬折也必東似志而子輿氏又曰
必觀其瀾旨哉深乎誠有味乎其言之也乃今匯諸泉流環於半

璧寧冀汾士以文學捷科目已也繹孔孟取水之意當有進於是第令汾人士澄心定志探源放海則道德義勇渙為至文將居則聖涯涵泳出則皇猷潤澤允為國家增勝矣奚翅汾一方哉是役也經始於三月告成於八月非二殿下不能成余志非司徒公不能啟余蒙非州衛諸執事亦不能贊余所不逮噫嘻爭固王侯士大夫諸執事之力也若夫循故道而益濬之無為併者所奪則族後之君子因勒圖於石而繫之以辭曰彪介之間有毖其泉如醴如釀混混源源靜沸雲根潛分石液既鑿既疏霈為膏澤其澤伊何溉彼東皋濠益而深墉增而高源遠流長載清載洌環我黌宮地靈人傑言觀其瀾盈科滂浚諗爾多士戒止學山 旹

萬曆二十年歲次壬辰三月上浣之吉
欽差協理糧儲山西等處承宣布政使司□□冀南道左叅政同
安玉吾林一材撰
山西汾州知州洛陽劉衍疇　同知孟津楊嘉慶　吏目太康劉汝
大儒學署學正舉人上黨賈涇澍訓導猗氏荊來庭安邑田應
鵬仝立石

右碑連額高六尺三寸寬二尺四寸共二十五行行各五十三字字徑四分半正書碑分三級上級篆額中級文字下級水道圖具額篆汾州新灊諸泉圖記兩行共八字字徑一寸八分今在汾陽縣圖書館

按記為冀南道林一材福建同安縣人隆慶辛未進士灊馬跑上林向陽諸泉所撰公於萬曆十九年辛卯春涖汾時青海酋浩爾齊犯甘涼

岷洮西寧閻進圍洮州（今甘肅臨潭縣）大掠河州西陲大震（見通鑑輯覽）記
言戒嚴城守當指此因城無深池難稱形勝見州西有馬跑泉
由濠入泮可三分之一歲久而湮感念闔廬之川鄭國之渠（戰國鄭國說秦鑿涇水為渠名鄭國渠）
皆人所為就質司徒王公即王侍郎緝亦以
為然且出示永豐渠記（金泰和五年任知徽撰碑在栗家庄引上林社張家堡等西山水即今瀾河）
以為鑿引西北諸泉之本又得慶成王永和王與王司徒之捐
谷為費并得州守劉衍疇與同知楊嘉慶指揮齊綱等為役不
數旬而西北諸泉與馬跑泉合達城濠遶泮宮城擬金湯民可
灌溉士風亦振矣碑以水喻道德義勇勉人澄心定志盈科進
取居泳聖涯出潤皇猷尤足為鑒清初康熙間猶引入泮後又

久湮只留馬跑泉十二池之一名城子池為縣城公有歸財政局經粗今擬由宏士村渠接引入北門注泮池以培文風利民食較舊道舊經攀龍橋進西門距近費省於圖刻渠道亦稍異矣

○新建汾陽忠武王郭公廟碑記

署知府事楚州楊柏柯撰文

知汾陽縣事信都尹覺民書

工部主事邑人𤥨九高題額

我

國家定制首重祀典□古今有功德於宗社生民者必立廟以崇禮□所以酧德報功勸忠廣教也若功德有大小則報禮有隆殺

人品視三代以上寧少讓哉王受封於汾陽則汾陽乃王食報之
平□無纖介於懷惟國事之事猶精忠貫乎日月孚於蠻貊此其
信事急則舉兵而援之事寧則懷疑而罷之此在人情必有所不
以辦此者乎又有不可及者唐宗雖顛沛流離之時惟群小之是
始復此其功誠千古所未有者試□當時自王之外復有何人可
掣與廣平王不數月間收復兩京易於反掌由是乘輿反正唐基
事幾不可為矣肅宗即位王起自朔方而輔之兵威所臨風馳電
解及哥舒翰兵敗於靈寶賊大驅入關兩京皆沒而翠華西狩唐
唐自玄宗色荒萬幾叢脞遂致漁陽鼓震河北二十四郡望風瓦
即其□有一節之善亦□□遺德汾陽王郭令公為古今之一人

地以故朝代雖更報祀不替是王之□靈在海宇雖□共仰在汾
陽則為獨切今日汾陽人所以崇報王者當何如耶歲癸卯之冬
栢柯來攝守是邦於春秋二仲有事於祀典查其廟在城北二十
里之大相里有□□祭壇之日勢不能遠赴但委縣佐領一員往
祭而府縣正官足跡不到目力未經矣詢之往日皆然蓋自
國初至今日未嘗一成禮也乃於祭後策馬往謁以為廟貌必有
規制至則見一廢寺中旁有隙地一區圍牆一堵內破屋三楹中
設一神桌一木主前有一磁爐而已俯身一拜潸然歎息嗟呼此
何等勳業而令廟貌□卑隘殘毀至此非守土者之愧而誰愧非
守土者之責而誰責耶乃建議創廟請於

撫臺李公而允之且發金以助其役因買於南關之內得隙地一
方長十七丈有奇廣八丈有奇上建大殿五間塑王像於上及宮
將像於兩旁爽塏高竣金碧輝煌瞻者起敬不復似昔之玩視矣
前有大門儀門二道旁有廊房各三間規制截然庶足以稱報崇
之典蓋盛舉也大約用銀伍百兩有奇除動支官帑伍拾兩撫臺
叁拾兩外皆本府設處捐奉為之而各州縣亦量助焉經始於乙
巳七月迄今大殿告完廟貌整備而北地山寒不便修築所有門
廊物料皆具俟春間方克□□□□□十分之□九矣柏柯
以遷秩將行不可無一言以紀之也故紀其始末如此而未畢之
工則付之汾陽尹尹君以畢之云

萬曆二十七年歲次己酉秋月穀旦立石

右碑連額高六尺有奇寬二尺四寸共十八行每行六十字字徑四分許行書額篆新建汾陽忠武王郭公廟碑記十二字今在汾陽縣大南關汾陽王廟

按唐自天寶十四載十一月安祿山反於范陽河北州縣望風瓦解以天德軍（今吳喇旗西北）使郭子儀為朔方節度使率軍東討又郭使兵馬使李光弼僕固懷恩擊破安祿山軍於振武（今歸化城南）十五載五月郭子儀破史思明於嘉山（今曲陽縣東）復河北十餘郡六月哥舒翰軍敗於靈寶（今河南靈寶縣）賊入潼關帝奔蜀太子（即肅宗）即位靈武（今寧夏靈武縣）至德二載二月郭子儀平河東四月為司空天下兵馬副元帥九月與廣平王俶收復西京（今長安）十月收復

東京（今洛陽）加郭子儀司徒乾元元年為中書令與李光弼等九節度討安慶緒上元元年正月領邠寧鄜坊節度使寶應元年春賜爵汾陽王（時河東軍亂殺節度使鄧景山絳州行營兵殺都統李國貞鎮西北庭行營屯翼城亦殺其節度荔非元禮乃以郭封王知諸道行營委以河東事）碑言汾陽乃王食報之地是以王封於今汾陽也考汾陽縣漢置於今陽曲縣西北後省唐初復置（在陽曲縣東北界盂縣）晉置汾陽在今滎河縣西北後魏置汾陽當在今河津縣地今縣在漢為茲氏晉為隰城唐為西河明萬曆二十三年始為汾陽縣即汾陽軍亦設於宋金而唐封王之汾陽當即在絳州屬以絳州等縣在汾之陽而王時受封亦為鎮絳軍受委河東之事决非今汾陽縣也然今汾陽祀王者當以廣德

二年平僕固懷恩之叛也懷恩叛攻太原圍榆次上謂王曰朔方將士思公如旱望雨公為收撫河東汾上之師必不為變乃授關內河東副元帥河中節度使王如汾州懷恩之衆數萬悉歸之喜其來而悲其晚是王之恩德及於今汾陽也明王龍洲謂自僕固懷恩謀不軌引兵還汾遣子瑒攻榆次復追衆於祁當時城郭危於累卵軍中且思為亂汾上之大患也公節度河中甫受鉞賊胆已寒瑒受首於焦暉衆撫定於盧諒懷恩棄母走靈州公如汾部曲數萬悉歸汾人賴以安堵為汾捍患廟祀允宜（見小相村萬曆十三年知州白夏改佛寺設王祠王緝撰記）清雷太守汪度撰碑亦謂懷恩兵屯汾陽縱兵剽掠而王至解散汾人於王如父兄子弟

之相親是皆以功德也此碑以封汾陽祀之則似未審楊柏柯南直淮安大河衛人為萬曆丙戌進士以汾州同知署知府見康熙間縣志尹覺民冀州人為萬曆甲辰進士任汾陽知縣而府志謂楊三十一年任同知尹三十三年任知縣據碑則均在二十七年前可正志誤矯九高萬曆甲辰進士仕至東昌知府

○重建關帝廟記

今天下祠

關聖帝君者遍郡國而是其在三晉尤帝梓里也吾郡建宮俎豆是不一姓乃北關西門有廟巋然詢自成化七年刺史伍君寔始基之然楹宇偪隘非所以崇廟貌也比有儒生張懋口者口口是

入式廓焉本境士民從而募金百餘擴地芘宇遂成偉觀回伐珉記之竊思善人□□□施主□□九事之官當其世者非不歎息咨嗟然其名僅不湮滅已爾孰有靈響神應□□□□□帝之□心天下後世者哉大抵人生五倫真如日在天中人心得以不死故帝之英風偉□五□□□□始遇先主朋友也約盟而後昆弟及推中山靖王裔而主事之則君臣父子也居□□里□□驩非胞乳之共不有爵位名號之素而卒然相遇於崎嶇草澤中氣誼投合然信以□□□□□此帝之所以獨高千古也且先主初得武侯而帝不悅帝豈為新間舊少加長之□□□蓋謂□兄弟也而分三國我兄弟也而盟一心惟有所不足於諸葛氏兄弟之間

不無烈□□三顧君□之際則夫臣子弟友之道其亦可見于是
矣所以下邳之役帝不臣操而□□□□□□□□然操亦終
不能而加帝抑又何也操雖藐視天下且逐天子后悍然手刃□
同□雖□□帝□□軍中所稱臣而毋事者乃其平昔嫂呼之人
無幾微失禮誠不能神悻而□□□□良□□發義理之屈即
瞞賊未能泯滅而況天下後世之人心乎故天下後世之俎豆□
□□□□□然在上若挈天綱地維以詔人不言而人心自肅
故天下後世之警心于帝以其不□□□□□而死事也俊特表
而出之以爲天子後世之爲臣子弟友者勸焉
崇禎歲次庚辰仲夏吉旦

賜進士出身翰林院侍講承德郎前國子監司業署監事朱之俊譔
賜進士出身徵仕郎太常寺少卿前禮科都給事中張第元篆額
賜進士出身文林郎戶部四川清吏司主事郡人胡遇春書

右碑連額高五尺許寬二尺有奇共二十二行行各三十七字徑六分正書額篆重建關帝廟記兩行今在汾陽縣北關西門關聖帝君廟

按記叙關聖與昭烈初為盟友繼為君臣不以爵位名號而以氣誼投合雖操亦不能加之以臣禮其事兄嫂即操能逐天子后而亦不敢幾微失禮其忠義之氣可以維天綱而警人心記言為天下後世之為臣子弟友者勸誡今之圭角也故特列之撰文朱之俊篆額張第元皆為天啟二年壬戌進士書丹胡遇春為崇禎元年戊辰進士曾知聊城縣祛民病救民害知臨清

擊孔有德兵捕豪奴直娼弟究為世所稱子胡庭胡同皆知名士而庭與青主友善尤以詩文書法著青主有為胡公傳其書石亦不可多見也志言廟基於成化七年刺史伍君實以府志考之即伍琇君寔其字也湖廣松溪舉人天順間任據此則成化七年尚為伍也可補志缺庚辰為崇禎十三年

○汾陽攀龍橋記

橋何以攀龍名汾郡水之龍脉起於兑白彪之山泉水出焉由城西北三十五里東南注於河距城西北隅二里許為橋綰兩厓引水入城龍方蜿蜒欲東而邀口中路若攀留然引注兩庠泮池以助文脈又若寓多士攀鱗祝是之取爾先是諸當事固有謀及斯者每大比歲甃刳木引水旋修旋壞官時督責不無厲民而刱為

石橋則自侍講朱君始君自為諸生喜博涉旁及地形家言每過
者徘徊小度卬之專術益信家稍裕然非素封比利自撙約祖入
俸資置籍稽贏積二十秊得千金有奇兩藩分道郡邑紳衿及諸
義亟亦如之己諏日肇工庀材鳩庸遴委董役而躬親綜畫迺築
堰兩岸中邊易土杵堅砌石為堰兩端斜肩以捍滂水之衝乃築
基厓相距濶洞廣且高為基口上壘以周遭以奠橋底之阯乃築
橋甃石三洞高廣如干鋪以石版翼以石欄中可方軌旁渠深寬
以行引注之水橋端兩坊橋名高揭題曰攀龍兼識歲月橋西建
閣為
文昌祠捐金千二里助如之總計費四千金而君捐㞔二至鬻口

梁以補不足始崇禎庚辰歲春訖壬午歲秋橋甫竣而閣亦告成
侍講君寓書屬余記焉余惟津梁之設王政攸究形家者言建邦
不廢周官司險建川澤之阻
國制工曹嚴津渡之修恪譽厥職則有司存口月何有而以歲祲
賦急時詘舉羸needs之官而帑庾空匱矣需之民而閭閻彫瘁矣夫
豈無貴閥富家且不難施予營建顧匪置美莊別墅以供娛游則
競崇梵宇琳宫而徼福利孰有家視一郡身視四民經營念本拮
据兩載亟口庭所不及而鼓大衆之同然如君者乎賢士大夫果
有意於斯世斯民出則展其功勤佐國家修百姓之急處亦矢其
願力為鄉里詒一隅之安益無之而可自封口逸者我

朝薦神家僉爲德鄉閭如繕城闢途築隄建橋諸永利之舉載口
口者難以指數要於畝畝不忘朝廷善推所爲媚於天子者以媚
其鄉之人如詩卷阿所稱吉士吉人是已君之斯舉得無類是歟
日諸賓遊過余里者具述橋成利行負擔往來無上下扳緣之苦
車馬馳驅無輪轅擊互之妨驩聲載途且頌且祝而閣規模壯麗
帝司文衡兼錫祚胤士女祈靈而謁所欲者人人揚興建功德也
至汾口郡内控永寧外聯延鎮易州而府設將治軍爲山右屏蔽
即口東氛寇警所在繹騷一切不虞之備如芻糧軒輸車騎征發
出於斯途者匪略約可任將橋梁是憑則斯橋也詎以惠來人且
以固吾圉焉是又可紀者而維是事慮始難樂成易又補舊易更

新難繼自今察其罅璺時加彌縫如
功令所載橋梁府州縣佐貳提調點䁥農隙修理而堅完有程損
壞不修及應造不造有罰後之莅於斯籍於斯者務遵明而勤行
之其為永利又烏有涯即侍講君惓惓徵言思以詔之世世者意
在斯乎余既作記載綴之銘其詞曰猗汾之川為西河郡控聯邊
關夙稱重鎮建郡啟宇形勢宜周自險達阻津渡聿修向值賓興
架木跨壑引水注潢僅同略彴疇從衿佩期易輿梁繄惟吉士媢
兹一鄉積資倡捐諏辰謀始有堰捍衝有基奠阯綰厓甃洞鋪版
翼欄晶如削壁屹若安磐載卜橋西載建崇閣廟貌森嚴星光煜
爚落成良日遠邇臚驩僉稱瓶舉欣睹壯觀大川作舟小試棨梓

政佐有司功歸太史太史謙讓云賴衆擎式遵
令甲成是夷庚相彼慈航羣生有濟民説神歆福祥普及尚蘄嗣
口不替厥初是察是圖毋懈毋疏虹亘宛擴龍攀抗顧
帝鑒儼臨侯封永固洽鄰布告越國徵辭以諗來禩視此銘詩
崇禎十五季壬午歲重陽日
特進光禄大夫左柱國少師兼太子太師吏部尚書中極殿大學
士知制誥　經筵　日講　國史總裁河中韓　爌撰
關中張行健丹書

右碑身高五尺六寸寬二尺一寸五分共二十四行行七十八九字不等行書字徑六分今在縣西馮家庄

按橋爲峪道河水舊日入城注泮之渠道朱太史之俊以爲助

文脈利民涉而募建石橋碑言侍講君翔始者是也太史亦有記載其文集橋西為文昌閣現均殘圮不全撰文韓爌字象雲蒲州今永濟縣唐改河中府明為蒲州府人萬曆進士由編修至戶部尚書東閣大學士光宗大漸與方從哲劉一燝同受顧命中外倚以為重進少傅太子太傅建極殿大學士每事持正以魏忠賢勢張乞休魏黨復誣削其籍崇禎初復故官為首輔與李標錢龍共定逆案此碑係復相時所撰故結銜為少師等秩也書丹人張行健陝西人善行書小相靈巖寺亦有其書之石刻

○西頂新建玄天上帝廟碑

楚太和山即古武當山也舊有玄帝廟宋祥符間避上諱改玄冥

為真冥玄樓為真樓玄武為真武後興醴泉觀得龜蛇道士以為真武觀繪其像為北方之神披髮黑衣仗劍蹈龜蛇從者執黑旗自後奉祀益嚴加號鎮天祐聖通鑑載道君願見真武像林靈素表請降臨道君大悅道君自能寫真寫竟忽不見時蔡京奏取文宗時祕閣所藏神像展看與見本並無差殊元至元間江南初附時傳真武降當筆書西江月長短句於壁間後順帝駐應昌以痢疾殂倉卒梓棺無備迺取西江寺梁木以供用梁間隱隱有西江月一詞云然則玄帝之為神昭昭矣明洪武末歲當壬午靖難兵起勢如破竹南方兵至四十餘萬宜無當之者然每對敵南兵遥見空中旗幟有真武二字輒敗北成祖入正大統崇重其祀典廟

像範金為之詑榔梅黑虎之異楮泉播勝奔走半天下我汾人敬
事尤謹集輒數十百人三千里往返傾囊倒篋為之無倦容明末
盜據鄖襄均州一帶鞠為戰場羽流舍重資樂土遠而之河北川
南者麇集魚貫邑人或冒險南謁則闗津苛留訖不得與山靈相
問答中道熬座而返崇禎辛巳黃冠子何一貫自太和來諸會士
僉議建帝行宮於郡西之石盤山號為西頂檀集如雲一宮甫就
一貫暴戾恣睢弗誡於衆鄭道人常霆具訟諜監司榮公按劍下
所司逐之去允三里鄉保盧承賜等公舉延請平遙栖真菴主張
守性任厥事始立胎像冶工恥塑工恺旁口晝睇目及昏余初不
知也一日假寐俄至神所有神龍無首之象錫鼎波佛嘗之無甜

味急批冶人類怒發而窘即走視其所則鼎中煎𦁛已遮護神首
矣將謂所應在此及鎔金灌鑄其日圜空塵淨山川競爽槖籥之
上騰為煙雲盤旋氤氳五色成文俄而銅汁湧溢四飛僉以滿足
所致鑪停坆封翌日啟視僅及頤而止工復鑄一首而會之始悟
暗符夢中神道掔蒙雖余宮寢步趨有不得自主者於是集衆千
、以幢以蓋以樂以供引像仆諸宮、五楹〻二仞廣八筵四楇
棟三尋枎振間俯視高[illegible]神座碧銑璀燦藻井綺疏綱户鋪首軒
〻暢彩如奔星紫霞不可廹視東西个列風伯雨師龜蛇諸部曲
貌狰獰光怪餙以鏐棟宇高下長短稱宮制不盈不縮後為三清
殿、六兩廡各視宮制稍殺度十二几有半黝堊峊笵如法後為

玉皇閣、再重連布左右閣即承雷寄複道陝而修曲可以上下遊薫東西遠眺城郭林麓闌入瞳子中縱横貫穿塵之不去水氣三十里外蓬勃而上𤮬𤮬然閣後逮左右為洞㲀圬嚴𡨸堧階殊屋别以十數夾兩堧而西出雖門坡陀六丈餘為諸道士房庖廡碓磑砧𨻶邱閣循複厓隱僻遠獄雜訖不聞牛馬聲客位取爽塏地收日精月華以漸布松石匪云位置有方亦以侵匠石之職矣然玄帝即黑帝迺北方感生之一餘帝不祀獨於其玄者何曰實沈臺駘汾神汾者晋之望也黑帝居坎天一生之水之宗也在天為水星為雨露為雷電為霜雪在地為海為瀆因祀汾而使覈食於黑帝猶祀始祖所自出以其始祖配之也有禱即應捷如抱鼓

者何曰天災人疢於文從火病從丙瘟從温皆火之屬而火水之妃也物畏所天不得不伏祀從正典祭迺受福又事理之著明者也大易廟象從巽從坎巽位東南而此西南坎為血而此不牢者何曰西南為申水土長生之地也在滁視濯累黍律準樂府外歌之禮非草野所承故器取括桼椀楪味取形盐體骨樂取笙鈸竽笛間以禹步吹烝棼然淆錯帝莫違為主比於杜主宛若故道人得而主之歆福饗餘視資勞為品弟權也輔禮而行者也按道經混洞志文所載玄帝乃先天始氣太極別體上三皇時下降為太始真人中三皇時下降為太初真人下三皇時亦降為太素真人其言囼誕妄不足信又謂黃帝時托胎於海外淨樂國王善勝皇

后孕秀一十四月而生出家成道八十二化於義亦未安惟所云
懲貪戒殺𢷬災除邪號金闕先生者近是莊嚴虔祀誰曰不宜是
役也略計程料兩萬餘金刓劃經營一十八載皆守性暨徒郭太
明之力惜守性羽化登仙而殘局未結若坊若門若塔若左缺增
補工事尚繁成來竟之緒端有望於郭子矣是為記
賜同進士出身奉直太夫原任内翰林祕書院侍讀纂修明史副
總裁
予致郡人朱之俊撰
僑黄傅真山書
住侍郭太明　門徒竇清白

劉清海　張清池　劉清澄　門孫郄一柄　郭一橦等
大清順治十五年菊月吉旦立　經始康生　王家祥　賈人龍
督工　任精陽　董國俊等
右碑高六尺八寸寬二尺八寸八分共二十七行行七十字行書徑六分今在汾陽縣石營山
按楚太和山（在今湖北均縣一名參上山亦名仙室）淮南子北方曰玄天其星須
女虛危營室一謂北方七宿之名即斗牛女虛危室壁七宿也
禮云前朱雀而後玄武即北方神名宋祥符間避聖祖諱始改
玄武為真武（見雲麓漫鈔）後興醴泉觀得龜蛇道士（即朱道士）以為真武
觀繪其象云云考酉陽雜俎太和中朱道士者游廬山見澗石
間龜蛇如堆錦俄變巨龜問之山叟云是真武象其繪像披髮

黑衣仗劍踏龜蛇從者執黑旗俗以為龜蛇二將然考周禮龜蛇四斿以象營室是以龜蛇為真武像皆源於周禮也林靈素永嘉人善妖幻以方術見幸宋徽宗號玄妙先生通鑑載道君（宋徽宗）願見真武像林請降臨即以幻術也詑榔梅黑虎之異據襄陽志榔梅在太和山相傳真武折梅寄榔樹之上仰天歎曰吾道如成花開果結後竟如其言碑言明末盜據鄖襄均州（崇禎十三年九月李自成離鄖均入河南十四年二月張獻忠陷襄陽）一帶鞠為戰場汾人南謁不通崇禎十四年道士何一貫自太和來始議建行宮於石磐後暴戾弗識於衆經監司滎公（萬曆三十餘年至崇禎末以冠亂失考滎公即未列於府志）遂之另請張守性仕厥事然其經營之力仍以朱滄起為多後叙

塑像入夢之神奇並宮殿房庖之設備又以玄帝為水之宗因祀汾而使服食於黑帝以其始祖配之也引道經敘玄帝始生之誕妄而惟取其懲貪戒殺排災除邪號金闕（道書天帝所居有白玉京黃金闕又天子之宮闕亦曰金闕）先生者為是末記工料費數經營年月守性化後而殘局未結如坊如門如塔皆望於其徒郭太明是工始於明崇禎十四年（至十七年明亡）竣於清順治十五年故云經營十八載然廟有小鐘為弘治元年賈氏所鑄又西頂俗呼老爺頂中有關帝廟豈初為關帝廟歟碑為朱滄起撰傅青主書傅與朱友善寓汾時相倡和此為其書無偽然青主素不書清年號此書大清順治十五年恐係時人摹加者

○重修三賢祠記

嘗自嚴飈冬殺玦離金寒而後有孝子自範鮑卯盡而後有忠臣
若乃孝子宛然而處捷所不以侯伯贊大夫而以韓趙魏之君
顯故盡皆高鴟一覽者亦不以贊家宰陪臣而以執捷爲貧賤
驕之間與不納顯鳴嘯泛之向中流迺興歎於所學虐沮洳式曲
於所幅圓虐滔幣幾幾當風寒倉卒今存也而鼎足分辰而小兒
攖圜泰既嘽後觀惟恐旁奪者不獨千駟世稱邑若窠邪柏邪例
齊賈霜生角誦乃跳炙且譚笑衛出顧辭易辭失哉孔子曰甚然
後無者剽祀出助多邑者剽朽出幾然
先淑卜子寧田子方段干木特立獨行固世間歟宰我子貢滄溟

喆及岷萊文明宋儒實諸著述迺詩書穗由源分席東魯開曕光
起以詔碩儒六斗淯𡿨擁翰宗所溯桑梓澤學金碧莊嚴比諸侯
封内山川禮世無遠及亡經殘教弛秦餘隋沿唐衰滅霸清譚陸
沉衰强虜録江河圓一竪學成名紫色蠅聲餘分閏位聖王不作
禮廢彖崩邪説誣民横流惑衆土木木猴淫祠聿興及乙火書難
仰諸昌黎明教出勝世錫於歐曾宓羲氏先莫數理氣偶氣奇氪
多亂少匪解哲后談言孔繁故傳奕狄渠熄之伯而不足文成又
初炫以弋而有餘有宋肇諧重帥沿開奎聚乂呂固多議論少成
昈芘略不競黨碑緣學汗簡隸笛而濂洛關閩討論刪定典禮煌
匕矣是年城南関棍數尤肩款予寓歎辭大約爲重脩

三賢祠督記沼上屬乚奉持片楮云祠建於宋延祐卯載猗歟二
之趨向睎二之教化青賢啓愿屏遠通我亩泝放勳舊圻聲丈所
漸黜魁父鮑君崇祠功德君子宜哉於今去宋卯伯年許流風湃
俗未應告斬遴董名南叙去風俗而化移易安知乃今不异於古
所言亦䇿谷挙出來卜之耳詎之豈欺我哉谷犇宗廟之禮祖功
宗德旅祭之典崇德報功曹禮合稱於鋤飲躬瀆瀍先王苐政于
所為盛鄉田宮井弔死慶嘉兆火出求鵠猷宮接亦叉助餘桑雅
頌失所觚規蕩濫惟歲旹伏臘香火糾宗亦闕文儲彩䇿迓戲靡
乚行潦蘋藻猶行古術況傷冠儼朕樽俎煌乚卜必乚採訶謠者
不參取乎帝望睎傾圯黃金可埒世給孤老守財之酱於是父老

子弟率由舊章不違寧扎是補是葺奐輪孔美予爰竊以蔡中郎部胥衙碑琵手記云是祠中堂三楹祀三賢左右牛王馬王神陪亯東扁旁小殿祀子孫聖母蚜蚄神賀虜將軍由小廡祀土地神東為鐘樓堂前為琵琶對越所然三楹南為倡獻所輪千餘金丁酉仲春經始今歲孟冬落成是舉也東扁朋以東扁也扁朋另有記

順治十八年歲次辛丑十月中旬三日穀旦

同郡後學胡庭薰沐撰並書篆　糾首住持名均不備錄

右碑高六尺五寸寬二尺七寸共十六行行各六十三字字徑五分正書多古體今在汾陽縣東官村三賢祠

按三賢為卜子夏衛人從孔子以文學著常返衛見讀史志者云晉師伐秦三豕渡河子夏曰非也己亥耳讀史志者問諸晉師果曰己亥於是衛以子夏為聖孔子卒設教於西河之上魏文侯師事之其居西河田子方段干木皆受

業又河津亦屬西河今縣西東辛封有子夏墓卜氏後裔其後終於此與段干木芮城人曾居汾史稱文侯客干木過
其廬未常不式高士傳干木守道不仕文侯欲見造其門踰垣避之文侯待以客禮過其廬而式秦欲攻魏司馬唐且諫曰段
干木賢人也而魏禮之天下莫不聞毋乃不可加兵乎秦不敢攻班固幽通云偃息以藩魏即指此汾陽舊有師垣里又芮城
縣東北十五里有墓安邑上段村亦有墓田子方不知何方人亦居汾文侯事同干木史稱文侯與子方飲文侯曰鐘
聲不比乎左高子方曰臣聞君明樂官不明樂音今君審乎音臣恐聾於官也文侯曰善又公成李謂文侯曰子方雖賢士非
有土之君也君與之齊禮文侯曰子方仁人也國之寶也又子擊伏謁不禮怨曰富貴者驕人乎貧賤者驕人乎子方曰亦貧
賤者驕人富貴者安敢驕人舊府文廟有三賢祠今東關有三賢古里坊此
碑敘東官村修三賢祠左右陪享牛王龍王東西兩小殿祀子
孫聖母蚜蚄神賀魯將軍等神前敘三賢之由來風教之興衰
後敘流風遺俗崇德報功之意率由舊章補葺輪奐之美文詞

況實書法蒼古字多古體間雜篆隸惟云詞建於宋延祐六載恐以元延祐（元仁宗年號）誤為宋考宋有景祐皇祐嘉祐元祐淳祐德祐而無延祐以碑云於今去宋四百年許計之自宋景祐皇祐間至清初已六百餘年惟元延祐至清初三百數十年大概數計尚合且廟有元泰定四年剏建木匾距延祐僅七八年是建於元延祐六年無疑鄉人奉持片楮誤書以為宋耳撰書人胡庭為遇春之長子青主之知交詩文書法均名於世其或未審即據以撰書亦智者千慮一失也茲附識古體書於後

晉晉　颸颸　寒寒　禕後　肙有　孚孝　孚子　龟龍　虵蛇　壹壹　追追　丌其

猷然　斦斯　㠯以　伯伯　翰韓　旹時　丅下　不不　宰宰　教教　卥西　門門

山 非 洳 彼 緜 栽 春 風 食 至 也 而
無 即 角 其 遺 譚 道 之 孰 得 德 垂
世 則 功 及 民 祀 恭 惟 賢 夏 然 儒
著 述 春 秋 中 源 夜 語 牛 仙 搓 韓
莊 嚴 川 波 兵 日 閏 作 陽 天 陰 陽
亂 治 五 利 造 洞 星 偽 删 村 長 致
於 六 趨 視 二 上 風 四 遺 風 知 異
吾 退 聞 善 同 容 友 樂 楊 偕 馬 鼓
潦 心 坐 老 蓋 几 處 與 比 郭 拜 堂 享
前 扶 侑 春 始 朋 朋 驗 功 送 周

○律師西宗印公塔碑記

清涼山釋明豁撰文　宗善寺沙門明逸集字

明丹崖居士傅山書　寧鄉後學王良翼對脩

太原弟子如願定慧淨仁覺寶淨明照心圓璧立石

按狀律師印公陝之安塞人父勤母張世稱善士師生不茹葷見僧輒喜時年十五即白父母求為佛子遂隸萬壽寺月天師為徒法諱廣印執侍巾缾寒暑不懈師加憫愛勉令參學初聽講楞嚴等經於調宗思玄二法師父没歸葬奉母於鄉受歸戒於虎窩長安法師母老合葬時崇禎庚午歲也閱藏榆林聽明玄載盡二法師講維摩法華等經後之五臺於度生和尚座下受具足戒適玄

師隱祕魔崖為依止帶更名微印至壬午走都中參太空大如秋池三大師甲申還山依啟元和尚參禪得益住靜龍蟠樹次依碧山蘊真大師位居座元羯磨教授乙未妙德虛席主人敦請居方丈傳戒於是戒香芬敷弟子近十千散之四方為龍為象甲辰罷席南游過汾陽挂錫青蓮庵為太守汾人等說戒歸依者信口歡喜移席吳南西來菴越二載乙未二月不病而逝如生者三日門人暨孫建塔本菴全身藏中碑本刻尚缺虛石以待甲子陽曲弟子如願圓璧等求文於予欲集青主傅先生字勒于貞珉以報慈恩于時搦筆為之文曰嗟夫吾佛法道居滿天下無有疑議自漢明來分禪分律分教歧之為三離而不合後之繼者各行其行愚

郤莫辨奸仁共貫大言不慙耶行相欺俾堂堂大道教爲小徑以師之學之行目與倚杖登座者不翅霄壤然執此思之有具懼者亦不愧爲如來之使者若師字西宗諱廣印生於有明萬曆三十四年八月廿九日寅時沒於康熙十八年二月四日寅時世壽七十有四僧臘五十有九略序於兹不盡生平是爲記

大清康熙歲次丙寅八月既望　彪山曹萬口梁昇刊石

右碑高約四尺八寸寬約一尺八寸共十七行行各三十七八至四十一二字不等行書隸書間集字徑一寸至三四分大小不等額書行識二字徑二寸半碑陰書年月及施主百餘家額書鐫素同濟四字原在汾陽縣吳南社西來菴今存建昌村高小學校

按師名廣印更名微印字西宗安塞縣人在今陝北榆林道屬清屬延安府今仍爲縣楞嚴佛經名唐人所譯闡明心性本體

名大佛頂首楞嚴經注首楞翻一切事竟嚴者名堅謂一切事
畢竟而堅固也又維摩菩薩名其義謂淨名法華經即妙法蓮
華經也羯磨業也傳燈錄謂受具羯磨之際大地震動又唐少
林寺戒壇銘云羯磨法在聖教不渝式傳金口是敬是遵蓋言教
授業之專也師於父歿歸葬母老合葬僧而仍不失其孝也庚
午即崇禎三年壬午走都中為十五年甲申還山在十七年乙
未繼妙德居方丈為順治十二年甲辰罷席南游過汾陽為康
熙三年後移席吳南西來菴越二載己未二月仙逝即康熙十
八年二月世壽七十四以萬曆三十四年計之適合僧臘五十
九以十五歲為佛子計之亦合蓋為僧五十九年也文云自漢

明來分禪分律分教蓋即經藏律藏論藏之義也甲子求文在康熙二十三年碑刋於丙寅為康熙二十五年距逝越七年矣撰文人清涼山釋明谿五台山僧也集字人明逸宗善寺僧也丹崖居士青主之别號也字集青主篆隸行楷等書與壽陽方山政和尚讓和尚之碑集青主書相同均仿唐聖教序懷仁集右軍書之例也碑字尚好塔今猶存

○黄太僕公祠堂碑記

太僕公者何撫黔都御史黄公大父也都御史大父稱太僕者何公贈官也公都御史大父官贈太僕者何公於順治中知山西汾州府事會雲寇姜瓖之變守城殉難蒙

恩贈太僕寺卿故稱太僕公志褒忠也逮都御史曾尹吾鄉因得悉公孤忠大節非一日矣歲甲午叨任茲土躡公後塵蒞公聽事之堂如公在上慝公退食之舍如公之靈實式憑之署後有小樓題曰舒嘯乃公手書體直方而勢遒勁有柳公權筆諫遺意特歉之為言義攄憤懣公當開國初年服官刺史而以此顏其額毋惑乎化鸞鳳之音上昇而作尾箕之氣也雖然公之居恆其清風亮志不亦於此而可想見哉居無何郡人爭相告愬公顲建祠并乞祠祭　大中丞據情以聞　上俞其請於是命下之日郡之民咸荷鍤以往庠之士皆帶經而趨不數月而廟貌一新益州畫像桐鄉神遊洵於斯而再睹也洎祠成之明年都

御史奉使自秦中還過汾展謁出殉難紀略見示有媵女葉嫗嫁為民婦年已七十餘口述當年被圍時主人誓以身報　國悉力捍守城陷猶率民兵巷戰力竭被執口人皆逃散惟四舍人與老婦隨左右賊復令說降怒且罵碎裂賊所奉衣冠擲於地賊怒鞭刃交下臂斷首折罵不絕口而死賊棄屍於道四舍人守而哭之民有好義者醵金市構搶攘中未能具衣衾一足靴一足跣殮焉舁而藁葬城隅四舍人哭踊隨之道遇賊擊傷舍人頭老婦亟扶匿土穴中以免晝伏夜出哭於柩旁事平始扶櫬乘傳歸京師四舍人者都御史父贈資政大夫公也因記嫗語著之篇且名其子曰一足靴嗟乎公之忠如是贈公之孝又如是故天之鍾都御史

也如是報施洵不爽歟嘗讀宋文信國年譜補遺有婢綠荷偕門
客杜滸負公骨歸瘞故里歸之夜其鄉中咸夢水神來告還宮而
信國之靈適至今郡人尚有言
王師復汾州時人有見公横戈躍馬行軍中者歿爲明神理固然
也矧當日者勢孤援絶非有熊羆十萬之師且部下又無口雷諸
將若睢陽者其直歎之以一時之義憤能令口口皆甘心效命而
不可奪豈不更偉且烈也哉故特勒之祠壁以竊附於昌黎叙張
中丞傳後意云若公世系行實爵里諱字暨殉難始末具載家傳幷
國史中茲不贅　旹
康熙五十九年歲次庚子林鍾上澣之吉

賜中憲大夫知山西汾州府事加一級紀録六次漢陽後學孫阜謹撰

太原府太原縣儒學廩生楊瓊頓首拜書

右碑連額高七尺五寸寬三尺許共二十行每行各六十八字字徑五分半正書額題黄太僕公祠堂碑記八字徑寸半原在縣城黄公祠今存河汾中學校

按黄公諱廷柏遼東海州人順治六年知汾州府四月流冦餘黨姜瓖（大同總兵）王顯名等攻汾州府死之（見汾州府志據稽碑則為偽屬姜建勳圍攻）誥賜太僕寺正卿康熙五十七年其孫貴州廵撫黄國材咨晋撫蘇克濟（正黄旗人通志以為康熙四十八年任據此則任在五十六七年可証志誤）以汾民公建公祠代題請賜祭典御書匾額碑言大中丞據情以聞上俞其請即指此五十八年其孫黄撫自秦來出示紀略葉嫗口述殉

難事四舍人（即黄撫之父奠中）冒險守屍之孝葉嫗與舍人追隨左右賊傷舍人頭嫗又扶匿以免可謂義矣公亦可追張睢陽忠孝節義均足風世益州畫像爲張方平見蘇明允益州畫像記碑立於祠成之二年撰碑人孫阜爲湖廣漢陽歲貢五十三年知汾州時山西學政稽曾筠（江南無錫進士五十六年任學政）亦有撰碑已佚茲摘錄其文附後

公諱廷栢遼東海州人少失怙事母至孝性敏而嗜學博通典籍年十八爲諸生名噪黌序十九居母喪哀毁廬墓撫諸弟極友愛待戚黨朋友恩義兼盡順治初以薦授靈璧尹有異政旋擢知大興縣事未幾復以績最簡任汾州知府公由諸生不四五年起家至刺史轄數百里感恩圖報受命之日即不問家事誓以身殉涖汾期月百務具舉汾民日有生色會大同總兵姜瓖者故李自成黨也久蓄異志順治戊子冬乘間竊發據鎮城爲亂明年己丑分遣僞馬姜建勳統卒萬餘由左衛趨雁門騷

動全晉夏四月突至汾圍城數匝公雖訓練有素備禦多方而是時承平未久人情惶惑公正竭力調度為守禦計而惴惴者咸以孤城難保勸公毋攖賊鋒姑暫避待外援公大怒欲斬言避者於是人皆奮志助公守無二心公淬勵其下登陴捍敵日夜不解甲且募敢死士叔賊營賊駭遽幾散去已復合圍攻益急城遂陷公率衆巷戰自長至午手格殺賊數十人會大風晝晦賊乘公遂被執賊好語誘降公怒罵不已賊砍公吻血淋漓公以血洒賊罵益厲賊遂殺公公死不仆至九月賊平時人猶見公為屬持弓矢殺賊賊以敗嗟乎三晉之當明季也崇山複嶺深林邃谷阨塞險隘之所賊往往盤踞為梟穴國初雖剪除芟薙漸次削成而餘氛遺蘖伏葬尚多善逆之變奸究潛區者咸思望風響應為城社孤鼠賴公捐軀報國諸郡邑長皆贍張氣壯劾公死守賊不得逞以敵逮即天誅使公不死人心猶豫觀望賊熖益熾晉之為晉未可知也然則公為德於晉人學矣其有功於朝廷亦大矣宜我世祖之優加郵典今皇帝之特予祠祭而汾人思慕景行歷六七十年而不替也爨余生也晚不獲親炙公行事顧先人氣節與公有臭味之投而公孫文華先生方為國柱石臣余竊附同朝且表揚懿美以激厲風俗亦學使者之責因詳書其事以遺汾人使刻石而記之

汾陽縣金石類編

卷六 石類

汾陽縣叢刻類編目錄附㩗類

題名

宋平蠻三將題名 仁宗皇祐五年四月

金五岳廟醮衆題名 章宗泰和三年五月

元雋仁村功德主題名 順帝元統元年□月

礅記

金華巖寺門礅石 世宗大定十二年九月

元聖母廟門礅石 成宗大德十一年八月

軒轅廟門礅石 仁宗皇慶二年八月 又附大德元年一延祐元年三三年二

碾記

元上林社碾團 世祖至元十七年九月

郝家庄碾記 仁宗延祐元年七月

東官村碾記 順帝至元三年五月

敕誥

元 狄武襄公封號 文宗至順二年八月

明 王龍洲祖塋誥命碑二 神宗萬曆廿一年九月

集帖

明 題刻顏魯公碑帖 世宗嘉靖八年四月

清 重刻聖教序及聖記残石 仁宗嘉慶十三年三月

蘇東坡十八羅漢頌跋 同前

重刻千字文残石 穆宗同治十三年六月 又紫芝圖歌

額聯

明

帝君廟石額 神宗萬曆四年三月

寶經禪院石額 萬曆五年十月

張玉崗佳城坊額 萬曆三十一年四月

三官四聖廟石額 萬曆四十年 附聯

清

傅青主玉真庵石聯 無年月 又額

朱擢秀滙清園石聯 無年月

崔千山天一池石額 聖祖康熙十七年九月

文廟萬世師表石額 無年月

續

明

攀龍橋坊額二 莊烈帝崇禎十五年春 附文昌閣石聯

附陶刻類

磚瓦

漢　長生無極瓦硯

元　二郎廟磚二　世祖至元三十一年六月

明　二郎廟磚一　神宗萬曆十七年十月

琉璃

明　東岳廟琉璃脊　憲宗成化二十年九月

關帝殿琉璃脊　武宗正德十年五月

關帝廟樂樓琉璃脊　穆宗隆慶五年九月

關聖琉璃像　無年月

琉璃獅子　無年月

雲龍琉璃照壁　無年月　附三角山水墻壁

附木刻類

元

三賢殿匾 世祖中統四年三月

仙姑殿匾 仁宗延祐六年十月

三賢廟匾 泰定帝泰定四年七月

可汗廟匾 順帝元統二年七月

龍天土地蚜蟞尊神匾 順帝至正十年五月

三聖殿匾 至正十一年三月

明

龍天土地殿匾 太祖洪武二十七年七月 又龍天后土匾一

昊天寶殿匾 宣宗宣德八年四月

后土廟匾 世宗嘉靖三十年

狄公祠匾 神宗萬曆十四年

華巖寺匾 萬曆十四年

彌勒佛贊匾 萬曆三十一年十月

關帝封號匾 萬曆四十七年春

御書藏經閣匾 萬曆間

三聖廟御旨嘉封匾 莊烈帝崇禎十年五月

重修三聖廟緣起木坊 崇禎十一年 併題額

傳青主題書額聯 額八 聯二 附胡庭額一 均無年月

狄公廟封號匾 無年月

弘福寺木聯 無年月

汾陽縣金石類編 石類

高淙迂叟編輯

叢刻類 附 木刻 陶刻

鐫刻垂遠種類雜叢有摩崖壁有樹碑豐或以陶冶或以木工題名記歲銘績登庸間刻經咒亦刊勅封匾聯集帖礅柱礎嵒其式有異其傳則同凡無專類皆萃此中編叢刻類

○宋平蠻三將題名（題名）

大宋皇祐四年夏蠻賊儂智高寇廣南陷十二郡據邕州其年九月

詔以樞密副使狄公統兵南征號二十萬明年正月己未與賊戰

於邕之歸仁大破之翼日復邕州賊之餘黨遁於桐柱之外二月
丁亥班師至桂林
詔換河中旌節名還機密凡從行將佐文武官二百三十一員令
記將官已下姓名於左
宣徽南院使彰化軍節度使荆湖南北路宣撫使都大提舉廣南
經制賊盜事狄青第一將下
左衛將軍荆湖北路兵馬鈐轄王遂　西京左藏庫副使孫
節戰没於陣贈忠武軍節度觀察留後　如京副使賈逵　西京左藏庫副使竹
昺　文思副使時明　管勾機宜太子贊善大夫馮炳
權石州軍事推官武緯　管勾糧草殿中丞霍建中　走馬

丞受公事入內內侍省內西頭供俸官張若水李若訥
樞密直學士右諫議大夫充荆湖南路　江南西路安撫使廣南經
制賊盜孫沔
內園使陵州團練使入內內侍省押班充荆湖南路江南西路安
撫副使廣南經制賊盜石全彬第二將下
莊宅使荆湖南路兵馬鈐轄劉几　文思副使張憲　六宅
副使孫昂　供備庫副使鄧守恭夏元崇　內殿承制閤門
祇侯孫宗旦　管勾機宜都官員外郎鄭紓　勾當公事殿
中丞王綱　管勾糧草勾用侍其濬
祕書兼知桂州充廣南西路都鈐轄兼經畧安撫使廣南東西路

經制賊盜余靖第三將下
皇城使廣南西路兵馬鈐轄李定　供備庫副使史青　內
殿崇班武防　虎翼都虞侯呂斌張遠　管勾糧草大理寺
丞章詢　經制賊盜司走馬承受公事入內內侍省內西頭
供奉官李宗道　西頭供奉官李逵　管勾機宜守將作監
主簿余仲荀　勾當公事權邕州節度推官黄汾
轉運使管勾隨軍糧草都官員外郎孫抗　轉運判官都官員外
郎宋咸
提點形獄同計置糧草司門員外郎朱壽隆　文思副使高惟和
其年二月曲赦廣南東西路甄勞能滅租賦其死事者給棺

欽錄子孫溪峒首領不從賊者悉加恩賞又宣德音判湖江
南詢疾苦蠲賦役雜犯死罪已下並從慮減四月又
詔以青為樞密使孫沔授給事中樞密副使余靖遷工部侍
郎石全彬授宮苑使利州觀察使孫抗授司封員外郎宋咸
職方員外郎朱壽隆考功員外郎高惟和左藏庫副使王遂
而下定功為五等第一等者轉官五資餘增秩有差

僧寶珍篆額　　區華區誠鐫

按此題名在廣西桂林府今桂林縣龍隱岩潛真洞據狄公墓
謝景初磨崖記序摹余公之詞於石而立之於汾州奉親顯慶
之佛寺是另有此題名立於汾州也今題名石已佚而僅存記

序現已移存於圖書館茲據陸氏金石續編錄其原詞以為補存

又余靖平蠻京觀志云先是命樞密直學士孫沔入内押班石

全彬同本路經畧使余靖經制盜賊命青以宣徽使大提舉總

其節制明年正月己未青帥三將兵至邕州似以沔全彬靖為

三將而青為總帥此刻則以青為第一將以全彬為第二將靖

為第三將蓋以全彬副沔共為一將而青以第一將總其師也

此石未刻年月以文内明年四月等語觀之當在皇祐五年四

五月間也

○金五岳廟題名

當里大清醮邑衆

兹者伏爲李村

五嶽四瀆廟内東砌子殿一所

竊以福因財施慧假崇修二輪齊用於人間一報永超出塵外同

霑此福謹具

維那姓名于右

杜聚　孟方　孟揖　李興　曹璋

郭眞　孟榮　任津　張甫　劉過

張仲　任潮　孟聚　閻寶　孟顯

任壽　王選　任瑛　馬得雲　王肇

任瑭　任元珏　田茂　任受　杜琮

泰和三年五月二十六日建

當里王存瑜書李州塑匭王祺砌任俊刊字李甫　石匠陳才

右石高一尺四寸寬一尺六寸四分共十三行行字不等正書字徑六分今在汾陽縣東虞城村五岳廟

○元雋仁村題名

雋　都功德主

仁　副功德主汾均戶思□

村　元統元年癸酉□月□□

石高約二尺半寬一尺四寸上横書雋仁村三字徑二寸下豎書人名年月字徑一寸四五分不等今在汾陽縣南文侯村關聖廟

按雋仁村即今文侯村

○金華巖寺門礅石（礅記）

（東）　當里石匠

大定十二年九月

（西）　□□已三　楊□□

大定十二年九月

右石礅高約一尺三四寸寬約一尺二三寸正面中刻花紋
左右各刻人名年號今在汾陽縣南田屯鎮華巖寺大殿

○元聖母廟門礅石

大德拾壹年歲次丁未己酉月癸巳朔初三日記

（東）石礅上石獅一個正面盤龍四周牡丹

汾州四縣石匠提控黑畓村郭春刊

又一面石上刻猴一鹿三樹一

（西）石礅上石獅三個正面盤龍四周蓮花

又一面刻二龍戲水

右石礅長二尺零七分高一尺零八分寬一尺一
寸二分今在汾陽縣西北峪口村聖母廟大殿

○元故顯村創建軒轅廟門礅石

當里都功德主

侯子三　張伯雄等十四人

大元皇慶二年歲次癸丑仲秋月上旬吉日立

石匠提控黑浮圖村郭春男郭清刋

右石礅高八寸半寬九寸半其上有臥獅各一爪搏球狀下方有字數行字徑三分許正書今在汾陽縣古賢村軒轅廟

按汾邑以門礅記年者尚多如肅靜村龍王廟門礅係大德元年安樂庄北廣城等龍天廟與白草坡之大廟門礅均係延祐元年西庄村麻衣仙姑殿門礅係延祐三年皆元代建築物也

〇元上林社碾團（碾記）

至元十七年九月

團徑約五尺中孔約五六寸周有花紋年號圍刻花紋間一面刻人名碾槽已佚今在汾

陽縣北上林社村

按魯省晉韋子平雖即礁字中有二孔周圍刻韋子平大得佳雖可直二疋以太康九年四月十五日著功至六月二十日都訖也昌盧石也原出鄒縣今存山東省圖書館是古礁刻記年號人名此為碾圍亦刻有年號人名雖不及晉太康九年之遠距今一千六百四十八年而元世祖至元十七年至今亦六百五十六年矣故特著之

○元郝家庄石碾記

都功德主　副維那　村衆維那

可仲和　劉順　宋德

李福　宋義

郭資　喬義　可德

可惠　任吉　李太
副功德主　次副維那　可思忠
郭順　郭廣
郭忠
韓呈
韓珪　李唐卿　任仲祥
郭秀成　高仲才
韓廣　郭仲廣　郭千
郭從善　韓仲美
都維那　郭仲寶　李讓
李方　郭英　李茂才
喬智　李再政

延祐元年歲次壬寅七月壬申十六日戊辰戊午時㧓建石碾口記

右碾已佚僅存碾槽一塊長約六七尺寬約一尺三四寸記石高一尺七寸寬一尺三寸共分上中下三節每節所列人名多寡不一行數亦不等正書字徑五分上下兩節均有穿今在汾陽縣郝家莊村

○元東官村石碾記

當里盤碾維那

院主　劉唐惠　段謙等二十八人各施鈔八十五貫

何溶施鈔三十貫　張思志施鈔口貫　陳文礼　段欽等

各施鈔口口貫　段滋等四人各施鈔五十五貫

立碾糺首段瑛等十二人

大元至元三年歲次丁口丙午月丙寅日刱建

右碾記高二尺四寸寬一尺二寸五分共十四行每行字數不一字徑三四分不等正書今在汾陽縣官村香積寺

○（勅誥）元狄武襄公封號

勅

齊天護國大將軍檢校尚書事守管淮南節度使兼管山東河北四門關鎮都招討使提調遍天下諸神殺無地分都廵案管中書門下平章使事開府儀同三司金紫光祿大夫駕前都統軍無佞侯社稷義勇武安英濟王

封

護國崇寧真君

大元至順貳年八月秋望日重立石匠郭英刊

右封號刻於磨崖記序碑後共十一行行各十字正書字徑約五六分其碑之高寛已詳於磨崖記序碑不另贅

按此封號與鄉寧關廟元至正十三年所勒關聖封號勅封齊天護國大將軍檢校尚書守管淮南節度使兼山東河北四門關鎮守招討使提調遍天下諸宮神殺無地分都廵案管中書門下平

章政事開府儀同三司金紫光祿大夫駕前都統相同惟特加
軍無佞侠壯繆義勇武安英濟王崇寧護國真君
社稷二字及護國崇寧真君稍有異耳考宋崇寧元年追封關
聖忠惠公大觀二年加封武安王（見解州志）淳熙十五年特封壯繆
義勇武安英濟王（見湖北當陽縣勅）而未見有齊天護國等名亦未見
以此封狄公至齊天護國等名識者以為不經且所書多宋元
官名當係鄉人臆為此號也此係至順（文宗年號）二年亦為元時是
亦仿關廟之詔也足徵元之崇奉狄公有同於關聖也

○明王氏誥命碑

奉

天承運

皇帝制曰穹階膴秩朝廷所以禮大臣追孝貤榮家門所以崇稱
廟既以酬穀似之訓抑以慰揚顯之情爾累贈中憲大夫太僕寺
少卿王鶴乃巡撫南贛汀韶等處地方提督軍務都察院右副都
御史緝之父直方有守剛大不撓施濟見頌於里閭孝友允孚乎
宗族弘培世德昭受善祥是用加贈爾為通議大夫都察院右副
都御史鴻名增家乘之光駿業永國禎之庇
制曰人子劬勞之念怙恃惟均國家顯揚之恩存歿罔間惟班聯
之愈峻斯寵數之彌隆爾累贈恭人張氏乃巡撫南贛汀韶等處
地方提督軍務都察院右副都御史王緝之母肅雍秉德淑善為
儀愛子能勞服官匪懈譽望光宣於昭代寵榮宜用於慈闈是用

加贈爾爲口人𤦺頌綸綍之華用慰梧棬之慕
明萬曆十年九月十一日
賜進士第通議大夫總督糧儲南京户部右侍郎前奉
勑提督軍務廵撫南贛汀韶等處地方都察院右副都御史男王
緝頓首書
奉
天承運
皇帝制曰昔者聖王之治天下也必資威武以安黔黎未嘗專修
文而不講武朕特倣古制設武職以衛治功受斯任者必忠以立
身仁以撫衆智以察微防姦禦侮機無暇時能此則榮及前人福

延後嗣而身家永昌矣敬之無怠爾王瑄原籍直隸鳳陽府定遠
縣人高祖王能洪武二十二年除太原左護衛左所實授百戶二
十三年曾祖王聚替永樂七年飲馬河陣亡祖王貴襲宣德三年
改太原右衛戶右所父王謙正統十三年襲瑄景泰五年襲成化
二十二年口右衛副千户弘治七年改汾州衛右所令因孫玉緝
由進士仕巡撫南贛汀韶等處地方提督軍務都察院右副都御
史萬曆十年奉
恩詔贈瑄副都御史同品昭毅將軍妻寗氏贈淑人
明萬曆十一年五月二十六日
賜進士第通議大夫總督糧儲南京户部右侍郎前奉

勅提督軍巡撫南贛汀韶等處地方都察院右副都御史孫王緝

頖首書

右二碑各高四尺許寬二尺四寸半各二十行每行三十九字正書字徑九分額篆書奉天誥命四字徑一寸七分今在汾陽縣南垣底村南王氏本墓

按縣志王緝字龍洲嘉靖二十五年丙午舉人己未進士授吉安府推官以母老迎養不便請就近改助教歷職方司郎中擢太僕少卿故誥封王鶴有贈太僕少卿之語轉僉都御史巡撫貴州苗民歸附進副都御史巡撫南（明清南安府今江西大庾縣）贛（明清贛州府今江西贛縣）據此碑則為巡撫南贛汀（明清汀州府今為福建長汀縣）韶（明清韶州府今廣東曲江縣）四府終户部右侍郎據此則為南京户部右侍郎歷官三十

餘年两為廵撫尤多建樹貴州建祠祀焉所著有防邊紀畧惜

若墳無墓表只有隆慶萬曆間誥授若官職两碑而若父若祖

之誥命碑尚為龍洲書立故特搜列亦以見王氏之原籍為鳳

陽府定遠縣（今安徽定遠縣）而若高祖王能於洪武二十二年始為太

原百户歷王聚替王貴王謙至祖王瑄弘治七年改汾州衛右

所始為汾人焉

○（集帖）題刻顔魯公碑帖

兊民有言書至顔魯公書之聖者也説者曰縱使顔書不工亦不

可不學其為世所重可知矣三晋士子間亦能之但有未盡然者

且汾守郭君素工顔書故以此帖令翻諸石俾傳諸人人庶有所

式云若平居效俋顔之忠臨難斆匪躬之節尚友其人是又所望於諸士子者也或曰白首希烈君子少焉噫顧自裁何如爾

嘉靖己丑夏四月吉旦

賜進士出身中憲大夫山西等處提刑按察司副使奉

勅提督學校關中劉儲秀跋　汾州知州關中郭鑾拜書

右石高二尺九寸七分寬一尺八寸共十行行各二十二字正書字徑一寸二分書法逼顔原在汾陽縣文廟今佚只存搨片

按山西通志職官左右參議欄列劉儲秀咸寧進士提學副使是公後升於參議也汾州府志郭鑾陝西咸寧舉人於嘉靖二年知汾州擢户部員外郎累官布政司左參議據此則公素善於顔書劉公以此書刻石勉諸士子即以忠烈勉諸士子也

○聖教序

蓋聞二儀有像至早悟三空之心之三字缺三百九十字計四石空之心長契神情至翹心淨土

往遊西為第一石正面域乘危遠邁至探賢妙為第一石背面以下自門精窮奧業至方冀兹經流

施缺二百零一字計兩石將日月而無窮至空勞致謝　皇帝在春宮述三

藏為第二石正面

聖記至聖慈所被業無為第二石背面以下自善而不臻至勞而不竭傳缺四百零八字計四石智燈

之長缺至殊未觀攬所為第三石正面內缺露添流略舉大綱以為斯十字作論序至舍利

子色不為第三石背面以下至即說呪曰均缺揭諦揭諦至右庶子李義為第四石正面府

等奉至朱靜藏鐫字

嘉慶戊辰春三月臨　牛祇文為第四石背面

以上聖教序及聖記共存石四塊每塊高八寸寬一尺零四分兩面各十行行各十字至十一字不等行書字徑五六分不一文不備錄原在汾州府教授署民國十二年移存汾陽縣圖書館

按唐太宗製聖教序高宗作述聖記高宗為太子時作有五種(一)褚遂良永徽四年十月書序十二月書記分刻二碑於慈恩寺在陝西西安六里雁塔下(二)永徽四年只有高宗記無太宗序自左寫向右讀識者謂為重摹本(三)龍朔三年太宗序高宗記俱全但無兩答敕及多心經惟後一行有大唐褚遂良書在同州倅廳十一字筆法拙滯與前不同顯為後人重刻妄益舊唐書遂良傳永徽元年為同州刺史三年拜吏部尚書顯慶三年卒至龍朔三年則遂良亡已五年實為後人追刻也(四)貞觀二十二年八月懷仁集右軍書聖教序及太宗兩答勅玄奘有求序表兩謝表見藏經三藏法師

傳高宗聖記及高宗箋答（玄奘詣謝時高宗為太子故箋答）後書多心經（即玄奘奉詔譯之經）及于志寧等五臣銜名咸亨三年十二月建立（歷二十五年始集成）

(五)顯慶二年十二月王行滿書聖教序記原在招提寺今在河南偃師縣學用筆端方緜密有姿不在遂良下（富平縣尚有行滿書韓仲良碑）行滿為門下錄事書名亦不顯蓋當時御製自皆擇善書人寫刊特不顯於史耳

綜上觀之褚書聖教序有三本一行書（行書立石在懷仁集右軍書時）二楷書今行書已亡而惟存二楷書（一在雁塔一在同州）行滿僅正書一種惟懷仁本翻刻極多如孟津王鐸本西安苟氏本皆可亂真此為清嘉慶十三年中太守香泉臨本較集本少再答勅一則書法亦

較遜惜又短缺不全耳

○帖刻蘇東坡十八羅漢頌跋

蜀金水張氏畫十八大阿羅漢軾謫居儋耳得之民間海南荒陋不類人間此畫何自至哉久逃空谷如見師友乃命過躬易其裝標設燈塗香果以禮之張氏以畫羅漢有名唐末益世擅其藝今成都僧敏行其元孫也梵相奇古學術淵博蜀人皆曰此羅漢化生其家也軾外祖父程公少時遊京師還遇蜀亂絕糧不能歸困臥旅舍有僧十六人往見之曰我公之邑人也各以錢二百貸之公以是得歸竟不知僧所在公曰此阿羅漢也歲設大供四公年九十凡設二百餘供今軾雖不親覩其人而困厄九死之餘鳥言

卉服之間獲此奇勝豈非希濶之遇也哉乃各即其體像而窮其思致以為之頌

第一尊者結跏正坐蠻奴側立有鬼使者稽顙於前侍者取其書通之頌曰

月明星稀孰在孰亡煌煌東方惟有啟明咨爾上坐及阿闍棃代佛出世惟大弟子

第二尊者合掌趺坐蠻奴捧牘於前老人發之中有琉璃器貯舍利十數頌曰

佛無滅生通塞在人牆壁瓦礫誰非法身尊者斂手不起於坐示有敬耳起心則郍

第三尊者扶烏木養和亡坐下有白沐猴猷果侍者執盤受之頌曰

我非標人人莫吾識是雪衣者豈具眼隻方食知獻何愧於猿為

語柳子勿憎王孫
第四尊者側坐屈三指答胡人之問下有蠻奴捧函童子戲捕龜者頌曰
彼問云何計數以對為三為七莫有知者雷動風行屈信指間汝觀明月在我指端
第五尊者臨淵濤抱膝而坐神女出水中蠻奴受其書頌曰
形與道一道無不在天宮鬼府奚往而礙婉彼奇女躍與濤瀧神馬尻輿攝衣從之
第六尊者右手支頤左手拊稚獅子顧視侍者擇瓜而剖之頌曰
手拊雛猊目視瓜獻甘芳之意若達於面六塵並入心亦徧知即此知者為大摩尼

第七尊者臨水側坐有龍出焉吐珠其手中胡人持短錫杖蠻奴捧鉢而立頌曰

我以道眼爲傳法宗爾以願力爲護法龍道成願滿見佛不作盡取玉函以畀思邈

第八尊者並膝而坐加肘其上侍者汲水過前有神人涌出於地捧槃獻寶頌曰

尔以捨來我以慈受各獲其心寶則誰有視我如爾取與則同我爾福德如四方空

第九尊者食已撲鉢持數珠誦呪而坐下有童子搆火具茶又有埋筒注水蓮池中者頌曰

飯食已畢撲鉢而坐童子茗供吹籥發火我作佛事淵乎妙哉空山無人水流花開

第十尊者執經正坐有仙人侍女焚香於前頌曰

飛仙玉潔侍女雲湫稽首炷香敢問致道我道大同有覺無修豈
不長生非我所求
第十一尊者趺坐焚香侍者拱手胡人捧函而立頌曰
前聖後聖相喻以言口如布穀而意莫傳鼻觀寂如諸根自例孰
知此香一炷千偈
第十二尊者正坐入定枯木中其神騰出於上有大蟒出其下頌曰
默坐者形空飛者神〻俱非是孰為此身佛子何為懷毒不已願
解此相問誰縛爾
第十三尊者倚杖垂足側坐侍者捧函而立有虎過前有童子怖匿而竊窺之頌曰
是與我同不噬其妃一念之差墮此髮鬗導師慈憫為爾顰歎以

爾猛烈復性不難

第十四尊者持鈴杵正坐誦呪侍者整衣於右胡人横短錫跪坐於左有虬一角若仰訴者頌曰

彼髯而虬長跪自言持角亦來身移怨存以無言音誦無說法風止火滅無相仇者

第十五尊者鬚眉皆白袖手趺坐胡人拜伏於前蠻奴手持拄杖侍者合掌而立頌曰

聞法在先事佛亦久耄然衆中是大長老薪水井臼老矣不能摧伏魔軍不戰而勝

第十六尊者横如意趺坐下有童子發香篆侍者注水花盆中頌曰

盆花浮紅篆煙繚青無問無答如意自横點瑟既希昭琴不鼓此間有曲可歌可舞

第十七尊者臨水側坐仰觀飛鶴其一既下集矣侍者以手拊之有童子提竹籃取果實投水中頌曰

引之浩浩與鶴俱翔藏之幽深與魯皆沉大阿羅漢入佛三昧俯仰之間再拊海外

第十八尊者植拂支頤瞪目而坐下有二童子破石榴以獻頌曰

植拂支頤寂然跏趺尊者所游物之初耶聞之於佛及吾子思名不用處是未發時

跋尾

佛滅度後閻浮提衆剛狠自用莫肯信人故諸賢聖皆隱不現獨以像設遺言提引未悟而峨眉五臺廬山天台猶出光景變異使入了然見之軾家藏十六羅漢像每設茶供則化為白乳或凝為

雪花桃李芍藥僅可指下缺

以上十八羅漢頌跋共存石五塊每塊高寬與聖教序石相仿兩面各五行行各十二字字徑四分小字各十七字字徑三分均正書前序二十行後跋僅存四行不全存處與聖教序石同

按十八羅漢為佛弟子十六人謂阿彌陀經之十六聲聞又加降龍伏虎二尊者有謂五百羅漢法苑珠林有一婆羅門好學廣博常教五百豪族童子令五百羅漢是之傑出者又有謂佛大弟子十人之類釋迦高足弟子十人即摩訶迦葉（頭陀第一）阿難陀（多聞第一）舍利弗（智慧第一）目揵連（神通第一）阿那律（天限第一）須菩提（解空第一）富樓那（說法第一）迦旃延（論議第一）優婆離（持戒第一）羅睺羅（密行第一）見維摩經頌叙十八羅漢為蜀金水唐設金水縣今四川茂縣張氏所畫未詳其名考唐有張南本益州人今四川成都為古益州工畫釋道鬼神曾於成都金華寺畫八明王彧即其人東坡於紹聖中眾

貶瓊州曾為儋州別駕行田間遇饁婦曰內翰昔日榮貴一場春夢因呼以春夢婆今儋縣有東坡祠此畫當得於其時外祖程公少游京師還遇蜀難困旅舍遇僧十六人濟之公以為此阿羅漢歲設大供四年九十凡設二百餘供足徵能濟人即可謂羅漢能皈依即可遇羅漢東坡此頌其亦謫異域無聊而遇此畫像憶其家藏十六羅漢足証原係十六之供以志皈依引衆悟也故跋又云佛滅度後閻浮提梵語見佛經即南贍部洲閻浮樹名林茂盛此洲最多故俗名閻浮提洲指中華及東方諸國衆剛狠自用莫肯信入故諸賢聖皆隱不現獨以像設遺言提引未悟而峨嵋四川峨嵋縣五台山西五台縣盧山一在山東諸城縣南三十里一在四川盧山縣西北九里天台浙江天台縣北又陝西南鄭縣麟游縣及四川羅江縣廣元縣均有天台山猶出

光景變異使入了然見之云此帖書刻石塊均與聖教序石相仿亦嘉慶十三年、牛祇文太守所書刻也

○千字文

梁員外散騎侍郎周興嗣次韻

(甲正)天地元黃至秋收冬藏閏(除題名共二十五字)(甲背)餘成歲至鳥官(原石漏果珍李)柰菜重芥薑(八字共四十五字又下缺三百六十字)(乙正)仙靈至杜稾鍾(共四十五字)(乙背)隸漆書辟經至刻銘(共四十五字下缺九十字)(丙正)恒岱至我藝黍(共四十五字)(丙背)稷稅熟貢新至者躬譏誡(共四十五字下缺一百八十字)(丁正)骸垢想浴至釋紛利俗並(共四十五字)(丁背)皆佳妙至東帶(共四十五字下缺二十二字)

以上千字文共存石四塊每塊高七寸四分寬一尺三寸八分兩面各九行行各五字正書字徑一寸係周興嗣次韻不備錄

又一石（正）煬太原整旅寰區滌蕩進諫赦囚措置允當迄抵開元
愷澤衍暢壽妃豔冶嵬坡惆悵閣寺擅柄麋奪握掌朱冠狠譎共四十五字
（背）揭竿芒碭歷氏奠促點檢衆望肇宋汴邦遺謀閎壯質構
渡淮徽欽擄掠㬎昺纔危鯨波渺茫鐵穆受權十旬擾攘滌共四十五字

又一石（正）炎豪鼇剔扶掊匠錐銛雕搜藝圓緗帙縹籤導潤赴墊
誕岸躋巔鶩湖鹿院庠序仔肩句斟讀酌螢案花鐙谿童皓叟共四十五字
（背）曷棄槧鉛亭逵坦域怏著鞭先苟膚肌肉盡函勵旃品核
蝨虺諮詢萌蘖博覽宏窺零㩗細拾震蟄雷霆胎卵配匹蠶共四十五字

又一石（正）翰瑶戔現琦蘊蓄班柳歐蘇希加斧琢共十五行後空六行（背）

紫芝圖并歌　九日發三莖一夜成形異于凡卉　雷電下擊龍

吐汁堂東一格紫芝出一莖八瓣淺深紅數簇玲瓏窺正黑内含

雨氣常帶潤外避石勢偶微側其高三寸圍一寸上濶下狹豎拇

、越日旁哭一蓓蕾玄氣鬱＝土花溼天公恐驟發洩盡故養丈

精鬱其茁或云寰海已鏡清此物特來表土德或云主人當壽考

此物一見百事吉余生雅不信妖祥更無神仙騰化術病瞷得此

不敢嘗只是競夸好顔色索筆戲署紫芝翁誠不以名而以實

維時同治十三年六月甲戌初三日　西河教授古皋落李鳴鳳

以上續刊字文及紫芝圖共存石三塊每塊高寬行字均與前同惟末一面紫芝歌共十一行行各十六七字不等行書字徑

三四分不一

按千字文有數種(一)即周興嗣字思纂陳郡項人梁武帝於鍾王書中拓千字名興嗣韻之見尚書故實　梁書南史皆謂次韻王羲之書千字鬱崗齋帖題曰魏太尉鍾繇千字文右軍將軍王羲之奉敕書起四句二儀日月雲霧嚴霜夫貞婦潔君聖臣良結二句與周氏同其中詞句尚多與周文相彷者如宇宙玄黃列宿崑崗唐虞禪讓率賓歸德伊尹阿衡等句是皆沿周文而次韻也謂為右軍奉敕書則可疑全文見因宜堂法帖是此書原有二本(二)蕭子恪之弟子範為南平王製千字文其辭甚美王命記室蔡薳注釋之見梁書蕭子範傳　而今已佚宋釋夢瑛篆書千字文即周次韻此右前四石刻周氏千字文不全後又有三石刻文缺前數句僅存

一煬字當指隋煬帝太原整旅指唐高祖以及壽妃豔治指唐玄宗朱冠狠譎指朱全温肇宋汴邦指宋藝祖鐵穆安懽指元順帝滁字下缺當指明太祖是此段以歷史次韻後段以文藝次韻而終以希加斧琢其為清代續次者可知

又末刻紫芝圖歌署款同治十三年六月西河教授古皐落清樂平鄉令昔陽縣李鳴鳳是千字文與此圖歌皆李所書刻也李為樂平人以進士於清同治間任汾州府教授光緒二十六年劉君汝玉在吳教授佩璘署接讀尚見此石完全民國十二年愚蒞汾創設縣圖書館始經劉君於府東學磚石中搜存館內

附石額聯

○明帝君廟石額

萬曆四年三月吉日立

靈應大帝 横列

左使孔天胤題

石額横約五尺縱約一尺五寸字徑約九寸餘上下款字徑約寸餘今在汾陽縣西北陽文昌帝君廟大門

按孔文谷爲左布政使故書左使

○明寶經禪院石額

萬曆丁丑孟冬吉

寶經禪院 横列

中岳外使孔天胤題

石額横長約三尺餘縱約八寸餘字徑約六寸餘仿六朝體今在汾陽縣北關廟關帝廟大門門額

按丁丑爲萬曆五年孔文谷爲河南左布政使故書中岳

○明張玉崗塋坊額

大明萬曆癸卯孟夏吉旦

太僕寺卿張公佳城 横列

布政使祁邑年弟中齋戴光啟題

石額高一尺長六尺三寸中横列太僕寺卿張公佳城八大字字徑八寸兩傍年月銜名字徑約一寸七八分均正書今在汾陽縣城西花枝村東本塋

按癸卯為萬曆三十一年戴光啟祁縣人隆慶五年辛未進士河南右布政使

○明三官四聖廟額聯

萬曆壬子歲

三官四聖廟

慶成龍岳題

化扶世劫昭靈貺

法振諸天永聖綏

額高約一尺五六寸横長約三尺餘正書字徑約六寸上下款字約一寸聯長約五尺寬約六寸正書字徑約三寸今在汾陽縣城內東營街本廟

按萬曆壬子為明神宗四十年慶成龍

岳當為慶成王之宗族額書三官即天官地官水官見道經四聖未詳或為配享三皇之句芒祝融風后力牧見明史禮志洪武二年配享姑列以資識者

○傅青主　玉真庵石聯

人道具瞻師相　天梯茲作津梁

此北廓村南玉真庵石聯書法奇逸是真山遺筆邑人亦相傳為然先生好道茲蓋信也昔圖書館成立移以保存因略志數語以為紀念民國十二年癸亥陽月高涼王堉昌識於汾陽縣署

○玉真庵石額

横列

寫黃真山

石高一尺八寸寬三尺一寸共三字字徑一尺一寸第二字尾畫缺第三字左傍缺無年月下署寫黃真山四字原在汾陽縣東北郭村玉真庵現存圖書館

青主名山以受道法於還陽真人一名真山亦曰傳僑山或號僑黃老人或署僑黃真山此書僑為嗇得此尤足徵石聯確為青主所書

按先生撰汾陽胡公傳云自甲申後流寓於汾查甲申為順治元年四年丁亥先生書盂縣玉皇廟碑是順治初尚寓於盂以順治十五年書汾陽石盤山玄帝廟碑觀之先生寓汾當即其時此聯與額當亦其時所書也

○朱擢秀滙清園石聯

閒為水竹雲山主　靜得風花雪月天

石長三尺二寸寬五寸字徑三寸今在汾陽縣西北張家堡

○崔千山天一池石額

康熙戊午歲菊月中浣吉

天一池 横列

額高一尺二寸寬二尺九寸字徑五寸書法似青主今在神塘貫虜廟

千山崔秉政題

按崔秉政為奉天海城縣舉人十三年知汾陽縣此為十七年所書

○文廟石額

萬世師表

石四方每方近三尺字高近二尺正書雄健今在舊府文廟明倫堂只存萬世二字缺年月人名

續

○明攀龍橋石坊

崇禎壬午夏

攀龍橋 横列

北面

石坊高一丈三尺寬一丈二尺中石額高二尺九寸寬八尺四寸正書字大徑八寸小字徑約二寸坊立橋上在今縣北馮家莊

河中韓爌題
崇禎壬午夏

南面　口口雲路（橫列）
郡人口口口口

北面三字為蒲州相國韓爌題（詳攀龍橋碑記）南面四字殘泐二字以郡人及攀龍橋記觀之當為朱太史之俊題至壬午為崇禎十五年

附橋傍文昌閣石聯

雲閣崔巍崇帝德（長三尺八寸寬八寸）
星橋燦爛毓人文

（閣為朱太史修橋時建與修橋均為蔚人文起見其聯當亦爾時所製惜無年月銜名也）

○文廟尊經閣題字

尊經閣
西華山人書

（石高四尺一寸寬一尺七寸餘正書字徑一尺三四寸不等人名行書字徑一二寸不等）書法秀勁以碑後書田周田震呂文櫆等捐款証之是雍正間刻石今在汾陽縣圖書館

陶刻類附

○漢長生無極瓦當

正面

背面

瓦當厚五分面徑四寸八分內圍徑四寸中圍徑一寸九分周隆起小圓點十二中小圍徑八分內隆起圓點五分中圍外平分四雙綫左篆長生二字右篆無極二字徑各一寸七分背作蓮葉捲形邊作雙魚相對形中作硯池照極字處缺邊長二寸寬四分今在汾陽縣張範五家

按漢未央宮諸殿瓦字凡六等曰漢并天下曰長樂未央曰儲胥未央曰長生無極曰萬壽無疆曰永壽無疆面至背厚一寸

弱其背平可磨墨唐宋以來人得之即去其身以為硯故俗呼瓦頭硯也洪武辛亥王忠文於長安得校官馬懿張佑所遺一瓦曰長樂未央（見忠文公集明王禕字子充謚忠文）此為長生無極皆為漢未央宮瓦當也惟背刻花紋則為作硯時所添刻耳

吾晉河曲縣娘娘灘有萬歲富貴瓦萬泉縣孤山下新掘得（民國十九年）長樂未央長生無極宮宜子孫等瓦確為漢造惟質較粗未足為研

○元磚二

（右）孝義縣郭村磚匠

（左）當里出砌子殿

磚各長約八寸餘寬約四寸字橫列今在汾陽縣西南平陸村二郎廟神台左右各

維那劉玉　　趙慶　　一嵗

管勾人　　男趙元亨　　按金石粹編有金大

郭暉　　至元三十一年六月日　　安二年趙門白氏建

張容　　老爺廟磚高一尺二

宋賢　　寸八分廣一尺五寸

至元三十一年六月日　　六分此僅八寸餘長

固知磚制代有不同而鄉人崇神建廟以磚記年則一也

吾晉夏縣禹城舊有海内勛臣歲豐登穀路無饑人十二字篆

文方磚榮河縣后土祠曾掘得千秋萬歲方磚（唐開元十一年修祠掘見）今

於萬泉縣孤山下掘得此塼（民國十九年）隰縣有宋元祐年龍泉寺

塼芮城縣署有元元貞元年復置縣塼（至元三年曾併於平陸縣）此磚較元貞尚前一年矣

○明磚一

萬曆十七年十月

起意老王館　王廷聘

泥匠田文□

（磚長約八寸，寬約四寸，字豎列，今在汾陽縣西南平陸村二郎廟神台上）

按二郎廟㈠謂秦李冰之次子㈠謂隋趙煜皆灌口治水者，俗傳灌口二郎是也。然祠趙二郎者居多，此祠塑像則為楊二郎，即封神演義之楊戩。清時有碑言神有二郎，猶人之有郎官也，亦未免於附會也。此元磚當為創建時所造，明磚為重修時所

造也

民國十四年盂縣修城曾掘出天順八年土墼（傍又刻萬曆十九年字樣）萬曆十八年磚又民國十九年軍署修大堂（即舊巡撫衙門）掘得嘉靖九年土墼嘉靖十三年磚均較此磚長而且寬

○明琉璃厦脊三

佛龕内坐佛一（龕連上二層花樣高約四尺餘寬約三尺餘前面坐佛約高一尺二寸後面書年月左右兩瓶中插鐵戟各一左日右月高差於中龕今在汾陽縣城東岳廟聖母殿）

成化廿年九月十一日造

介休縣張家里琉璃匠秦（富貴榮）長男秦廷璽（脊分三節上胡盧形中下為樓閣形後面左書匠名右書年月今在汾陽縣城關帝廟正殿）

大明正德拾年伍月吉日重建

大明隆慶五年九月吉造 脊作琉璃樓閣形高約六尺寬約一尺餘共五層兩傍有六獸前無字後如門式書年號今在汾陽縣東東雷家堡關帝廟戲樓上

○關聖琉璃像

像坐龍龕 樓高二尺九寸龕寬一尺五寸左右龍柱像身高九寸五分寬四五寸座寬六寸色分三采無年月今在東關武安王廟門廈上

○琉璃獅子

雙獅高卧 三采琉璃左牴右踡卷髮巨眼張吻施爪 獅高各約四尺餘寬約二尺左右相顧而蹲今在汾陽縣南鞏村弘教寺

○琉璃雲龍照壁

九龍雲飛 琉璃方壁約高一丈五尺寬約一丈四尺龍分三層每層各三條色黑黃每條盤飛約二尺周環雲朵無數色藍綠左右兩壁各嵌一圓徑約五尺內各二龍作上下圓飛周亦環飛雲朵均栩栩如躍未刻製造年月審其物當亦在明季也今在小相村靈巖寺門前又鞏村弘教寺有三角墻壁各邊約均長二尺餘三采人物山水甚精緻亦似明物

木刻類附

○元三賢殿匾

匾高約三尺餘寬約二尺餘兩行各書三字正書字徑約六寸餘今在汾陽縣南東龍觀村本廟

河東三
賢之殿
中統四年歲次癸亥甲辰日紇首公村立

按河東三賢為子夏與段干木田子方中統為元世祖第一年號四年為癸亥

○元仙姑殿匾

匾高約三尺寬約一尺六寸正書字徑約五寸餘年月字徑約八九分今在汾陽縣西大向善村關帝廟

仙姑之殿
大元延祐六年歲次己未十月庚申日尉陵里立

按延祐為元仁宗第二年號仙姑為汾陽任氏女入石室成仙

者見元碑記

○元三賢廟匾

大元泰定四年歲次丁卯孟秋上吉日刱建

河東公

三賢廟

大清雍正間重脩

光緒十餘年又重脩

○元可汗廟匾

大元元統二年七月初七日孝義縣趙昌書

可汗

之廟

高約三尺寬約二尺字徑約六寸在東官村三賢祠大殿

按河東公為子夏別號其段干木田子方皆師事之

匾高約三尺寬二尺四大字徑約七寸在鞏村龍天廟大殿

按可汗猶單于匈奴曰單于突

劉崇善弟崇美男順祖　厥曰可汗皆謂其國主也易曰

渙汗其大號言號令如汗出而不反也廟神似為賀慶將軍而

匾書可汗未解或祀五胡時之劉王即晋時劉淵汾人亦祀以禱雨花枝村有廟乎

元統為順帝第一年號

○元龍天廟匾額

至正十年五月　日

龍天土地蚜蟄尊神　匾高約三尺許寬二尺許正書龍天土地蚜蟄等八字字徑六寸半今在汾陽縣西南北廣城村本廟

按詩小雅去其螟螣及其蟊賊傳云螟食心螣食葉蟊食根賊食節皆害苗蟲也鄉人多祀蚜蚄同穀盜之幼蟲老則成蚌粵人名米牛紿人名米象又蝗即螽能飛汾人呼蚜蚄亦曰蝗蟲

皆害稼蟲也而此書蚜螯查螯即車螯其殼色紫火炙之則殼開取肉食味高又蠏二螯八足所謂右手持蠏螯皆食品亦能害稼故鄉人祀之以祈佑冀村有蚜蚄廟羅城有元重修蚜螯廟亦均名蝗蟲廟羅城有洪武二年蚜螯廟匾此書至正為元順帝第三年號

○元三聖殿匾

至正十一年歲次辛卯三月　日建靳口立

集賢大學士榮祿大夫馮公勵書

三聖之殿

謨樊氏尚義樂施記者

璧匾高約四尺寬約二尺正書字徑約七寸年月字徑約一寸今在汾陽縣東北郭村三聖寺

按馮公勵即馮思温陽曲人曾

○明龍天土地殿匾

龍天土地

豎匾高約三尺寬約一尺六寸正書字徑約五寸年月字徑約八分今在汾陽縣西大向善村關帝廟

旹洪武二十七年七月初十日□□張輔仁立

又縣西北宋家庄仙姑廟後殿有洪武廿七年龍天后土豎匾

○明昊天廟匾

昊天金闕寶殿

匾約高六尺寬約二尺餘豎懸正書字徑約七寸今在汾陽縣北宏士村弘福寺後玉皇閣

吉大明宣德捌年歲次癸丑肆月上旬吉日

按宣德為明宣宗年號八年至今已五百零三年矣

○明后土廟匾

嘉靖叁拾年□□

豎匾高約五尺餘寬約二尺餘正書字徑約五寸後書清光緒

后土行宮

其年數字蓋重修飾也今在汾陽縣東望春村后土廟

按嘉靖為明世宗年號三十年至今已三百八十五年矣

○明狄公祠匾

萬曆丙戌立

匾長約八尺高約五尺正書宋樞密使四大字橫列字徑約一尺餘年月人名字徑約三寸今在汾陽縣城狄公祠

宋樞密使

郡人王緝書

按王緝號龍洲仕至南京户部右侍郎

○明華嚴寺匾

萬曆丙戌

匾高三尺寬約六尺正書字徑約一尺三四寸今在汾陽縣南田屯鎮華嚴寺

華嚴寺

慶成王府輔國將國近溪新墍

按新墍為明宗室與慶成王之

子新堤號小溪者爲弟兄輩書法尚好丙戌爲萬曆十四年

○明彌勒佛贊匾

萬曆癸卯孟冬吉旦

彌勒佛

贊

如來如來　氣象高邁　大笑不止　金剛不壞　橫杖山河

布袋一芬　皷腹松下　光滿世界　乾坤若轉　萬代人拜

賜進士第守西河郡中無瞽居士崔士棨題

右木匾橫長七尺餘高二尺七八寸贊詞每行四字行書字徑二寸八分今在汾陽縣南嶽廟後院

按汾州府志崔士棨河南安陽人萬曆癸未進士二十七年任

汾州知府此為癸卯三十一年所題也

○明關帝封號匾

大明勑封齊天護國大將軍檢

校尚書收管淮南節度使兼山

東河北四門關鎮都提調天下

諸神巡案中書門下平章政事

開府儀同三司金紫光祿大夫

駕前督統軍

壽亭侯義勇武安英濟　王崇寧

護國南極協天大帝至道真君

匾高三尺二寸廣八尺連年月共十六行行八字正書字徑二寸五分今在汾陽縣東古莊村本廟

按此當係沿元至正十三年所

勑封號見前狄武襄公封號所注鄉寧至正十三年石

刻惟元刻係守招討使提調遍

天下諸宮神殺無地分都巡案

管中書門下平章政事此為都

提調天下諸神巡案中書門下

加封三界伏魔大帝威遠鎮天　平章政事又駕前都統軍無佞

尊　關聖帝君　侯壯繆義勇武安英濟王而此

萬曆歲次己未春望日立　為駕前都統軍壽亭侯義勇武

安英濟王元天曆元年九月加封關聖為靈顯義勇武安英濟王見元史至壽亭侯應為漢壽亭侯因漢壽為縣名亭侯為爵非壽亭侯也稍不同又崇寧宋封崇寧真君護國下有南極協天大帝

至道真君加封三界伏魔大帝威遠鎮天尊關聖帝君為元刻

所無稷山關帝廟萬曆時勅封匾亦有加封三界伏魔大帝等

語蓋明萬曆間之加封也明封伏魔大帝清順治九年封忠義神武關聖大帝此書己未

為萬曆四十七年

○萬曆御書藏經閣匾

恭熹萬安閣

高寬未詳原在靈巖寺藏經閣今佚見朱之俊靈巖寺藏經閣記以慈聖國母賜靈巖寺清如上人全藏神宗為題此額也

○御旨嘉封關聖匾

大上神威英文雄武精忠大義高節清廉協運
皇圖德崇演正掌儒釋道教之權管天地人才之柄上司三十六
天星辰雲漢下司七十二地土壘幽酆秉註生功德延壽丹書執
定死罪過奪命黑籍考察諸神監制群僊高証妙果無量度人至
靈至聖至上至尊伏魔大帝關聖帝君大慈大願大聖大仁真元
顯應
昭明翊漢天尊

崇禎歲次丁丑仲夏端陽吉旦

右匾寬約五尺餘高約三尺餘共二十三行每行七字正書字徑七分末書道光廿七年六月重修今在汾陽大南關三聖廟

○朱擢秀重修三聖廟緣起木坊

前面伏魔大帝横列坊高約丈餘寬約九尺牌高一尺七寸寬六尺七寸前書四大字徑近尺後書緣起

後面大向善村東南隅三聖廟蓋為土人祝釐之所雨暘時若則有賽享稍亢旱則羅拜而禱之禱罔弗應者年久傾頹神像不能避風露余先封君嘗見而發嘆慨然以繕緝為己任無何疾作不起齎志以歿余懶甚歲月蹉跎弗克竟先志厥罪滋大今年春宗侯松亭鄉長任某卒詣予所言曰我儕受神之賜有日矣四方不登而汾薄獲賊氛未靖而汾粗寧神篤祐爾爾我儕其可忘耶將鳩工庀材壍茨繢棟

以畜報神貺惟望子為檀越主余曰唯唯此先封君志也敢弗祇承隨捐金如許猶存乎見少矣住持義清誓苦行肩鐸廣募謹次其語弁諸首以告代脩人天之因者　郡人朱之俊

右緣起共二十六行行八九十字不等字徑一寸半朱太史為大向善村人以修廟碑証之皆崇禎十一年所書今仍在本廟

○傅山題書額聯

淨朙闇　即淨明庵三字横列

傅山書

壹切語言丗是處　即一切語言無是處

三空方丈有如來　即三空方丈有如來

右額高約二尺餘寬約五尺字徑約一尺四寸聯長約五尺寬約八寸字徑約五寸今在汾陽縣仁岩村村公所

見貴從書得知財自道生可無歎矣

穿衣念織勞吃飯思耕苦寧復奢乎

木對長七尺八寸寬六寸行書字徑五寸無年月銜名傳為青主書觀其文字亦非常人所作且係朱之

俊家遺物故審為傳書原在汾陽縣西大向善村今存圖書館

潮到了 橫列

額高約一尺橫寬約二尺正書字徑約四寸今在汾陽縣南義安村公所

傅山書

花鳥文章 橫列

額約高一尺七八寸寬約三尺餘正書字徑約八寸今在汾陽縣大南關左家花園

傅山書

額高約一尺餘橫長二尺餘字徑五寸餘今汾陽縣大南關左家花園及鐵馬關帝廟道院皆有此刻

按上書二字人多以問月解之先生心乎明社以象形觀之似左有兩點者為月字右圜中有一塊者為日字蓋合為明字謂為問明似合乎

先生之心與字之形易謂日月麗天懸象著明謂心乎明室而問天也亦可汾人王君謨亦嘗以問明問天解之茲附以資識者

見遠萧弘 橫列 山書 匾高約二尺三四寸橫寬約五尺餘正書大字徑一尺二寸小字徑約一寸五六分今在汾陽縣東雷家堡關帝廟戲樓上

穆將於皇 橫列 壬午 匾長約五尺餘高約二尺餘正書字徑約一尺四寸無款只書壬午今在汾陽縣東羅城鎮蚜蚄廟

按壬午為清世祖順治七年匾懸樂樓其門外又有為章於天一匾書壬子為康熙十一年傳為本鎮胡庭所書胡與青主友善亦善書茲附列以資識者

禮後堂 橫列 匾高寬未詳傳青主書於大相村卜山書院取子夏禮後乎之義

松柏得其真橫列　高寛未詳原在縣西張家堡滙清園傳青主所書今佚見朱之俊滙清園記

○狄公廟封號匾

勑
齊天護國大將軍檢校尚書事　匾長約八尺高約五尺共十三行每行七字正書字徑約二寸餘無年月銜名今
守管淮南節度使兼管山東河　在汾陽縣城狄公祠
北四門關鎮都招討使提調遍　按此與元至順二年石刻封
天下諸神殺無地分都巡守官　號相同後人襲以懸匾無年
中書門下平章政事開封儀同　月以書法審之當亦在明末
三司金紫光祿大夫駕前都統　清初也
軍無佞侯社稷義勇武安英濟
封
王護國崇甯真君

〇弘福寺木聯

如來來而不來謂佛來早我來遲咄這爲麼説

妙觀觀若無慼惟性慼真情慼妄噫誰是解人

木聯長約九尺寬約五寸行書字徑三四寸不等無年月書銜以匾爲順治間内翰朱之俊所題審之當亦其時之聯今在汾陽縣北宏士村弘福寺正殿

《山西文華》編纂委員會 編

山西文華·史料編

汾陽縣金石類編

第三册

石類卷三至卷五上

民國 王堉昌◎編

山西出版傳媒集團
三晋出版社

山西文华

汾陽縣金石類編

卷三 石類

汾陽縣幢塔類編目錄

唐

義豐村陀羅尼經幢 武周時

田村神母廟尊勝經幢 中宗景龍二年八月

大相村陀羅尼經幢 景龍三年七月

虞城金剛經石幢 玄宗開元六年□月

任達等造金剛經幢 開元七年七月

合邑人等造大佛頂幢 懿宗咸通四年七月

雲巖寺大佛頂幢 咸通四年十月

修慈寺大德經幢 昭宗乾寧二年十月

沙門大廣智造幢 天祐十三年七月

唐末

崇真寺陀羅經佛説幢 缺年審爲唐 續刻明成化四年七月

後唐清泰間經幢 廢帝清泰三年

北漢妙能師經幢 劉鈞乾祐七年正月

宋聖力禪院和尚塔記 太宗太平興國四年九月

法雲寺陀羅尼呪幢 太宗淳化四年三月

僧清遠預修靈幢頌記 真宗天禧五年九月

馬庄香爐石柱記 仁宗明道二年十月 續刻元順帝至正二十五年三月

故尼意師塔銘 神宗熙寧十年

金滕師圍地經幢 世宗大定十九年正月

元至順間醮盆石幢 寧宗至順四年四月

明法興寺石幢 太祖洪武十七年三月

三皇四聖廟石柱記 世宗嘉靖四十一年七月

汾陽縣金石類編石類

高淶迂叟編輯

幢塔類

幢本浮屠原圖佛相刻經與偈華嚴金剛唐取陀羅經幢盛行八面六面一層兩層有經有呪為國為親宋元以後多記瘞壇墓銘遺行間刻真言明清變本符卦紀年斯雖異道亦忠孝所傳編幢塔類

○義豐村唐陁羅尼經幢

佛頂尊勝陁羅尼經

如是我聞至信受奉行

右石幢高六尺五寸八面每面寬六寸八分各七行行各五十
五字字徑六分每面只上節各行有顯四五字十餘字或三四
字不等下均磨滅今在汾
陽縣南義豐村西道旁
按幢字書法尚佳惟磨滅無多年號人名均泐第一二三四等
面天字均書作𠀑六面日字作𡆠八面地亦作埊考唐武后載
初中作新字年作𠦚月作𠥱日作𡆠故偽周時碑版天地日多
書𠀑埊𡆠等字據此則幢為偽周時所造無疑也

○田村神母廟尊勝經幢

佛頂尊勝陁羅尼經幢序

佛頂尊勝陁羅經者　至　以傳未悟

[illegible]𡆠二年歲次丙申八月辛酉朔廿八日戊子合邑□□□

□□□□造

經文不錄

右幢高四尺分八面每面寬七寸許經文八行行各六十五字徑四分原在汾陽縣田村神母廟民國十二年移存縣圖書館

按幢書陀羅尼經首面書陀羅經序後書年號殘缺不全惟二年戊申尚可認識其二年上有□□二殘字似係景龍二字以戊申考之知為唐中宗景龍二年所造而文內永昌元年係經譯定之年非造幢之歲也世有以序云儀鳳元年從西國來以為幢刻於儀鳳元年又有以永昌元年八月見澄法師問如前説以為刻於永昌元年者皆誤也

考序記婆羅門僧佛陀婆利取陁羅經入中國之始舊唐書婆

羅門亦曰摩伽陀即天竺國漢為身毒今為印度俗尚佛不殺生飲酒國多佛跡唐玄奘曾至其國開元釋教錄謂佛陀波利為罽賓沙門唐書罽賓謂隋漕國接西天竺蓋統為婆羅門也波利於唐高宗儀鳳元年來中國永淳二年始取經回大帝高宗於永淳二年十二月己酉改為弘道元年是夕帝崩謚天皇大帝令三藏法師及司賓寺典客令舊唐書武后光宅元年九月改鴻臚寺為司賓寺典客令杜行顗共譯此經禁本在內無序波利泣請始將梵本發還遂請善梵語漢僧順貞復譯兩譯本小有不同至武后垂拱三年僧志靜在神都光宅元年改東都為神都親見三藏勘校改定是序為志靜所作也

又陀羅尼譯言能持集種種善法能持不散不失如好器盛水

水不漏散惡不善根心生能遮令不生欲作惡罪時持令不作也見翻譯名義集陁羅尼有經有咒咒願也仍依經而立林野僧昔真曰尊勝者佛也陁羅尼者法也敬知佛法高妙最勝最尊勝妙無極將喻佛頂也故陁羅尼有最勝尊勝之别攷開元釋教録有佛頂尊勝經一卷唐朝散郎杜行顗奉制譯出大周第一譯又一卷罽賓沙門佛陀波利譯出大周録第二譯又一卷或加咒字唐三藏義淨譯新編入録第五譯又有佛頂最勝陀羅尼經一卷唐中天竺三藏婆訶羅譯拾遺編入第三譯又最勝陀羅淨業障經一卷唐中天竺三藏地婆訶羅於東京再譯拾遺編入第五譯此五者皆屬佛陀波利取來之本而譯有不同此

幢亦刻尊勝而最勝者尚未見此經爲志靜序波利於儀鳳元年回西國取經永淳二年始回西京高宗令杜行顗共譯存内未出僧又請由順貞翻譯垂拱三年志靜始受呪於日照但彦悰序最勝經謂儀鳳四年正月杜行顗與度婆等譯進是時波利尚未回西京不可解至杜譯禁内不出泣請又發梵本另譯亦不可解志序高宗未發出流行武后時志靜受呪經始發行故唐時尊勝經幾徧天下而永昌以前則未之見也其有序者爲志靜本而無序者當爲杜譯本惜幢多殘剝亦未能詳校也

○大相村陀羅尼經幢

如是我聞一時薄伽梵在室羅筏住至聞法歡喜信受奉行不備録

佛頂尊勝陀羅尼經一卷

大唐景龍三年歲次己酉七月乙卯朔十五日大相村合村道俗等為國敬造佛頂尊勝幢□□上□應天皇帝皇后普及法界蒼生同出苦海□登覺道□□□□□□□□□□□

右幢二節坳高二尺二寸寬一尺四寸均十六行行二十四字正書徑七分書法頗佳原在大相村南道旁今移存舊府文廟圖書館

按景龍三年為唐中宗復位後第二年號三年為己酉考唐書高宗咸亨五年八月改號上元皇帝稱天皇皇后稱天后斯時武則天已立為后此文列天皇帝皇后當猶沿稱武后之例也

○唐虞城金剛經石幢

金剛般若波羅蜜經□□□幢□□□□□□記□□□□□□村

□□□柱國別□糸金□□□□□□□□□咸虞城□□□乡大

唐皇帝皇后敬造□□金剛般若波羅蜜經□□□□□□

□比丘四威□□□□蓋面第一行

如是我聞一時佛在舍衛國至皆大歡喜信受奉行蓋面第二行至第八面第十行上截

開元六年歲次戊午□月辛□十□日己卯□□維士畢恩

□□□□□乾□□□□□義合朝□相□□□□□虞

城□□□第八面第十行下截

右幢三節下節高一丈分八面每面寬九寸共十行行各一百字正書間帶分書字徑五分許多剝落不清今在汾陽縣虞城村廣福寺

按金剛經為姚秦西域僧鳩摩羅什所譯經文後有呪有真言此幢磨滅太甚其刻真言經偈經讚與否無從查考茲就所顯者約略録之惟虞城二字兩見則此村之在唐已名虞城可知矣開元為唐玄宗第二年號六年為戊午

佛書謂般若波羅蜜為生諸佛之母禪家稱摩訶般若波羅蜜為摩訶佛母［智度論］佛以般若為母般舟三昧為父父母之中母功最重也

○唐任達等造金剛經幢

金剛般若經幢

金剛般若波羅蜜經　如是我聞一時佛
在舍衛國至皆大歡喜信受奉行
唐開元七年歲次已未閏七月丁巳朔十五日辛
未任達并餘道俗居德等為國敬建般若經
北京大義興寺法師□□　太原常恩盧言雋

右幢分三節上二節各高二三尺之譜下節身高七尺二寸八面各寬六寸五分每面經文八行行各八十三字惟首面上書金剛般若經幢六大字分兩行每行三字字徑二寸下書經文每行七十七字均正書字徑均六分餘各面多殘剥惟末面較好今在汾陽縣見喜村受恩寺

按金剛者堅實之謂般若者睿智之義波羅蜜多者度行之義猶言到達彼岸也金剛般若波羅蜜多者謂般若之體其常清

淨不變不移譬如金剛之堅實也經為後秦時西域龜茲僧人
鳩摩羅什所譯姚興尊信之唐初起義晉陽後都長安以晉陽
為北都此書北京當即今太原縣也

○唐合邑人等造大佛頂幢

奉為國敬造大佛頂尊勝陁羅尼幢
上弘□祚下及生靈伏以此□邑人能妙善化□暴宜釋重咎□
隆謙穽光畢老少□以□□有今慶方捨□□三寶□又福地
□□咸通四年歲次癸未七月辛卯十五日□□時合邑人建立
經文不錄
曹殿　張□

右幢高一尺九寸八面各寬四寸五分首面文四行餘為經文剝落不清末面尾有人名可見一二今在汾陽縣堡城寺學校

按咸通為唐懿宗年號四年為癸未

佛家語以佛法僧為三寶佛説法而僧保守之得永以濟世度人故皆為寶也

○唐大佛頂幢

大佛頂幢

大佛頂如來放光比集吵哆至怛金剛至淤縛賀首面至第八面末行

顒以此力□十□□切才□樹□此□佛□

咸通四年十月十三日畢記

右幢身高三尺三寸餘八面四正面各寬四寸五分四稜面各寬四寸首面上刻大佛頂幢四大字正書字徑一寸二三分兩

行平列下刻經文七行行中間刻注音三五七面均七行其二四六八面均六行行各六七十字不等字徑三四分不同惟第五面首有一細畫佛字徑約二寸餘似續加刻者第八面末行下截爲文與年號咸通二字亦漫漶不清原在汾陽縣小相村靈巖寺今存圖書館書館

按佛頂者勝妙無極之謂也敬知佛法高妙最勝最尊將喻佛頂也陀羅尼經尊勝最勝均有佛頂之號故此刻大佛頂幢

○唐修慈寺大德經幢

佛頂尊勝陀羅尼之幢

佛頂尊勝陀羅尼呪

曩謨至婆縛賀

唐故修慈寺臨壇講律大德幢記

沙門子玉述

大德諱法性姓田京兆人泒居隰川茂族枝葉彼錄不述　父諱
李芳帷　大德性含秋水行竝春雲早辭世榮幼悉空寂依本郡
智鏡寺尼大德　落髮從道未具戒檢訖住生涯年就尸羅㘞來
汾邑□當寺尼大德稚秀為力生處圓濯清真氷潔獨朗戒珠志
節不移傳燈講律臨壇秉操釋女雲奔寅齋一飡布衣二□□親
久患指撚一枝私願果從作烈千衆礼法花經七遍金剛經十二
遍聲聲叩地松竹之韻感人字字不遺霜雪之□□□貞苦尚懃
持節秉真絶粒礼念□時精表終身之誓德業弥重遐迩欽風為
愛道之□青宍□鳴呼此方緣□□□上因生示□還神倏然蟬
蛻乹寧二年三月六日终矣齡五十二臘三十一嗟乎□□□□

花彫朝懷□凄夕□□月弟子戒能善能袌啼□淚痛明法之無
□□暮□踊恨未酬於半偈式遵大禮奉教利呈祥爭□供養
大德植松栽柏預旌殁後之儀門人掩柩建幢竭申孝誠之禮也
　　　　　　　　　　　　　兄田同會
善相　善曰　寶能　善果　戒賢　妙能　妙寶　妙弥
廣能　郡能　在能　法孫妙果　妙燈　戒選　妙□　寂貴
□戒弟子　貞實　惠哲　道鑒　貞惠　惠度　妙寂
啟嚴　智因　法喜　圓寂　圓意　堅受　惠雲　法超
唯簡　智能　寶雲　素能　常德　道果　超素　妙素
惓廣　妙貞　法惠　唯貞　圓滿　常滿　靈德　智寶

普鏡　普惠　普廣　普堅　普淨　智燈　□悟　有因

迻光　福□　善會　靈通　功德主比丘尼善能

戒能　乹寧二年歲次乙夘十月甲申十四日丁酉建尼塔主

都料近崔重貴弟重寶重資

右石幢高二尺七寸八面每面寬四寸五面經文二面幢記一面住持名及年號首面上節書佛頂尊勝尼之幢九字正書字徑一寸其餘字徑四五分不等今在汾陽縣南嶽廟後院

按乾寧爲唐昭宗第四年號實爲即位之七年後歷九年復改光化天復天祐者三而昭宣帝繼稱天祐至四年唐即亡矣大德尼爲京兆田姓斯時唐都長安今在陝西汾初爲隰城縣肅宗元年九月改爲西河縣而幢云派居隰川盖田姓於隰城縣

時已居汾久矣幢爲弟子戒能所立而文後書兄田同會亦見其骨肉之情尚存也

佛家以七月十五日之夏滿日爲佛臘日臘者歲末之稱謂一夏九旬安居之完日爲歲末也[僧史略]經律中以七月十六日是比丘五分法身生來之歲首則七月十五日是臘除也

○唐末沙門大廣知造幢

佛頂尊勝陁羅尼之幢

佛頂尊勝陀羅尼真言　三藏沙門大廣知□

曩謨婆嚩至嗾薩□賀　以上第一面至第四面

石

□□諱□□□□扶風人也□城中□□□□□□□□□□□

□□大德誐□□謨□□□□□□□感□□□□□□□□□□

□域旦逝□□□□□家□□為□□感支□□□□□□□□□

□□□□□□□□□□□□俗姓成□□□□□□□□□□□

□□□□□州從逸武□□□茂陵□秀色□□□□□□□□□

□興登山□州仲昌□在□□□□□□□□□□□□□□□□

□□□□□□□大德□□□□□□□也□□□□□□□□□

以上六面□□□□□□□□□□□□□□□□□□□□□□□□

□削髮為庄□□丘諱信悲行編□戒□夏□□□□□□□□□

□□度諄他□惟惡之也□□□□□□□□□□□□□□□□

□□道縣人也戒□公之像□□□□□□□□□□□□□□□

□□□以天祐十三年七月五日門徒奉□大人合葬于□□之
西□□□□以上七面記乃聚[貝]尼□紀記扶風人也□□□□□□□
□□□□□□□庭□□□□□□□□□□□□□□□□□
□□□方長以□林木摧傷□時違□□□多□□□□□及□
□彼□□進美□□□□□□□□□大德□□□□□為記

右幢高一尺八寸共八面面各寬三寸每面四行行各二十四五六七等字不一正書字徑約四五分前四面刻經後四面刻文均剎泐不清今在汾陽縣西石塔村真武廟

按幢剎泐不能句讀惟扶風人俗成姓削髮為尼以天祐十三年等語尚可識蓋師為尼陝西扶風縣人成姓天祐為唐昭宣帝年號四年禪梁朱温稱開平元年而仍稱天祐年號者惟晉

李存勗至十九年李茂貞至二十年淮南楊渥至十五年此刻天祐十三年即梁朱珪貞明二年以汾州西河縣屬李晉此石可證史傳之不虛也首面真言下書有沙門大廣知小字一行蓋造幢之門徒也故以此名幢云

○崇真寺陀羅尼佛說經幢

上刻坐佛像一　佛頂尊勝陀羅尼經并序　佛頂尊勝陀羅尼經至具錄委曲以傳末悟　佛說佛頂尊勝陀羅尼經　劉賓　僧佛陀波利奉　勅譯

以上第一面至第二面第五行

如是我聞一時薄伽梵在室至信受奉行以上自第二面第六行至第八面第二行上半

佛頂尊勝陀羅尼經佛說共七行半多漫漶不能句讀其可識者有佛告目連十方□僧七月十五日僧

自恣時又目連□□佛弟子□孝順者是真孝子又七世父母季季七月十五日常行孝慈喜合所生父母乃至七世父爲

□盂蘭施佛至歡喜奉行等語以下即缺

造醮盆女善人孫妙果　田妙善

宋妙玘　郭妙善　王□

張妙善　趙妙成　武妙□

田妙郁　李妙果　張妙□

成化四年七月李妙信　王妙通　王妙□

以上係後添刻第五面上截

右幢高三尺四寸共八面每面各寬四寸四分各書七行行各七十八九字正書字徑三分第八面共九行第二行佛說下字經二分餘每行八九十字不等漫漶不清原在汾陽縣西石塔

村崇真寺今
存圖書館

按幢缺年月以刻經序佛說等觀之當亦在唐時而說字又作篆書似又若武周時者惜殘缺無可確証也至目連據梵經爲佛之大弟子曾入地獄救母亦作目犍連祖庭事苑梵云大目犍連上古有仙居山常採綠豆而食因以爲姓目連其母是其族也又盂蘭梵語本云烏蘭謂以盆貯百味供諸佛以救衆生倒懸之苦也昔目連之母入地獄食物入口即化烈火佛教作此以度其難俗於七月中元日延僧作盂蘭盆會誦經施食即起於此一謂放燄口佛教以七月十五日爲僧自恣日安居九十日行旣竣而行所謂自恣作法之日也十方諸佛歡喜卒其

安居之修道故亦曰佛歡喜日佛説孝順者是真孝子年年七月十五日常行孝慈其崇孝慈之意亦可取也

又縣志石塔寺舊名開元精舍唐無業禪師號澄源商州上洛均在今陝西商縣人姓杜止西河衆香佛刹州牧董叔經延住於此學者致問多答曰莫忘想憲宗名以疾辭穆宗遣僧錄靈準賫勑迎遂示寂長慶三年十一月葬練若之庭琢石爲塔謚大達國師據此則寺創於唐此幢當亦爲唐季物也故列唐末

○後唐清泰間經幢

佛頂尊

勝陀羅

卮之憧　以上第一面

拏識底識賀襄缺下

左囊　訶荃至隆缺下

戊駄野缺下　以上第二面

中缺第三面及第四面之半

□□□□缺下

□□桄第□□缺下　以上第四面

□炘者三㞢□缺下

□□三講哆□□缺下

□□瑟耻哆□缺下

□如□□□缺下　以上第五面
分區□□□缺下
□□諒□□及盤缺下
八□□□固隆之狀缺下
□沒受掌方□盛缺下　以上第六面
□□□歲從師依年缺下
□之故務於旨趍□缺下
□□蒴檀之會忍蹈缺下
□之歸之地□千佛□缺下　以上第七面
□之邁務德□慈徇□缺下

□以數窮誰駈去来下缺

□□暮鍾一聲奄然遷下缺

之□五日余以清泰三年下缺 以上第八面

右幢殘高僅五寸八面每面寬三寸七八分字約四行每行殘存四五字及六七字不等正書字徑三四分不一首面上節佛項尊勝陀羅尼之幢九字尚全分三行平列正書字徑一寸三分其第二面只存三行第三面至第四面之半均缺今在汾陽縣西大向善村

按經與文均殘缺不可句讀惟末有清泰三年等字尚可識考後唐廢帝稱清泰至三年丙申十月歸於石晉此書清泰三年蓋在石晉天福元年十一月以前也因特錄之

○北漢妙能師經幢

佛頂之塔　下刻三層鐵釘方門式每層各六釘中層之中有兩環

佛頂尊勝陀羅尼真言

□□薩伽跋至地瑟咤耶缺

上缺下空

上缺夫刊石彰名彫上缺莫善於斯存殁□□上缺□姓張本清河人也緇門以上缺□□□□祖孝大德始年七歲□□□□□□□□□□□□□□耶堅□□□以□舍□□□從師依□具戒二時言□已為常業□已姑□舍惠群持梵□敬無聲顯受□之前好□耶□□跋疏去乹祐五年歲次壬子十月十九日□□

疒□而終□年四十四僧又廿五嗚呼□雲歸□□□□□□
凡時□□□□之□感惠□□感眷務志亻此方□子□将終始
□□緣已誠取其年十一月廿三日而終荼毗以収靈骨休□□□
歲□代隔年深将記後来已俟他日
宙□蘭梨妙能師李尼善素善真惠回惠奘善□遠惠月□俗眷
父張再喻母親梁□阿妳王郎妳□□□照弟□□妹王□□□以
乹祐七年正月七日建立記

右幢八面高一尺二寸寬四寸半前六面各五行行各十八字後二面各六行行均二十字上下正書字徑三分半額題佛頂之塔四字正書字徑五分今在汾陽縣大南關汾陽郡王廟

按乹祐為後五代漢高祖劉知遠年號旋為隱帝襲稱至三年

周郭威稱廣順元年丙劉旻繼稱乾祐四年爲北漢至七年十一月旻殂又爲劉鈞襲稱歷九年此爲七年正月則仍爲劉旻時足徵縣時屬北漢師書妙能學尼善素等名知爲尼師建立也師年四十四僧又廿五蓋十九歲爲尼也師爲清河人今河北清河縣

○宋聖力禪院和尚塔記

陁羅字寸餘下刻花紋

尼經以上第一面

佛頂尊勝陁羅尼真言曰

曩謨婆至娑嚩賀以上第二面至第五面第二行

大宋西河臨泉山聖力禪院故先師和尚塔記并序

□□雙林散藥衹樹分枝法教徧於塵微六相盈於沙數繇是劫
增劫減緣死緣生瞎涅盤稱指歸到彼岸爲解脫矧有以上第五面
□□覺智□三毒□魔深斷愛□蜜持堅固□□唯元□乎公俗
姓王法名殷元本西河太平里人自懷橘之年便□賞俗佩□之
歲早悟釋緣汲泉烹茗之餘唯精諷誦掃塌添餅之暇更□□□
□歲年依資日月□師住上挂錫停遊降伏其心寬弘度衆又□
彌綸□復否泰□□享壽九十三歲戒臘七十三癸酉歲十月二
十八日終以上第六面於本院也門人等栬禪床而慟泣攀繐帳以哀
號而湏□□□□並亘脩宋□□己卯歲太平興國四年九月廿六
日□□□□□□□□亦建之窣堵波記其景也前瞻聖殿後靠

□□㟞岫連通龍山掩映邈矣哉天長地久暑往寒來鐫列銘□

□□後記以上第七面

同學僧惠堅　惠真　講生經講□□維摩經僧□□門人講上

生經僧紹□　院主兼塔主僧經紹𡸁　紹□　紹講　紹逵

紹□　紹雅　紹普　童子僧哥僧留　乞得

以上第八面

旹太平興國四年歲次己卯九月丁丑朔二十七日癸卯建

右石高一尺二寸共八面每面寬三寸七分除首面外餘面各五行行字廿一二字不等正書字徑三四分不等今在汾陽縣下池莊觀音廟

按記書西河臨泉山宋時縣爲西河然縣有謁泉山亦名隱泉

山而臨縣在宋為臨泉縣此言西河臨泉山或即隱泉山之異名以石在下池庄距隱泉山不遠也師為太平里人即今太平村懷橘之年指吳陸績六歲懷橘謂六歲即已超俗佩觿之歲當指詩言童子佩觿是當童子即悟釋道享壽九十三戒臘七十三是二十歲即為僧也窣堵波為僧墓之塔（王安石詩要約身隨窣堵波梵音言塔也）建於宋太宗太平興國四年已卯而記云癸酉歲十月廿八日終是開寶六年卒越六年已卯九月廿六日始建塔也

○法雲寺宋陀羅尼呪幢

下節鐵釘方門兩環式

上節鈌

陁羅尼呪

曩謨婆誐嚩至毋捺嚀薩囉賀第二面至第五面
□□□□□泉之異□也大德修侶□□□□□□以厚□□□
□□□□□□□□高郡□□八年□□□□□□□□□□□
□□□□□□□□□□協□□其□□□□煦福□□□□□
□□□□□□□□多紅名諶□館鄉絕□□□□□猶□□□
□建□□□□□錫殆□□而蝕□□□□渙縛承□□障□
□□□以上第六面　第七面全剎
□□弟女□□□□鄉於□□□□□□□□□□□□□□□□命□
□□□□□□□□□□□□□□□□□□□□総之□□□諱□四
處□□□□□□□嘉□□□判山□□□其風外□一長□破

□迷是照幽□□□□□□□□萬□

旹值淳化四年三月二日建造 以上第八面

右幢高一尺三寸二分共八面每面寬五寸面各五行行各二十字均正書字徑四分文缺不全以前各行字計之約錄如前而無一可能句讀也今在汾陽縣平陸村法雲寺又趙村淨安寺有尊勝經幢只有大德幢記及□化□□歲次辛卯等字可識

按淳化為宋太宗第四年號二年為辛卯四年為癸巳

○宋僧清遠預脩靈幢頌記

佛頂 維大宋天禧伍年歲次辛酉九月甲戌朔甲子

尊勝 建立 預修僧清遠 後代委自子弟等真□

陁羅 佛像 真湏 門人智簡 智元 智明 智江書

尼幢 門人智光 智靜 行者智亨 智能

石近都料張超 小博士馬業 靳演刊

曩謨婆誐嚩至薩嚩賀 第二面至第五面首行

大漢蓮花院主僧預修靈幢頌記　夫生真者生不悅生以浮
生如空雲水月達命者死不悕死以□死若脫屣易然繇是大
覺潛靈指涅槃□常樂我淨莊生鼓年將變謝同春夏秋冬□勿
寐昏默靜罔窺湛寂諼深莫挹慕約之揚梧徒辯失真如海□□
争休知知唯俗諦若非降是之此臣喆利□品之通人覺生非長
生之生了滅是□滅□滅吉焉得指天地如焉樂生□死亦輪壽
日纔斜夘塔句鶡林先覺法幢未倒靈室於鷄嶺□此蓋破外道
之貪捦亦浮生之有限宜子來金躍之説桑扈反真之故此我曹
氏之宗利物晦密之道也今歷晉暨我漢室清遠自從俗姓曺氏

彭城郡人也幕水真精靈山秀氣弍珠大集自悲況弥天吞内外
於一□了生滅於無相自□□之歲飲囂俗而於西河浦歸之處
自披法眼伏侍師長本師肓教依滋具誡夏滿三秋南北學業今
者六十有五四十五□識幸今者預修靈幢切緣一院並事修蓋
將然畢僑釋迦□事益乃莊塑身渾金火□故事莊塑周圓四大
部經添修並足三世祖師並是起置塔院祖送以花□豈是化呂
檀那然心以圓□□是利樂之人物願生於天界今有生身父母
聞此陀羅尼呪以願生於□處□□僧清遠遷化之後不受沉淪
之苦早仍生於極樂所有□之善飛禽走獸水□諸虫陳沾影骨
物願生天一切有情更不重來訟曰偉哉□□□□非滅非生離

言相心一偈總除中旬□嚮乘此一乘量化□量於世出世□□
□□□□□□□誰疎誰親□□千□生死不垠　崿崿我師□
□靈□鷁□□□　□□一偈　無名之名　大道之道　万古
千秋　永輝斯妙　俗□□曺德　姪曺靄　孫曺清建立

右幢高一尺五寸共八面第二面至第八面均五行行各二十字正書字徑五分首面上節佛頂尊勝陁羅尼經幢正書八字徑一寸呪語尚可識今在汾陽縣西南源頭村蓮花寺

按幢前書大宋天禧五年為宋真宗即位之二十四年而後書頌記為大漢蓮花院主僧以文内今者六十有五推之蓋清遠生於北漢劉鈞天會元年至宋太宗太平興國四年滅北漢時清遠已二十三歲故頌記仍書大漢亦足見北漢之得人心清

達之忠義不忘故主也元遺山謂宋滅北漢移修并州城於唐明鎮（即今省城）而晉人尚多不忍入其城據此亦可証之又經幢多為故後記墓所修此書預脩並文云清遠遷化之後不受沉淪之苦觀之是生前預修祝福如漢相孔耽高士趙岐吳人范慎唐司空圖預作壽冢之類僧家謂之生藏塔亦濶達之流也其俗家後代亦不忘孝思也

○宋馬庄香爐石柱記

大宋明道二年十月中旬記

汾州西河孝義兩縣分界

下刻香爐像

馬莊村亙古永安鎮

以上前面

奉献石醮盆壹座

義勇武安王之廟

至正乙巳季春上旬五日刱建　　習書人張仲良

以上後面

段仲良　么志道　汾州在市三賢坊郭旐之

以上後左稜

張仲遠　田思孝

當里慶賀醮盆人

張　俊　張智尹　誠尹詒建　許継良　么□說

張　弘　□　華　張義□　范㐀罡　張　彝

張子敬　么　智　段元慶　張文玉　么志善

張　仁　張彥威　張仲礼　范　才　范　美 以上左面

申　良　張仲英　張彥達　么志能　張懷文

范世安　張志能　么　成　田思仁　田思敬

田思礼　段□□　王彥遠　劉中良　萊順卿 以上前左稜

如顧村田思柔　任　溫　李思忠　田景良　□□□

羊柵村王繼智　王岳全　王岳傑

汾州在市相里仲璋男士敏士謙　陳　忠　郭從善 以上前右稜

助車牛人張仁甫　段元慶　么　智　張文玉

施　土　人　王思政　張仲英　曹芳實　戶　實

張仲義　張子發　張從義　張文政　張元利

南如願村陰陽教諭王元濟男子讓　以上右面
汾州西河縣律院庄石匠提控孫仲温
任義夫　暨男長卿逖卿孫男仲礼仲□自爲母親患疾大
發願心於本廟前　以上後右稜
右石高一尺四寸共八面四面各寬三寸九分四稜各寬二寸二三分前面畫刻香爐帶座高八寸後面元刻義勇武安王之廟七大字徑一寸二分左右兩面及前後四稜均刻人名字徑六分俱正書今在汾陽縣南南馬庄關聖廟
按明道二年爲宋仁宗即位之十一年上刻汾州西河孝義兩縣分界今南馬庄界鄰孝義北榆苑是宋時兩縣即於此分界也考孝義縣後魏與隋均爲永安縣石刻馬庄村亘古永安鎮豈馬庄古爲永安縣地而舊號永安鎮此始分隸於西河縣歟

後書義勇武安王之廟蓋元順帝至正二十五年乙巳復以此石爲關王廟石醮盆之柱也距明道二年已三百三十二年矣

○宋故尼意師塔銘

第一面經殘缺

□維拏波歸至野尾惹野尾□以上第二面

□□□薩嚩囉沒馱至浪琰嚩□□□□多□摩□□光□□帝沒地野尾吻□氵野□□□

□□□以帽以上第三面□野□□吻

□□□吻紌締締野地瑟耻多□琛□綵娑婆訶第四面首行□他野

故尼大德臨壇闍梨意師塔銘序

治平二年大德□□□□□□泰論俗

□□□□□□□□不能通至尼士□小人所以不能偕以上第五面
□□□□□□蚼蚪而朝凝暮□□□雄丐如宿鳥而夕□□□地不
能歷□行而登□十地□一□而證□四身者胡死生之火患□
矣此□苾□尼法諱妙意俗姓仝氏□□也□歲殊常煙霞而□
心□□年奇異塵俗而過□□以上第六面
□家禮□化寺□大德廣元□師年□十二□□□婚年二十三稟受具□乎□□□阿
難之□請□□□行蹤衆請臨壇度尼□百□餘勝業難細舉焉至熙寧十
月六月初十□□六十五僧臘十二□□寧十年十二月十三日師尼□□□□全軀遷
送并在□州緇素共□□□里巴□□□□銘曰以上第七面
行遠彰□□□文皎殫　八□芬芳　度尼為範　齊□□□

□□洪決以上第八面之半

石幢高約一尺八寸共八面每面寬三寸七八分至四寸不等面各四行行各二十三四字不等正書字經四五分內有雙行書者字經約二三分銘詞字經六七分第一面與第八面之半殘缺各面上下亦殘缺一二字今在汾陽縣西大向善村

按尼法名妙意俗姓與原籍均漫漶不清以後註六十五歲考之蓋生於真宗大中祥符八年也而前書治平二年距熙寧十年僅十三年當為與某師參道之歲至熙寧十年六月初十日卒十二月十三日遷葬也後列四言銘詞惜殘缺不能見全文也又按大德為佛及佛弟子持戒律者之尊稱謂有高上之道德也唐代宗大曆十年置臨壇大德各十人為常式是也宋宣和元年正月詔改佛為大覺金仙僧為德士

○宋滿公大師經幢

前經文不錄

滿公大師幢記　　　　僧智清述

法師諱義滿字謙叔俗姓郭本邑雲藏人父母舍送小相里靈巖院禮僧道寧為師治平四年所試經業合格十九落髮二十具戒哲宗興隆節內降紫衣靖康二年十月初九日無疾而滅

右幢高約三尺八面各寬三四寸正書民國十二年尚存今已残留數小塊故行字未詳據縣志録列其畧舊在汾陽縣北小相村靈巖寺今寺僅有澤公戒師之塔一幢八面均剝泐不可識惟首面澤公戒師之塔六大字尚可辨

按治平為宋英宗年號四年為丁未所試經業合格則當在十九落髮時也歷哲宗至欽宗靖康二年丁未十月而滅則已六

十歲若以十九落髮計之則壽屆七十九當生於慶歷八年惜文缺無可確考也至靖康二年四月徽欽業已蒙塵五月高宗改元建炎是靖康二年即無十月且元年十月金婁室陷汾州州已屬於金是年自應書天會五年而幢仍書靖康二年亦見遺民不忘故國緇流尚存亮節也

元有汾溪滿公諱福滿俗姓何汾州西河人授諸路禪教都總統佛慧普通慈濟大禪師初禮孝義梁家庄觀音院煦公爲師後主嵩陽太一室卒於延祐元年見金石萃編補正以汾人附錄於此

○金滕師圍地經幢

尊勝陀羅尼經幢 有□□□□庚子正月廿二日建

經文未錄

故先師諱勝俗姓劉雙塔村人氏□祖□□□□□□□□□□

□□化立幢塔為記

□□院尚為僧□□等捨衣□置圍地□畝

都修造住持僧普沙□□□□□□□□

□□見住在城觀□□□普達

□□□□□劉□□□在都僧□□□□郝□

□□□□□□劉□□□□□任□□法□僧□□

□□□零藏村妙覺禪院小師　普恩

□□□□下院郝庒村壽聖禪院小師普□

□□□下院見住東韓武村道院小師悟達

□□□法眷大相村崇勝院主僧忠理忠宣

忠琳忠印忠滿景秀

金大定十九年歲次己亥正月戊辰朔十五日癸酉□

藏重建幢塔僧普濟

石匠□□弟張□□刻

右幢高一尺八寸分八面每面字五行正書徑四分半字數多寡不同原在汾陽縣田村定覺寺今存圖書館

按幢前刻經年號磨滅僅有庚子正月二十二日建數字可識後刻大定十九年己亥重建幢塔僧普濟是幢初建於大祖天

輔四年而六十年後其徒普濟於世宗大定十九年又爲重建也
勝師劉姓雙塔村人今已不知爲何村查金承安五年太符觀醮
壇記有雙塔愛子任彦等村任彦即今仁岩村小相靈巖寺有
塔其雙塔村當近仁岩愛子村一帶乎

○元至順間醮盆石幢

至順四年四月二十二日行人殘下

右幢高約二尺七寸八面各寬三寸只正面書年月餘無字字徑約一寸餘盆高厚約四寸今在汾陽縣南牧庄村関聖廟前

按至順爲元文宗第二年號三年八月寧宗即位四年六月順帝即位改爲元統元年此在四月故仍稱至順惜行人下殘無可考也

○明法興寺石幢　王居仁　杜伯成　孔大明

村衆維那　郭世剛　杜伯凱　武公甫

孔仁甫　孔文振　郭信夫

馬仲成　孔温甫　以上左面

旹大明洪武歲次甲子戊辰　王思讓

月辛亥日申午時　置　張思明

王信輕　張仲乂　王思成

王才輕　王思正　王友成　以上正面

杜思乂　郝從礼　王友鄰

杜恩礼　□敬先　魏　秀

紀首　杜恩智　杜從諒　張仲恩

斧　張士能　杜從周　馬彥傘

張從善　王友亮　以上右面

右幢高一尺六寸五分四面各寬三寸七分前三面各書人名四行行各人名三層正書字經六分今在汾陽縣北下池莊法興寺又縣南義豐村相公廟有洪武十九年石幢亦只人名無文

按洪武甲子為明太祖即位之十七年戊辰為三月以明初物特錄以見元明時之造幢耳

○明三皇四聖廟石盆柱記

天地三界十方真宰 柱正面與醮盆正面均刻此柱字徑一寸盆字徑五六分

嘉靖四十一年歲在壬戌冬十月立柱背面刻此字徑約寸餘

石柱高二尺八面四面各寬三寸四稜各寬一寸下座厚九寸寬一尺四角成柱形四面有花紋上盤厚三寸半長一尺一寸半下面刻蓮瓣盤上置盆方如斗高六寸七分寬九寸三分周邊寬一寸六分深三寸背與左右均刻雲龍花樣今在汾陽縣城東營街本廟

按嘉靖為世宗年號四十一年為壬戌距今已三百七十三年矣石幢至元明已變其本元則多刻墓記或記事間有刻經呪者明則作為醮盆柱多刻年號人名而經呪則無又有刻八卦或八符至清初尚有而汾陽則未見刻卦與符但有刻天地三界十方真宰者是又一異例也特附列以明石幢歷代之沿革

汾陽縣金石類編

卷四

石類

汾陽縣詩文類編目録

唐

賀虜將軍廟詩紀　玄宗天寶間　續刻明萬曆十三年七月題序

宋

御祭狄武襄公文并序　神宗熙寧六年十一月

御賜文彦博詩紀　神宗元豐四年正月

黄庭堅真覺道人歌　哲宗元祐二年二月

金

王璹題狄武襄公祠詩紀　金初

勝默子詩碣　章宗泰和二年夏至

顯慶禪院奉請寳公疏并頌　泰和三年十一月

元

孫静齋先生詩紀　順帝至正二十八年四月

明

御祭永澤廟文并序　景泰帝景泰二年四月

沈少泉良心圖説并詩 世宗嘉靖十三年七月

柳川苦水吟 嘉靖二十三年六月

重刻金黄華老人詩碣 嘉靖四十四年七月

新作西北城樓名宴詩碣 嘉靖四十五年九月

劉少白等長春觀登高詩碣 神宗萬曆三十一年九月

羼攝居靈巖寺詩碣 莊烈帝崇禎十五年秋日

清

重游滙清園詩碣 聖祖康熙三年十月

崔千山馬砲泉禱雨詩碣 康熙十七年

和崔公禱雨詩碣 康熙間

馬砲泉神祠残碣 康熙間

汾陽縣金石類編　石類

高凉迂叟編輯

詩文類

文以載道詩以言志講學頌功游覽遣興或摩於崖或鐫於石忠孝所傳節義所寓皆足以徵勵業見學德編詩文類

○唐賀虜將軍廟詩紀

此邊闕數行

口以過此嗟予名不列於傳記口乃存於風　下闕

至此見遺廟巋然傍無尺椽以避風雨幕天　下闕

兹泉貨以錫籽人不逾旬時棟宇斯立天寶下闕
之神酹酒之後而禊飲爲樂於是乎新歌妙下闕
祟尕山之塊馳風馭載雲輀出不聞入不息下闕
猗夫前有龍蛇之淵左隣虎豹之窟雲根在下闕
老人趙晨
巒積阻悉經盤古之年紫嶺嶔崟奊淪翳薈下闕
成憲
曹大□
之爲伯仲□□足□□子□奢則不遜儉則下闕
管工鄉者趙文意
幾好事者不□而遊□仍開闔師泚上□□下闕
劉天壽
將軍稱賀虜遺廟俯靈淵藜噴蛟龍穴波跳下缺
陳天能
出故躔土膏興耒耜祝傍山巔閲世無銘下缺
住持僧圓澄明寧
事掄材出俸錢仇香推幹蠱班匠擇精專黝下缺

赤鯉泉路廻芹瀰水村近
石林煙野馬含暄氣農夫
石兹遊匪暮天頃來規下
宇必葺慕先賢悦使咸能
堊何其麗欒櫨本自然松
青離石道雲白介山田適

歎飛輦速仍憂黃雀穿梨花寒食後桂葉酒缺下
金鈿上已無過醉春衣試欲湔故園思輦洛缺下
石工成大德
通直郎行隰缺下

樽前饑麝尋香栢流鶯助
晚紘吳歆摧玉笋趙舞落
楔飲客汾川寄語西
河老鄉心朝暮懸

碑陰
萬曆乙卯七期膠諒　松懸
馬　賊縣第滄　賀虜驄　胡聲　鷺嘯　神
神泉
汾州知州白夏立

右石殘高一尺七寸寬一尺四寸五分左與下均殘闕共十五行每行僅存十七字字徑六七分正書陰面人名參差不齊字

徑一寸已磨滅不顯明萬曆十三年於正面字行間續刻人名
陰面磨刻馬跑神泉四大字徑六寸兩邊年號人名字徑一寸
碑前泉口左右有窩似蹄形後人附
會如此今在汾陽縣神塘賀虜廟

按碑末通直郎行隰五字當為隰城縣考汾陽縣原為茲氏晉改隰城縣魏隋唐初均仍至唐上元元年九月改為西河縣查唐高宗咸亨五年甲戌八月改為上元元年肅宗乾元三年庚子閏四月亦改為上元元年此碑有天寶二字則天寶時猶為隰城其改西河縣為肅宗上元元年九月可知縣志謂北魏太和八年西河郡始治茲氏城又二百七十七年為唐上元初縣名亦因之改計年亦在肅宗時而沿革表謂上元元年改西河縣天寶元年改汾州為西河郡乾元元年復為汾州未免混為

高宗上元得此益明文云名不列於傳記則將軍之名於唐已無徵又云不逾旬時棟宇斯立酹酒後禊飲為樂後刻將軍稱賀虜五言詩句蓋重修落成於三月三日祭神兼修禊事記詩之碑也至賀虜即魏官氏志賀樓氏為神姓賀虜廟碑此為最古後刻萬曆乙酉為萬曆十三年重刻以表泉名白夏為南潁州舉人萬曆十年任汾州知州斯時尚為州未設府置汾陽縣惜磨刻失真未窺全豹賴此三字猶可識為唐亦幸矣

縣志載宋盧象馬跑泉詩十八韻即此石之詩考盧象係唐文水人字緯卿開元中進士補秘書郎以此詩考之確係唐盧象縣志謂宋誤矣其後書通直郎行隰等字蓋其時與禊飲者之

列衢耳非盧象之衢茲據縣志補錄缺句於下

又縣志唐田肇題賀曾將軍祠云身歿中都將芳遺賀曾祠靈泉生馬足神宇構雲基鼝鞬潛雝牖潺潺旋別池鶯啼沉谷靜華落茂林滋巖草游庭鹿清風嘯月鴟曾懷憂物志常赴惠人期佑享朝懸樂精誠夙問龜將軍於此地灾福信無私據此馬跑泉之說自唐已然矣

又縣志載石盤山有唐刺史登眺詩碣而未見其原詩嗣經訪碑搨摩則石首造佛一龕下刻文字磨滅殆盡間有可識者亦僅十餘字無年月人名可考審書法則係楷書已異六朝之體而能稍句讀者亦只有計年天平中一語或唐刺史登山遠眺

並詠此像為北齊天平中所造而附刻於此碑歟惜漫漶不能
確証而徒深摩挲之慨也因附錄於此

○宋御祭狄武襄公文並序

御製祭文

中節皇帝特遣入內侍省內侍押班張若水致奠於故贈中書令兼尚
書令狄青之靈

維熙寧元年歲次戊申五月壬申朔二十四日乙未
皇帝特遣昭宣使忠州刺史入內內侍省內侍押班張若水致奠
于故贈中書令兼尚書令狄青之靈惟
天生贒佑我

仁祖沉鷙有謀重厚且武昔居校聯功名自熹曁登籌帷益奮忠
義惟是南荒有盜猖獗陵轢二廣震驚京闕羣公瞻顧莫肯先語
惟卿請行萬里跬步首戮驕等大振吾旅金節一麾孰敢齟齬遇
賊于原親按旗鼓彼長牌槍我利刀斧馬馳于旁擣厥背膂驅攘
殲虀如手探取奏功來朝遂長右府旋外外相均逸邦畿如何不
淑早弃盛時逺予纂服弗覩音儀因覽遺略披觀繪事緬懷風徽
感歎無已遣使臨奠用旌前勞靈而有知當體兹意尚饗
下節
熙寧元年五月戊寅
上御延和殿西上閤門使狄諮以職事進　　上曰若之先父
青有勞於國征南之事亦有遺書存乎宜盡庋其所有以

聞諮即以平蠻記及歸仁鋪戰陣二圖以進　上覽之於是

拊髀而歎息思雲臺之故將令不復見也乃發乎昭回之光披而

為文遺昭宣使内侍押班張若水齎上尊太官之饌即所居祭之

上又曰圖中見乃父遺像恨不及識之如聞當時亦有讒

之者朕為之愴然諮頓首再拜謝臣謹按公在仁宗時奮於戎馬

間捍西羌連取奇功及為樞密副史於時峒蠻儂智高出廣源州

以驚南徼屢擇名臣以往訖無成績賊鋒瀰漫繞邕廣數千里民

舍無遺堵　天子側席而謀疇議將臣公即進言小醜猖獗

請為陛下破之　天子歎其忠乃以大將軍鈇鉞出行天討

既就道下令諸將無得妄發兵裨將陳曉輒率所部出崑崙關與

賊戰軍覆公以兵法誅之諸將皆震恐不敢後遂至邕敗賊于歸
仁鋪賊羣犇海而遁進公以樞密使久之有飛語不復自辯遂請
解機軸而去　天子加賜丞相印出莫淮陽明年遂薨公負
謗言殁於地下矣方夷狄之暴横公躬提枹鼓厲三軍於鋒鏑之
間北向以報功世皆稱其忠勇及解甲而還邊境無所事或者起
而攻之而世亦未能盡辨也及　上親為製文以祭之又以
一言明其讒則公之功烈表表愈明白亘乎無窮而不可磨其平
生鬱積之氣負於九泉者亦已爆然破壞矣於此之時伏鉞之臣
冠鶡之夫伏讀而傳誦之莫不竦首頓足却立而四顧思為國家
横戈擐甲爭先以鞭撻四夷足雖未馳而憤勇之氣已衝薄乎瘴

海之南而大漠之北矣諮且欲俢　大君之賜明先臣之烈於
是刻之金石表於墓次俾未來者觀之不待鐘鼓玉帛之賜而有
以知勸矣熙寧二年正月六日翰林學士尚書兵部員外郎知制
誥臣鄭獬謹序六年十一月二十五日右諫議大夫充集賢殿學
士史館修撰宗正寺修玉牒官臣宋敏求謹書並題額
東上閤門使管句容省四方館公事句當　御前忠佐軍頭
引見司兼提舉集禧觀中太一宮公事臣狄諮立石
太原臣任既摹鐫

右碑連額高六尺四寸寬三尺分三節左右上下各有花邊上節額高一尺四寸隸書御製祭文四字雙行平列字徑二寸五分中節高二尺一刻祭文二十行行各十六字正書字徑五分前二行下刻御寶一方下節高三尺刻記文二十七行行各二十

八字正書字徑六分原在汾陽縣劉村狄公墓旁民國十二年移存府文廟圖書館

按宋史本傳神宗考次近世將帥以青起行伍有智略能畏慎保全終始慨然思之命取遺像入禁中御製祭文遣使齎牢祠其家又宋周輝清波雜志熙寧改元青子諮入對上問青有遺書否乃上平蠻記歸仁鋪戰陣二圖上乃自為文即其第祭之據此碑則上詢狄諮以平蠻記及歸仁鋪今廣西邕寧縣東北陣圖進覽上思雲臺故將乃遣內侍押班張若水齎上尊太官之饌即所居祭之較為詳確且係熙寧元年五月戊寅亦可補史之缺序云公在仁宗時捍西羌連取奇功考元昊叛以青為延州舊延安府今陝西膚施縣指揮使破金湯城略宥州今在鄂爾多斯右翼城橋子谷築長安

堡遷秦州（舊秦州，今甘肅天水縣）刺史涇原路總管每臨敵披髮帶銅面敵望知神故屢立奇功皇祐四年五月除樞密副使儂智高四月據邕州（今廣西邕寧）僭號朝命知桂州（今廣西桂林縣）余靖廣南東西路安撫使孫沔討之皆無功宰相龐籍薦青青亦自請故序云屢擇名臣訖無成績疇議將臣公即進言九月庚午改荊湖南北路宣撫使提舉廣南東西路盜賊事五年正月至崑崙關（在今邕寧）所謂元夜奪崑崙關也裨將陳曉（即陳曙，避英宗諱改曉）違令斬之戊午大敗賊於歸仁鋪智高遁入大理國三月還拜樞密使嘉祐元年八月以知制誥劉敞所攻（謂青家有光怪，又言外說紛紜）由樞密使護國節度使加同平章事罷判陳州（今河南淮陽縣）嘉祐二年三月青卒故序

云加丞相印出奠淮陽明年遂薨負謗言歿於地下矣御製祭文為中丞滕達道作見李心傳朝野雜記序為鄭獬二年正月撰宋敏求六年十一月書并題額孜獬字毅夫安陸人治平四年九月由兵部員外郎知制誥拜翰林學士見學士年表後以不肯行新法出知杭州宋敏求字次道平棘人熙寧三年十二月右諫議大夫為史館修撰四年八月加集賢院學士見通鑑長編結銜均合任既即刻曾布晉祠題詞者蓋亦當時之摩鐫能手也武襄子六長諒早卒次諮詠譓說諫均見公神道碑上因問諮致祭故序與立石僅署諮名後於熙寧十年九月以東上閤門使提舉教官軍馬元豐元年八月使遼四年由滎州今四川滎縣刺史遷四方館

使張若水即狄公平蠻第一將下之內侍省內西頭供奉官張若水（見平蠻三將題名）熙寧八年六月張若水罷副都知改耀州觀察使此為元年故猶書忠州（前廣西南寧府忠州土州治）刺史也碑見寰宇訪碑錄山西通志金石記山右石刻叢編謹錄其序

○宋御賜文彥博詩記

賜彥博

四紀忠勞著三朝聞望隆享茲難老祉報在不言功富矣勲彌大居馬貌甚冲西都舊土口白首竚瞻公（下節）

御賜詩記

元豐三年季秋

皇帝行　大饗之禮於　　祠大禮慶成後四日
明堂臣方守魏被　名侍
制恩進位太尉保釐洛郊臣犬馬之年七十有五前此里（中缺）致仕
聖恩俯憐舊物　曲念老臣皆未之　許今復優進（中缺）
□俾（中缺）　都自□衰殘非敢
當老俯伏辭退至於再三訖不□　命乃以閏月二十三□
陛辭翌日出　都仍　賜宴於瓊林苑悉以二□大臣□□
□□□□□之中使
內出寶器　俾酬　天醴以□魚藻之樂及賜
御詩以寵其行臣伏思蒙　□恩荷　殊□　近世達□□

□□□未　□月有□　臣惇奉　記作序事□詳矣目□
□語言不□盡意惟　戴□□天地生成之德感極而繼之以
泣恭惟
陛下聰明睿智煥乎有文
帝庸作歌光紹前典伏自
臨御以來十有四載而　英□之□雲漢之章□□顧聞萬物
□□者久矣曾未之得□□老臣首蒙
天賜至榮至幸超絶等倫始□□□都門□□傳布□□□□□
□牴汨□又得言之於吏民是用圖金石刻以永其傳將與夫□
□□月□□□□□□久復使臣之子子孫孫□□率□保之

守之亦克永世至於老臣為不朽矣元豐四年正月三日河東節度管內觀察處置等使守太尉開府儀同三司行太原尹判河南府兼西京留守司公事兼畿內勸農使上柱國潞國公食邑二口三千六百戶食實封壹萬壹口口臣文彥博謹記

右碑高六尺八寸寬三尺四寸上節共九行行五字行書徑二寸下節共二十一行行三十六字正書徑一寸額高二尺八寸寬三尺一寸左右彫龍中篆御賜詩序四字徑四寸八分今在汾陽縣文廟

按汾陽縣志御詩碑原在縣治南路北淨心寺傳為文潞公舊宅宋嘉祐八年建寺明嘉靖三年冀南道王崇慶改建察院御詩碑移置文廟即此碑也詩賜元豐三年序紀元豐四年耆英會在元豐五年潞公為七十七歲與賜詩時七十五歲恰合介

休縣志載潞公恭紀瓊林苑賜宴詩云竊祿叨榮四紀餘退思僥倖亦無如趨朝再覩新宮省解綬還歸舊里廬報國丹心明皎皎戀軒疲足去徐徐羣公盡出東門祖盛事光於漢二疏即答聖賜詩也山右石刻叢編只載詩而缺記當為搜搨者以漫漶之未錄也又按潞公係仁宗時登第至元豐間已四十餘年故詩云四紀忠勞歷仁宗英宗神宗朝故云三朝聞望元豐三年九月拜太尉復判河南王同老言至和中議儲嗣事公適入朝神宗問之公以前對英宗者對之神宗謂其深厚不伐善陰德如丙吉真定策社稷臣遂加兩鎮節度使辭不拜將行賜宴瓊林苑遣中謁者遺詩祖道故詩云報在不言功記云臣方守

魏（即大名府）進位太尉保釐洛郊（即河南府）今復優進辭退至於再三陛辭翌日出都仍賜宴瓊林苑及賜御詩以寵其行考公傳至和二年同平章事嘉祐三年六月以河陽三城節度使同平章事判河南府五年二月改判大名七年遷左僕射判太原嘉祐末判河南英宗即位公母憂服闋以故官判河南尋判永興（永興軍路隸有河中府河東等縣）熙寧二年七月入為樞密使四年判河陽從大名至是復判河南凡四莅故云舊土詩與記均見求古錄碑見寰宇訪碑錄

○宋黃庭堅真覺道人歌

吾結草庵無寶貝飯了從容圖睡快成時初見茅草新破後還將

茅草蓋住庵人鎮長在不屬中間與内外世人住處我不住世人
愛住我不愛庵雖小含法界方丈老人相體解欲識庵中不死人
豈離而今遮皮袋
元祐二年二月乙巳黄庭堅為真覺道人添公書此歌真覺云
當以刻之廬山歸宗寺住持歸宗寺法眼大師普安立石
紫加沙和尚來亦公□□□寺移住州衙令復置之□□寺大
□□□□□□□
右石高四尺一寸寬一尺九寸文共十行行十三四字
不等正書兼行體徑三四寸不等今在汾陽縣圖書館
按庭堅豫章人字魯直樂濡皖山谷寺石牛澗泉石之勝自號
山谷道人哲宗元祐二年正月除著作佐郎此為二年二月即

為著作佐郎時作也唐時有真覺大師玄覺而此為真覺道人漆公未詳其人但真覺云刻廬山歸宗寺立石者亦歸宗寺法眼大師普安石當在江西九江縣南之廬山而此有其石或重刻歟查黃山谷為謝景初之壻景初於嘉祐五年時通判汾州見汾州磨崖碑而此係元祐二年書豈越二十餘年後曾來汾歟後又書移住州衙復置之口口寺或遷轉而至此耶惜剝泐未能確考也晉中碑版山谷書刻無多惟永濟縣有夷齊祠碑裏垣縣有薄酒醜婦歌此刻則未見於他著考介休有大盧山離石有伏盧山潞城有盧山而此書盧山豫章亦屬江西故定為江西九江縣

○金王璹題狄武襄公詩紀

𤨏自吏部侍郎被
命出守汾郡公暇趍謁
襄公祠廟追念當時忠義
過人勲業葢世仰止歎嘉
因賦長韻良以紀美
郡守太原王𤨏
傑士西河秀英雄挺偉姿奮身甘衛國弭節願匡時妙畧風雲會
威名草木知功高懾南服計重破西陲定亂勞三箭平戎在一麾
勢傾銅柱遠聲振玉關奇頗牧材何濟孫吳譽並馳朝廷分重寄
將相賴兼資豹畧多全勝鷹揚屢捷師雍容敦禮樂談笑屈蠻夷

襃錫酬車服勳勞著鼎彝雲臺儼冠劒麟閣繪形儀錦里家仍在蘭陔塚不隳風號墳上木苔漬廟前碑過客煩詩句行人奉酒巵汾陽遺美蹟千古話芳規

曾孫狄俞立石　汾陽賀邦乂刊

右石高一尺七寸寬二尺九寸共十九行行十三字正書徑九分今在汾陽縣圖書館

按山西通志王璹為太原人金天眷二年進士又書天眷二年汾陽軍節度使石刻自吏部侍郎出守汾郡豈及第後即擢侍郎出授節鎮歟金志河東北路節鎮三汾州汾陽軍天會六年河東分南北路汾州置汾陽軍節度使代州振武軍嵐州鎮西軍蓋金以府州分路府尹節度皆領軍事此外設防禦者為防禦州設刺史者為刺史

州汾設節度此守汾即為節度使璹弟珙珣同為皇統九年進士亦渾源世家詩咏狄武襄公青故曾孫俞立石於塋民國十二年余任汾陽謁公塋始令移存圖書館

○金勝默子詩碣

山郭殘寒落照前琳宮信步訪真仙真仙有似閑庭樹心死心空不計年

勝默子也

勝默道人大宗師也傳法梵刹退居西河杖履飄脩敬來畢宿祠下感真仙之不遇契古德以自娱辟間題詩詩中唱道雖前有文章僧孰曰差肩者紀首辛公武畧實　勝默之詩

恐致泯滅裒里衆命畢城摸刋是詩于　許侯廟碑之後俾傳之無窮也泰和壬戌夏至日進士馬嗣敦謹題

右石高一尺七寸寬二尺前大字五行四行各七字一行四字行書徑二寸二三四分後小字六行行各十九字楷書徑四分刻許安仁畢宿廟碑後上節今存縣圖書館

按壬戌為金章宗泰和二年在畢宿廟碑勒後一年馬嗣敦題云師來畢宿祠下感真仙之不遇題詩壁間紀首辛公即畢宿廟碑所刻辛慶智寶其詩摸刻碑後是詩明為游畢宿祠作也戴東原汾陽縣志於仙槐觀下謂勝默子步仙槐下長吟後二句未識何據或未見此歟

又離石縣志靈泉寺有元圓光禪師號勝默子其即此師而誤

為元歟抑元亦有勝默子歟附列以資識者

○金顯慶禪院奉請寶公疏並頌

□□□□□□□鈞旨奉請汾州西河縣□□顯慶禪院

寶公　長老為

國開堂祝延

聖壽者

右伏
吕靈鷲拈華一笑張妙䇿於西天少林面壁九年暢玄猷於
東土是為第一義能開不二門欲啟後迷須憑先覺伏惟
寶公和尚天資穎悟德性昭融嗣洞下之宗風契猛師之密印揚
眉瞬目揔是明心豎拂拈鎚無非顯道足以舟航覺海柱石玄門

況顯慶之精藍寔汾川之勝地一垂久秘四衆靡依持誦徒勞但
欲磨塼而作鏡師資弗邇誰能點鐵以成金幸逢飛錫之來共喜
乘風之便奈何月藏雲而不出玉韞匱而未沽爰即衆謀輒伸三
請伏願高升猊座大震潮音芳聯五葉之華光續千燈之燄俯臨
法會肅度有緣衆生仰祝
聖君願同無量壽佛不須讓避便好承當謹疏
□泰和三年十一月　　日
文林郎　翼王府文學兼記室參軍賜緋魚袋胡世忠
監寺禪淨　副寺正演　維那正溥　典座正洪　直歲正浩　知庫正清　知客正潤
侍者正江正深　小師正源正渲　居士正淵正淨　立石　量行合僧

院主禪濟　圓照禪滋　疑宗　介山進士王唐裕書　助緣胡璋
以上碑前面

碑陰

付珎寶頌

佛祖親傳唱法衣
得來始可決狐疑
而今付汝休辜負
倒用橫拈秖在伊

靜樂老拙智猛　立

小師政淸立畢珹刊

以上碑後第一列

冲虛大德充汾州管內都道正判官劉

子通

惠行大德前沁州管內都綱　善澄

玉山住持傳法沙門　義淸

顕正大德充汾州管內僧正判官釋　智迁

廣攝大德充汾州管內都僧正賜紫沙門　廣邉

廣攝大德前汾州管內都僧正賜紫釋　永遠

承務郎守寧州安定縣令雲騎尉賜緋魚袋田曦

承務郎前監察御史雲騎尉緋緋魚袋任知微

定遠大將軍前汾州西河縣令兼管句常平倉事完顏永貞

昭信校尉行汾州西河縣尉雲騎尉王中儁

登仕郎汾州西河縣主簿兼管句常平倉事孫道泰

忠武校尉行汾州西河縣丞兼管句常平倉事曲從正

定遠大將軍行汾州西河縣令兼管句常平倉事蒲察高湟

以上碑後第二列

開堂檀越姓名列之于後

都維那羅城村劉永貴　父時遇　母魏氏　弟永資　永貞

永真　男庭侃　庭綺
副維那橋南社　王義清　妻資仙
劉村　趙贇　高政　張恩　張九　陳羣　荆順　邊順
和收　高威　高万　矦順　馬興　李威　暴信
進義副尉暴逵　暴聚　高玘　任成　李周
高義　王璘　汾水畢珹摸刋并篆額
肅靜村　以上碑後第三列

右碑連額高五尺寬二尺一寸前面共十五行行各三十二字
正書字徑一寸尾又一小行書人名字徑二三分不等額篆皇
兄翼王府疏六字分三行行各二字徑三寸後面分三列首列
為付珎寶頌并書名共七行頌詩四行字徑八分餘三行字徑
四分不等次列僧銜名三段首末名一行次四行計共六行官
街名二段首三行次四行計共七行行數不等字徑各三四分

三列檀越姓名十餘行行字不等徑五分肅靜村以後人名尚多未列今在汾陽縣劉村顯慶寺

按碑額篆皇兄翼王府疏考金翼王有二一為太宗子鶻懶一為章宗兄宣宗珣章宗泰和三年正宣宗為翼王時也故曰皇兄翼王府疏蓋翼王旨請寶公長老為國開堂祝延聖壽故後列銜名有翼王府文學兼記室參軍胡世忠又介山進士王唐裕書當為介休人碑陰書付珎寶頌是寶公法名珎寶頌為智猛所付即疏內契猛師之密印也疏文駢詞頗典雅後書監察御史任知微安定縣令田曦即承安五年書篆永豐渠記者皆邑紳也承安二年任知微尚未為御史故篆六師院寶公碑銘只書前寧化州軍事判官斯時西河縣令為蒲察高湟而完顏

永貞爲前任與縣丞曲從正主簿孫道泰縣尉王中儁皆可補縣志職官

〇元孫靜齋先生詩紀

大元靜齋先生　　蘭陽孫翥

至正戊申家僮自覃懷來報鶴平安因感時之不幸而志之不遂乃作八哀詩以洩其憤庶同志者發一慨嘆云

歷數乾坤破山河道路難鄴城秋草合易水朔風寒賈勇曹劉壘輸平李杜壇林泉心不遂空鶴報平安茅土恩雖重蕭墻禍已胎闗山豺虎鬭江海鰐魚來管樂才何忝風雲氣自廻深磋王子晋愁霧鎖蓬萊萬里長城壞千齡刼數遭卧龍終爲漢司馬已歸曹

秋氣纏金闕将軍折寶刀九重無路訴短髮不勝搔狡兔蹄方健
韓盧鼎欲燃旌旗朝入雒謗篋暮輸燕縛信高祖詐開邊杜預賢
憂時長痛哭淚入武功天服楚茅先入吞吳沼可期君臣傾社稷
天地限華夷否極還生泰時安又致危百年文物盛涕泗墮瘡痍
德厚唐虞帝寬深蟣虱臣禁闕排虎豹高閣閉麒麟咄咄年将晏
漫漫夜不晨屈原終見放憔悴楚江濱帝座玄都遠天門北海深
有人歌楚些無客問陳琳望闕千行淚思君一寸心雷霆司號令
幾日破重陰龍虎風雲散鯨鯢海水翻干戈天下動宗廟聖人存
跋涉防多難心肝奉至尊乘輿千里目終日為消魂
靜齋先生

長孫孫翥字鳳儀汴梁人

大元至正二十八年夏四月有九日明賊襲陷雒陽城逼雒中之居守者各寫平安書以慰出征將士

先父集賢大學士義不受污獨不寫洪武偽號投筆罵賊遂自經

孤哀子孫翥恐歲月愈久傳聞失真乃泣血以紀其實庶他日太史氏有所採焉

乾坤澒洞風塵際父子君臣義獨全身恥帝秦甯蹈海心知尊晉不書年孤忠閬苑三秋月濁世齊州九點煙萬古姓名應不朽黄河如帶嶽如拳

汾陽邦宗坊刋

右石二方首方高一尺五寸寬二尺三寸共二十八行行各十五字次方高一尺三寸寬一尺九寸共十八行前序十行行各十二字後詩六行行各十字餘為人名正書字徑四五分至六七分不等今在汾陽縣大相里卜子祠

按山西通志孫德謙河南睢州人任大同行省平章事明徐達圍大同德謙嬰城固守力不能支乃手書自決作詩數章詞義激烈城陷不屈死此書孫翥汴梁人至正二十八年四月明陷雎陽逼雎中居守者寫平安書以慰出征將士先父集賢大學士義不受污獨不寫洪武偽號是年明太祖稱洪武元年罵賊自經則非孫德謙可知元史宰相表至正二十八年戊申有左丞孫景益當即其人但列傳帝紀均缺據此可補史遺至下書孤哀子泣血以紀其實並附七言詩以詠其事而於靜齋先生下又書長孫

孫翥其前紀至正戊申八年即二十家僮自覃懷今沁陽縣舊為懷慶府來報鶴平安感時不幸作八哀詩以洩其憤後附詩五言八首是即其祖靜齋自詠之八哀詩似與孫翥皆在汾者惜其名其職皆無可考而其祖孫父子忠義之氣則皆可取也孰謂元末無忠烈之士哉

○明御祭永澤廟文並序

上層

惟景泰二年歲次辛未三月庚子朔十五日甲寅　皇帝謹遣太常寺寺丞李希安致祭于　白彪山馬跑泉之神曰兹者山西民困極矣加以久旱穀用無成民生罔賴此誠予之不德所召惟

神至仁獨不動閔念乎况素以庇民得祠者尤當不可緩也尚望
廣布霖雨大作豐年非獨予免夙夜憂惶惟　神亦可隆始終惠
譽特攄虔懇專俟　感孚謹　告

中層
同祀官山西承宣布政使司左參議祝顥　提刑按察使司僉事
黄政　陪祭官汾州知州李善　同知駱敏夏寅　判官馬愷趙
榮　學正尼繕　訓導李渗洪讓　汾州守禦千户所正千户王
綱　副千户謝安　百户沈鐸薛庠楊威

下層
合屬官吏目王勉　課税局大使辛得　汾州倉大使馬良張友

倉副使孫文　汾陽驛驛丞程浩　陰陽學典術崔茂　醫學典
科何清　又有禮房司典隨班老人等不具錄

碑陰序文

山西古冀州之域實唐虞畿甸在　國朝則爲北門要藩也然其
地偏節晚種藝之入恆薄而或天時不齊人力有梗則與不毛之
地等故其民往往易于轉徙而難于安輯比者年不順成流亡相
繼鎮守大臣以藩臬官屬晝夜經畫以圖康濟而廵按監察御史
涂公謙則以爲自古勤民事而勢力有所弗逮者必資于神而神
之所以獲享厥祀者正以其能捍災禦患而功及民物也今茲災
患弗資神化其克弭乎乃密封馳奏上命禮部稽考祀典凡山西

境内應祀神祇開具名位馳遣太常寺寺丞臣李希安齎香帛祝文馳至會同藩臬二司堂上官各一員俾告祀馬先是太常公未至守臣率屬晨夕致禱乃三月甲寅洎丙辰連降甘雨及公既至將事嘉澤隨應遠近霑足吏民胥慶爰稽祝文則甲寅實上降香遣官之日也夫勤勞國事憂恤民隱君臣同德上下一誠幽明感通捷如影響有弗彰彰矣乎書曰至誠感神禮曰祭則受福斯之謂也矣四月己卯潤濟祠事告畢有司具石請鐫祝文以示永久憲僉黃公曰是謂盛典不可無載于是謹謄祝文命工鐫勒復述其槩俾刻諸陰用以識歲月云

景泰二年辛未四月十一日

賜進士出身朝列大夫山西等處承宣布政使司左參議姑蘇祝顥書
賜同進士出身奉訓大夫汾州知州李善立石

右碑高約六尺五寸寬約二尺二寸前面三層上一層祭文共十行行最多十九字下二層人名碑陰額篆碑陰序文四大字下文與銜共十八行行字不等最多四十六字正書字徑約七分今在汾陽縣神頭永澤廟

按明史禮志凡水旱災傷遣官祭告郊廟陵寢及社稷山川即襲古者禱雨故事也又禮志降香遣官儀前祀一日皇帝升奉天殿捧香者以香授獻官獻官捧出午門外置龍亭內儀仗鼓吹導至祭所碑陰稱三月甲寅至丙辰連降甘雨而祝文書三月十五日甲寅遣太常寺丞李希安致祭是守臣率屬祈禱得雨之日即皇帝遣官致祭之日於以見皇帝至誠之感神而神

之感應如響也但帝紀不載景泰二年遣官祈雨事以史稱帝勵精圖治偶值旱災即專使虔祈當不止遣李希安之一事史不勝書也且景泰事蹟僅附英宗實錄其散佚者亦不止此也碑列巡按涂公謙考晉通志職官譜涂謙豐城人進士列成化間未註明係任巡撫抑巡按據碑則景泰二年係巡按山西祝顥爲昌平進士任參議惟憲僉黄公則景泰間無黄姓惟正統間僉事有黄文政長樂舉人或即其人連任至景泰二年歟據此則可補正通志職官之錯漏

〇明沈少泉良心圖說并詩　　嘉興少泉　□□

良心圖說

外一圈天地萬物人身之謂也中一圈人心之謂也吾身與天地萬物一體也譬之魚游於水一也仁之制口魚弗生活也人受天地之中以生故中者心也太極也在天為命賦人為性生身為心一也不口山河如岳中立中故虛虛故靈靈故通天地包萬物不假外求賴中而為萬物之靈也孟子曰人之所以不學而能者其良能也不慮而知者其良知也何以由良心之生生者為之根也良心之發莫切於孝悌故曰仁之實事親是也義之實從兄是也堯舜之聖亦曰純乎孝弟之心而已不加毫末也故良心者聖賢

愚人一也達天下亘古今無有乎弗具無有乎弗同無有乎感而
弗應者也明道所謂廓然大公者良心之本體也物來而順應者
良心之妙用也皆所謂中也有弗具有弗同有弗應者非人也非
天地本然大中之心也有是本然大中之心而弗能順以應之非
力不足也人於私智而心蔽惑於俗學而心陋沮於物議而心疑
良心未嘗不覺也凡以因循弗能撤其蔽廓其陋鮮其疑者是無
聖賢壁立萬仞之志志焉弗立無□□□□千鈞之氣氣焉弗充
無聖賢千煉百火之學學焉弗精是故性同而習異覺同而應異
匪中弗□□萬物而喪其良心故曰順良心而性之者謂之聖人
順良心而復之者謂之賢人逆良心而叛之者謂之愚人

良心之旨弗明世儒以枝葉爲學嗟夫良心至微而性命之根
□□之者順之也□之者逆之也□□沈少泉懼在門者紛紛
枝葉之學而弗求其根也乃示順良心之圖記□夫良心者明
德也順良心率性也順乎率之存乎常覺也故曰子順之而不
違非遇而覺也此孔門授良心法也　先生嘗樂志林泉而
見道有年故造履精純而氣魄如元化□汾一枝而日□學士
雲從吾鄉□薛文清公之□有年□□也□於明簡易斯圖昭焉
□輩幸承面命始獲之如珙璧□而公之百世不自□也弗敢
私諸世□□□先生之教也凡我同心尚深省哉
大明嘉靖甲午夏六月望日門人三晉何□□跋

知汾州事穎上王　同知保定蘇　判官故城魏

學正固安張　訓導乾州周

碑陰第一層

良知即是獨知時此知之外更無知誰人不有良知在知得良知

却是誰

知得良知却是誰自家痛癢自家知若將痛癢從人問痛癢何須

更問爲陽明示諸生

第二層

中秋客裏喜新晴萬里無雲夜月生洒竹何心風自動石潭流影

鏡空明

吾心洞洞元如是外誘紛紛安足嬰坐想無邊風月景冰絃之弄

到雙清

右癸巳中秋少泉示諸友

良心發動是良知逆却良知心便危一轉頭來能順應青天萬里月明時

學道潛思六尺身身中有竅本天真書口覺此為先覺便是吟風弄月人

稟賡由來變化難堂堂口地不如顏口口聖狠潛中发打破人間口口口

識得良心是致知良心順處格口口若從外面物格物病在膏肓不可醫

心學綿綿千百年良心一點是真傳此從覺處分明看直透口口

未畫口

靜悟六經無一字裁成萬物有良心良心在我如元化試聽春風

好鳥音

少泉沈先生以　王命至汾口口諸生以六經是聽諸生嚮慕

弗敢忒貳　少泉公暇嘗諷詠陽明先生二詩久自撰六詩且

手書口示諸生請勒石與良心並傳於乎　少泉至教諸生將

不貳如石也　少泉登壬辰進士名伯咸　公甫其字云

嘉靖甲午孟秋日　西野馮思翊拜書　門人孔天民等勒石

右碑連額高三尺六寸寬一尺八寸二分共二十行前十二行行各四十一字後八行稍低一字行亦各四十一字正書字徑四分圖徑四寸五分內圖徑一寸七分額篆良心之圖四字徑二寸六分石磨光明字多不顯今在汾陽縣府文廟明倫堂

按良心即人心之仁也愚所謂仁心也人莫不有心即莫不有良心即莫不有其仁也惟為物蔽則心失其良即失其仁也良心所發即王陽明所謂良知良能大學所謂明德也順其良心即中庸所謂率性也人受天地之中以生而能遇物順應不失其中者即良心之妙用也即率性而能明明德也即保其仁也少泉先生繼陽明之後陽明嘉靖七年卒距此僅五六年而崇尚良心之説蓋浸淫於陽明之學深矣何跋所云文清公即河津薛瑄先生宣德正統問講學本程朱以復性為主良心之圖於是更簡易明昭後附陽明示諸生良知詩二首而自詠六首中有良心發動是良知及識得良心是致知裁成萬物有良心等句尤為真切

令世治心之良藥也跋書三晉何口口或為嘉靖辛卯舉人何
體乾乎惜剥泐無可考也時知汾州為王確顓上舉人嘉靖十
二年任同知為蘇瓏雄縣人判官為魏卿故城縣人正德九年
任學正為張讓固安歲貢嘉靖十年任訓導為周流乾州歲貢
嘉靖九年任馮思翊為孔文谷業師工草書天民為文谷弟仕
至東明知縣甲午係嘉靖十三年也少泉先生以王命至汾當
曾為山西提學僉事然未見於山西通志據此可補志缺

○明柳川苦水吟

苦水吟

池定里羊耳山去城十里水山石竹不勝其幽人常為天台武陵

不過是也余少有業自題名曰萬柳山庄因性僻退而棲之有年矣今年甲辰六月九日時作大雨至十五日始晴十六日復作大雨烟霧昏昏不分天地聞有水聲疑自西北天上來也俄有大水渾河振響不絕至口雨餘水落别為世界死者當途哭者遍野余亦悲之雖數之然其如一時所難何故紀石聞於後知我輩有此阨也

鋒火連年遭刼虜山城日日行軍伍旱是于今轉運難又教川原無尺土雖然我輩總堪憐自是多如百姓苦聲勢聞于天上來一時樹倒旁山推慈民父母孫夫子次弟都來告水災

甲辰六月十六日柳川識于萬柳山庄

右石高五寸五分寬三尺二寸題及序共十三行行各十二三字不等行書字徑二三分不一詩竝年號書款共十八行行字各四五字不等草書字徑約八九分及寸餘不等民國二十二年春日汾陽醫院掘地得石中秋節蒞汾美人萬德生大夫搨以見贈

按池定里為十二池水之首羊耳山在白彪山迤南均在今峪道河一帶萬柳山庄當在其地縣志明嘉靖二十三年大水平地數尺是年為甲辰石書甲辰六月九日大雨即嘉靖廿三年又廿年九月俺答入寇廿一年俺答掠汾州等處所謂連年遭刼虜也時汾州牧為雲南孫繼魯嘉靖癸未進士廿二年任至廿五年始易葛守禮故詩云孫夫子而柳川自為儒林中人惜未著其名也詩闕民膜行書亦佳故特錄之柳川明慶成王族嘉靖壬戌孔文谷壽其六旬計甲辰時四十一歲也

○明刻金黃華老人詩碣

王母祠東古佛堂人傳棟宇自隋唐年深寺廢無僧住滿谷西風粟葉黃

挂鏡臺西挂玉龍半山飛雪舞天風寒雲直上三千尺人道高歡避暑宮

帝遣名山護此邦千家瑟瑟嵌西窓山僧乞與山前地招客先開四十雙

□□□□□□□□□□□□□□
□□□□□□□□□□□□□□
□□□□□□□□□□□□□□

手拄一條青竹杖真成日挂百錢游夕陽欲下山更好深林無人不可留

黃華老人王庭筠行草四詩刻石於汾之學宮者俗口實口矣歲久石泐字畫漫漶嘉靖乙丑之秋分守左參政餘姚宋公岳省覽洛惜令州守王大經同知趙崇儒別龍石四面以新進儒生程木摸勒判官楊守公經理刻成仍增置一

亭貯之庭筠書號稱墨妙幾廢之餘逢此翻繕煥若神明頻還舊觀矣郡人孔天胤謹記

右石四塊各高四尺六寸寬二尺二寸八分均四行行七八字不等行書徑各四五六七寸不等後一塊下書小字五行行各二十五字正書徑約七分今在汾陽縣舊府文廟現設圖書館

按王庭筠字子端河東人金大定十六年進士工詩文七言長篇尤工險韻書法米元章與趙渢趙秉文俱名家尤善山水墨竹初為恩州軍事判官明昌元年罷官居彰德買田隆慮讀書黃華山寺因以自號嗣為應奉翰林遷翰林修撰泰和二年卒上求生平詩文藏之祕閣其名重當時如此父遵古大定十三年間為汾州觀察判官庭筠省親至汾有行書詩石四片即此縣志謂非是地所作以詩觀之蓋在天龍山高歡避暑宮作見太

原縣志而書留汾者詩石原在汾之學宫明已漫漶記言嘉靖乙丑之秋分守左叅政餘姚宋公令州守王大經同知趙崇儒别刻四面以判官楊守公經理査乙丑為嘉靖四十四年縣志王大經河南南名舉人嘉靖四十四年任知州趙崇儒陜西洋縣歲貢嘉靖四十三年任州同知楊守公北直興州歲貢嘉靖四十五年任州判官斯時汾為州此石蓋成於嘉靖四十五年也又孔天胤摹刻四石篆有隆慶三年己巳七月七日摹勒于文苑清居石凡四面山人文谷子志二行字徑四分原在汾陽縣文廟今因馮軍駐廟已湮没矣

又離石縣有黄華老人咏友雲志亨禪師五言右玉縣白衣寺

亦有黄華老人石刻蓋皆翻刻者

○明新作西北城樓名宴詩碣

承翁相公新作西北城樓名宴郡中文士左史倘與焉因敬賦詩以紀其事

河山昔羙封疆固樓雉今開坐鎮雄絶塞西臨三戌靜三戌謂張口口三城神京北望五雲叢天邊樽俎延高會郡裏衣冠荷上公文采軍容聯輝映鐃歌笳吹滿晴空

文谷孔天倘郡人河南左布政使

乾樓成奉邀郡中

四君子眺叙

文老倡爲紀事之篇諸君暨不肖以次詮和時邊鎮捷音甫聞
故首及之
暉書年喜聲初振傑閣新成勢自雄上客憑高霜鏡湫素觴浮白
錦霞叢西河絶代聞吳起北鑰誰人似寇公珍重四難鳴大雅醉
看星斗欲摩空
承山宋岳口人山西布政司左參政
宴列乾樓覽景勝城增天險振威雄漢家關塞郡氛息晉地山河
衆美叢上座嘉賓北海彥淩雲賢相廣平公慙無逸興登高會疑
是游神寓碧空
龍岡王緯郡人廣平府通判
四陽環向乾樓壯百雉高懸鎮節雄山岳具瞻平斗極棟梁崇聳
接雲叢西河重望令元老東夏殊勛繼上公哲匠賦成還倚檻輔

聞逸響直摩空　　龍洲王緝 郡人户部主事

由來設險因經國今日高樓起郡雄檻外平臨汾水盡窻中遥指

卜雲叢勤宣風土追方叔明肅郊圻有畢公媿乏折衝叨列宴敢

將樽俎對晴空　　乾石孔天民 郡人東明知縣

承翁相公與汾上諸公乾樓宴集各有詠言因用韻寄上時有

傳北鄙虜遁者

河山表裏擁堯封西北樓成天際雄塞外忽傳三箭勝殿中曾奏

五雲叢此時峴首稱羊叔他日棠陰仰名公遥想衣冠高會處德

星昨夜聚晴空　　陽谿趙訥 孝義人刑部主事

嘉靖丙寅秋九月吉日立石

石匠□□□刻

右石高一尺二寸五分寬三尺一寸共三十四行
行各十七字正書字徑六分今在汾陽縣財政局

按孔天胤字汝錫嘉靖壬辰榜眼以宗親外授陝西按察司僉事遷陝西右布政河南左布政使著有文谷集孔天民嘉靖丁酉舉人王緯字龍岡嘉靖甲午舉人仕至德州知州王緝字龍洲嘉靖己未進士巡撫貴州南贛升户部右侍郎著有防邊紀畧趙訥孝義縣人嘉靖己未進士官四川保寧知府著語錄詩文三十卷及門私謚文直先生宋岳餘姚人時以參政分守冀南道故有乾樓名宴事汾州城為四陽城故王龍洲詩云四陽又宋叙邊鎮捷音甫聞時因俺荅犯邊故也丙寅為嘉靖四十

五年

○明劉少白等長春觀登高詩碣

萬曆癸卯九月登鶴鳴古洞

使君臨古洞仙靜碧雲悠鶴去餘音在庭虛任道留白衣來醴酒

值永和王惠酒 黄菊壯深秋愧我天涯客相逢幾度遊

青田少白劉世學倡

口客凄情侶一官四載悠寒崖黄菊老空谷白駒留鶴去歸瑶島

音遺響素秋龍山舊日事未必勝兹遊

安陽樅囱崔士棨和

忽湧茱萸會來行古洞悠鶴鳴遺址在仙去大名留紫氣迎高蓋

黄花盛暮秋蒼生深繫望未許赤松遊

南陽祥甫惠迪吉和

仙人騎鶴入遥空祇聽餘音振谷中遺跡千年成勝景浮生半世類飄蓬黄花招客樽盈緑碧洞棲雲木落紅忽憶山家深隱處巢由高轍許誰同

樅囱倡

丹華羽化色成空鶴韻猶聞昧昏中洞室長春堪遯迹滄田更變似飛蓬斷崖秋菊當樽紫幽人煙霞匝地紅來眺西河最高處清風崔顥幾人同

少白和

仙洞雲深鎖碧空那知上客到山中登臨崔顥傳佳句遠至劉琨罷轉蓬巖菊遍開蒼徑紫林楓初落晚山紅獨憐華表千年口竹

葉清尊樂與同　　　　　　　　　　祥甫和

右石高一尺一寸廣二尺二寸四分共二十七行行各十五六字及十二三四字不等正書字徑四五六分不等原在田村鶴鳴古洞長春觀民國十二年移存圖書館

按癸卯爲萬曆三十一年鶴鳴古洞在今縣西北田村長春觀青田今浙江青田縣安陽南陽今河南安陽縣南陽縣少白樅匃祥甫蓋皆客於汾者

○明羼攝居士靈巖寺詩碣

靈巖寺水陸樓成體空師建大道場齊千千衆以落之是日綵雲繚繞瑞雪繽紛香氣盤空紅光映室凡諸同事歎未曾有余詩紀其異云

此方佛事少追攀小果因緣未可删震地儀文來日下耀人棟宇
㝠雲間花分天女瑤階滿座借燈王寶殿間頂禮三朝稱未有入
人都帶梵聲還

秋日宿寺中與普門偶談禪二首

宗分南北亦多蹊各唱玄風標勝題文室金光幾箇住茅龕火色
大家迷天花若着猶為累香飰難消也有睽我愛大乘無上法特
來主上願天倪
歸依乾竺古皇家法海茫茫何處楂衣止曹溪仍有派燈傳汾嶺
更拈花空林月入雕禪影廣野秋生冷雁沙悟得如如真妙性不
須門外覔三車

再宿寺中回向二絶

自家顛倒自家謾勘破惺惺火宅寒記得當年傳大士緇衣儒履道人冠

鈍根忽破木魚聲趺坐心珠一顆明羨殺蓮華成九品長生端不及無生

崇禎壬午秋日羼攝居士朱之俊題並書

右石高約一尺七寸廣約二尺七寸共十六行行字不等正書字徑約六七分今在汾陽縣小相村靈巖寺

按崇禎明莊烈帝年號壬午為十五年朱擢秀亦好佛道别號羼攝居士羼雜錯亂也顔氏家訓典籍錯亂皆由後人所羼攝引持也亦管轄也兼也代也蓋取雜兼之義也

○重遊滙清園同龎厚伯

山水貴幽尋初遊領甚槩世遇素人心相期必以再宿宿復信信堅卧煙雲内陰霽聽泉聲遠近窮山態雨壑磵翻濤晴崖珠散琲朝瞰現紫氣暮靄懸青黛閣敞鳥音喧林深日午晦空青松杪浮古碧石邊口有槐緣到天有栢蒼如岱曲曲偶一亭中有仙佛在朱顔而笑髯恒與此君對不厭遠遊客開樽澆塊壘温温諭後生坦坦真先輩好景不自私淹留匪汎愛或將玉麈揮或擊唾壺碎導陟山之巔引臨水之沬帶來泉石僻一洗市朝穢不意風塵中遇此清涼漑欲告守園人長岸滌俗類

龎載游滙清園詩五古三十二韻以草書未錄

康熙甲辰春十月下浣之吉場山敬樵書石

右石高九尺廣一尺八寸共二十八行前十行正書後十七行草書每行二十一二字不等字徑約三分年號一行隸書今在汾陽縣西張家堡

按龐載字厚伯湖廣江夏貢生順治十七年任汾陽知縣白鼎亂當為其鄉友查朱擢秀滙清園記龐令每到園即大叫信信宿宿故詩云信信復宿宿甲辰為康熙三年龐蓋已任五年矣

○清崔仙岍馬跑泉禱雨詩碣

九三亢熯祈禱輒應雨後禮神畢紀事

天人本一貫至誠通明神甘霖應時降翼翼泛有徵敢貪造化力

聊以惠吾民仰追前哲訓庶幾窺其真洗心同憂患煌煌岆貞珉

千山崔秉政題

右石高約一尺二寸寬四尺餘共十行行各六七八至十字不等草書極飛動字徑約一寸二三四分不等今在汾陽縣西北峪道河神墻孔聖祠

按崔秉政奉天海城舉人康熙十三年任汾陽知縣此爲禱雨紀事以宋謙詠崔公甲寅十三年下車仲夏禱雨輒應胡廷以戊午十七年四月崔公禱雨即應賦詩而此云凡三禱輒應又十八年易任楊栻見縣志觀之則此詩當在康熙十七年也

和崔公禱雨詩碣

賀虜將軍祠汾州勝迹也廟貌卑陋非崇報典禮邑侯崔公龔黃嘉政外口飾故趾俾禱祀者有所興起以詩紀事

六軍何處問梅林瓦釜空懸石瓮深倚劍靈湫隨駿足揮戈華日
託雄心埡松入夜旋如沸社榻經秋待作霖惟願銀河長洗甲永
垂清景在汾陰　　　　　　　　郡人鄭之楧題

千山崔父母下車時甲寅仲夏禱雨馬跑神祠輒應志
風濤殷地發膏雨隨車來水色依潋泱山花自在開桑麻深蔽野
巖谷地奔雷□□浮生外清香起舊荄　　　　宋謙

戊午四月　　崔老父母禱雨即應賦訨
靈湫神所致奔兖究笹酣惠詠功德八年尼玉線三丹青檴　才好
伏臘歲時堪今昔祷祈禱霑霖攬響廿　　　　胡庭
又

山谷鍾靈異將軍儼若思風軨驅左轂雲旆擁前旂亂簇烟華潤輕霑艸木怡感通看此日𡨋邈果相縻 張懋勛

右石高一尺三寸廣二尺二寸半共二十行行各十七八字不等惟胡庭一首分書字徑各四五分不等今在神塘孔聖祠

按胡庭號季子遇春之子與青主友善汾之隱士也宋謙康熙丙午舉人己未進士會同知縣鄭之樸順治丁亥進士官郎中

○馬跑泉神祠殘碣

前缺石没入壁如應將軍肅有靈窺㝎森瘦骨焰徹發深醒肓搆非無義衣冠式典刑 胡庭

馬跑泉神祠落成

龍種知泉脈遺踪在水濱山容閱世古廟貌逐時新亭沼連雲氣

鼓鐘迓聖神年年社事乞樂只頌千春　鄭逵

右石高約一尺二寸半寬僅見一尺二寸半首四行行書字微小後五行草書字較大字徑約寸餘不等今在神塘孔聖祠

按鄭逵康熙中貢生與胡季子同咏此祠則石即同勒於康熙間也

又城內狄公祠有光緒二十三年汾州營參將龔郅和題賀虜將軍詩碣魏元劉據久消磨此地曾經屢用戈黯黯暮烟殘壘廢離離秋草戰場多馬跑湧出雙魚躍鳳舞城高見雁過憑弔清流懷賀魯古今忠勇近如何白彪山下憶元戎痛飲軍歡一代中幾曲神泉秋草碧千年古廟夕陽紅小民猶享羹魚利名將終留汗馬功惟愛林原無限景到今遺澤歲時豐　又題狄武襄公祠云　大將兼文武張燈話宋時中興扶社稷　百戰救瘡痍功並山河古名同宇宙垂千秋隆俎豆汾上謁公祠　按龔曾為孟壽營參將題孟縣趙文子祠有詩是亦武職而好文詞者以年不及例附錄於此

汾陽縣金石類編

卷五上

石類

汾陽縣碑記類編目錄 石類

宋

永安禪院碑記 真宗景德二年四月

建后土廟碑記 大中祥符七年

大中寺定光佛舍利塔記 仁宗嘉祐二年四月

汾州別立摩崖碑文記 嘉祐五年九月

永澤廟記 徽宗崇寧五年九月

潤濟侯廟記 徽宗宣和元年五月

全

重建郭林宗碑記 太宗天會十三年三月

重修儒學記 世宗大定四年七月

昌寧宮記 大定十三年夏

文湖神祠記 大定二十三年十一月

太符觀創建醮壇記 章宗承安五年五月

上善渠記 承安五年四月

畢宿廟記 章宗泰和元年六月

永豐渠記 泰和五年八月 大元丁丑重立

元

田氏重修祖塋記 蒙古定宗十年閏四月

創建長春觀碑銘 世祖至元十四年四月

宣祕大師潮公塔記 至元十四年冬月

劉王廟碑銘 至元二十四年十一月

什王堂記 至元二十八年十一月

狄武襄公祠堂記 成宗元貞二年三月

粧塑聖賢儀像記 仁宗皇慶二年十月

重修仙姑廟記 仁宗延祐三年九月

趙郡王里佛堂記 延祐四年十月

明

重修鄉賢狄公祠記萬曆十八年七月

汾州新濬諸泉圖記萬曆二十年三月

新建汾陽王廟碑記萬曆二十七年七月

重建關帝廟記莊烈帝崇禎十五年五月

汾陽攀龍橋記崇禎十五年九月

清

西頂新建玄帝廟記清世祖順治十五年九月

重修三賢祠記順治十八年十月

印公塔記聖祖康熙二十五年八月

黄太僕祠記康熙五十九年六月

汾陽縣金石類編

高淳迂叟編輯

碑記類

麗牲下葬古為豐碑原只穿孔繼鐫文詞行表於墓事記於祠建修慈善功德惠施以垂久遠以昭來茲善行義舉可為法規凡此石刻皆列於斯編碑記類

○北新安村永安禪院碑記并序

碑子功德主金吾□□長史郝玢業維摩經文章大德闍下

夫以法身冲邃非詮旨以何歸實相澄凝匪標式而莫覩至若如如妙性體業無方萬□□身窮照恒一　我釋迦慈父廣運悲心降跡王宮證真道樹演無說之說示無形之形□□□相表乎儀

八十種好彰乎瑞泊連河現滅鶴樹遷神歛光隶化於苦蹤慶喜
傳燈於感蜀口口正法像法昭然爕然爰自法化西來騰蘭東被
漢明卭集洛陽寺興尒後大建精藍廣修口口致使普天普地知
菩提歸仗之門使令万國万家了福田為究竟之路即有功德主
僧 宗感口以定香馥馥戒月澄明同感建造之功共辦胥修之
事而有功德主郝光璡等並乃汾浦英彥口衛名儒五常俱身三
端立德言本有則行謹無虧迥然標方外之心志誠出人天之見
當院東連巨泊西接鍗河前窺抱腹之峯後對子夏之谷去武定
八年三月八日當院石記自本州郡主郭翼之所奏 勅賜名為
定國永安禪院村衆與院主僧卭演共力修崇堂殿房口共計六

十間楳此舊記之所載也迩後頻遭兵火數遇戎夷殿宇焚燒名
額廢墜空存石記口識院名又去天福七年再畨古殿三間内釋
迦一會四壁功德周圓後面慈氏堂三間内口氏功德一會周足
功德主僧宗感俗功德主郝光漣淨土太子因德弟功德主郝訓
李劬等藥師口殊文弟子張氏等觀音一鋪功德主田榮羅漢堂
僧房庫房功德樓廚房各三間去淳化元年口大宋統天應運順
聖孝明文武
皇帝　勅命指揮有條蓋到寺院無名額者並須毀廢不得存
留況斯院尤是宿舊修口有石記指説　勅賜名額官負驗詳
遂得存留又准淳化元年十二月十三日

勑宜令轉運司遍行指揮管屬州府軍監内有元係河東僞命州
軍自廸復後來刱修□□□院雖未
勑賜名額並與存留者所願
皇帝永固　帝道遐隆太子諸王福延萬葉郡主寵澤唯新福資
壽筭塞上之戈鋋永息中□□□角肅清雨順風調時康道泰伏
慮年華綿邈故刋貞珉永立布金之甸長鎮新安之地但弘福□
夢日學不談天輒述瓦礫之辭獲紀金石之德幸承　來命難以
推延略序歲華直書其事
旹景德二年歲次乙巳四月戊寅朔五日壬午建
鄉貢學究李自新書

院主僧宗感傳上生金剛心經業法花維摩門人誦法華經僧
繼隆門人誦法花行者繼凝　石匠都料并刊字郭泰美弟□
□

右碑連額高四尺寬二尺二寸共二十五行行各三十六字正書兼行書字徑五六分額篆勑賜永安禪院六字徑一寸五分今在汾陽縣北辛安村永福寺

按碑言法化西來騰蘭東被漢明弘集洛陽寺典指漢明帝時佛自西來建寺於洛陽也又云東連巨泊西接虢河今寺仍在虢義河東前窺抱腹之峯指介休之綿山也後對子夏之谷即汾陽之卜山也去武定八年三月五月北齊受禪改為天保元年當院石記自本州郡主郭翼之所奏勑賜定國永安禪院蓋寺於東魏孝静

時即賜名永安禪院郭書郡主當為西河太守以魏時汾州已
設西河郡也此後迭遭兵火石晉天福七年首經重修宋太宗
淳化元年勅命寺院無名額者毀廢不得存留是院以有石記
勅賜名額又十二月十三日勅令元係河東偽命蓋指北漢時
所命名者自克復後來刱修言平北漢後刱修者雖未勅賜名
額並與存留據此則每代更始另賜名額自宋已然金元尤盛
而金尤定有輸納錢額以實邊需碑云統天應運順聖孝明文
武皇帝考宋史太宗紀太平興國三年八月上尊號曰應運統
天聖明文武皇帝六年十月上尊號曰應運統天睿文英武大
聖至明廣孝皇帝端拱二年十二月詔上表只稱皇帝羣臣請

復尊號不許辛酉上法天崇道文武皇帝詔去文武二字餘許之太宗易尊號三皆與此碑不合碑建於景德二年為真宗即位之八年書碑人為鄉貢學究李自新以宋有學究科官也撰文人弘福當即碑前列之業維摩經者文內貞民即珉字之省筆石刻叢編於首行詮旨誤為證百又號河誤為號河功德主僧宗感誤為泉盛並附正之

○建后土廟碑記

令之氣□□□用□□□□配天□不息□□萬物長之以育萬類坤大德也□□令□□□□□□□巨細□□坤□□□□為雨起□為風□雨□□□□□□□□物而□□□坤□□□

□□□□□□□□□□德隆□□□□□□□□□□□
□之主者必乂天而□地□□□聖主□□□□五月祭地祇於
□□□□□□□□□□□□□□上言□□□□□□
□瑞遂立祠□雎上為五□用雲□□□□上帝□上躬至□□
□□□□□□□□之□□□在魏□□□□□□□□
□於京城北郊土壇以祭之故祀之豊□□□□祇肅或不□皆
台□□□□之□□□□□□報□□□□降其□□□□□
□□中天子修□帝故事親祀　后土□□□□祭之日祥風
繞壇□□□□元□光□□□□□□□三十年乂□□□□□□
□□□元已没大祀雖存躬祭且闕雎丘之上□□□廢時祀之

與寢而□□以至□□□□□□□□□□□□□□□□□
□□□□□今上祥符中□□道涵生民□□仁□□□□作之
外咸東正□□□公卿□□□□□□□□□□□□□□□
□□□□□□陛下德與五帝□而功與三□□元年□□父老
之請尋建□□□禮□□□□□□□□□□□□□□□
□□□□□□天子納之明□□□幸雎上□躬祀之其儀制之
盛祥瑞□□□圖□□□□□□□□□□□□□□□□
□□□□□□謚□神功聖德□乎□□□非□□天之明繳事
地之祭□□□大祀之□□□□□□□□□□□□□□□
□□□□□□神□□□執事□□致齋於□□凡供祀之物必

大□有一所紀首為不□□□□□□□□□□□□□□□□
□□□□□□所以有□后土□者案縣□□無有也祥符七年
春至夏五月不雨□□□□□□□□□□□上□□□□□□
□□□□□□共活之願立祠焉翌日而雨雨三日足是秋既熟
禾□□□往來□□□□□□□□□□□□之□□□廊我之
□□□□□□□□揆日度事陶者梓者石者坧者泊丹䕶□各
獻其能咸□厥□□□□□□□□□□□□□□□□□□□
□□□□□日□□任侯梁馬等走於脽上迎　神之靈圖□□之貌
塑其像於□□□□□□□□□□□□□□□□□遂成□□
□□□□□不盡其誠神不可不降其福交感之際非至誠曷能

臻於此歟□□□□□□□□□□□□□年□□□□□
□□□□神之明靈曷傳後世邑民等亟來請文□公不可讓
退不獲免□□□□□□
團練推官將仕郎試祕書省挍書郎錢敏乙
團練判官宣奉郎□大理評事　皇甫鳳
宣德郎太子中舍通判軍州兼管内勸農事正騎都尉借紫□□
朝奉大夫行尚書屯田員外郎知軍州兼管内勸農事□□□

右碑高五尺二寸寬二尺三寸共二十三行行各五十字徑五分半正書兼行體題目剝泐無存惟正文所存之字約有一半最後四行均行書徑亦五分半今在汾陽縣望春村后土廟

按碑文剝泐不全其可辨者五月祭地祇立祠□雖上又於京

城北郊土壇以祭之故事親祀后土三十年下又有祀雖存躬祭且闕脽丘(今山西榮河縣北漢武帝立后土祠汾陰脽丘)之上□□廢時祀之典等語蓋言祀脽丘后土之典久廢也元年□□父老之請天子納之明□□□幸脽上□躬祀之考宋史本紀大中祥符元年(真宗嗣位之十一年)三月甲戌兗州父老詣闕請封禪四月甲午詔以十月有事於泰山越三載舉墜典備法駕復展義於汾脽(見萬泉縣天禧四年建后土聖母廟碑)當即指此碑又言祥符七年春至夏五月不雨願立祠馬翌日而雨蓋因禱雨而應迎神靈於脽上建廟塑像也後書團練推官試秘書郎校書郎錢敏乙團練判官宣奉郎□大理評事皇甫鳳考宋史團練推官掌禆贊郡政總理諸案文移

斟酌可否以白於其長而行之從八品此書團練推官是汾州
亦為團練州故書試銜特領斯職又書通判軍州兼管內勸農
事□□□□尉借紫□□及知軍州兼管內勸農事□□與祥
符九年定襄東嶽廟所列忻州軍州兼管內勸農事輕軍都尉
借紫胡令儀通判忻州兼管內勸農事正騎都尉李佩書銜相
同是碑為祥符七年立惜名均剝泐焉

○汾州大中寺太子禪院墳塔圍葬
定光佛舍利塔記
將仕郎試秘書省挍書郎守西河縣尉薄洙撰
粤真如性妙智圓明不增不減无滅无生寂然真空感而遂通顯

揭至道啓萬大士降率陁天生于王宫大悲自然現成道身四十

九年大般若行萬瀍以宣發露真筌其道旡垠日中轉輪其利旡

際被于天人納有入口復歸真寂若日不測荼毗金身靈氣無漏

成設利羅八斛四斗十六大國奔忮恐後或肩或頂人間天下各

各分布八萬四千寶塔隆構有生感念依歸傾慕福利求廣罪苦

索響不差應報先

佛定光日月智慧理行堅固修證無替緣終歸寂

釋迦無異于郡之左日有信士伏膺　佛法歸心不貳博訪高僧

堅求舍利曰汾之陽厥名惟一厥姓惟張

天子所㳄聲名四方時有梵僧與物非常如珠百粒五色含章磪

之愈堅火之檀郁来之愈督與之數粒拱捧嚴肅捨有限財構无
爲福存存惟永寶塔崇興刊諸琬琰萬世明明
維大宋嘉祐二年歲次丁酉四月丙午朔八日癸丑
葬畢記
東京左街定安禪院奉　宣住持傳法賜紫法遠大師道一
前僧正賜紫下缺　將仕郎守西河縣主簿賈惟孝　習明法學口
口口
右碑高四尺五寸二分寬二尺二寸二分共十八行行三十字正書徑八分額篆定光佛舍利寶塔之記九字字徑二寸原在汾陽縣冀村鎮北大寺今存本鎮蝗蟲廟西廊下
按縣志東郭天寧寺爲漢郭林宗故宅唐建大中寺宋改名太

子院善昭禪師住此有振錫而至者謂會中有大士六人奈何不為說法又有道一禪師即後列法遠大師也僧問學人親切處曰慈母抱嬰兒問學人著力處曰千斤擔子兩頭重此書太子禪院墳塔圖葬定光佛舍利塔記蓋墳圖在冀村葬有定光佛舍利建塔也考定光佛即燃燈佛初生時周身有光如燈故名舍利為佛骨椎擊不破佛卒後焚其身有骨子如五色珠光瑩堅固因造塔以藏之記云有信士伏膺佛德堅求舍利厥名惟一厥姓惟張時有梵僧與物非常如珠百粒五色含章檜有限財搆無為福寶塔崇興刋諸琬琰是記張惟一求舍利建塔也嘉祐為宋仁宗第九年號二年丁酉距今已八百七十八年矣前書試秘書省校書郎守西河縣尉薄洙撰後書守西河

縣主簿賈惟孝皆非實任而署理者唐書百官志守中書令守鳳閣侍郎是也試郎試用之義武后時吏部大置試官是也至宋仍沿之均可為補縣志職官之助

○汾州別立大宋磨崖碑文記

朝奉郎尚書屯田員外郎通判汾州軍州兼管内勸農事輕車都尉賜緋魚袋謝景初撰

狄武襄公之平儂氏蠻也今吏部侍郎余公靖以經略安撫使在行乃即桂林之崖磨而刻詞以記其功

武襄公寔西河人繇布衣自奮暴露斬馘裁十餘載擁旌開府出入宿衛以至樞密副使固已聳動天下之耳目矣及其破賊邕管

蓋自數十年來征討四方未有禀受
聖筭當長帥之任其成績實効可與之比者不唯四夷君長回是
而讋惕直亦中州士大夫驚視駭歎以為一時之異也已而不擢
拜樞密使其後遂平章政事正位外相以薨
天子震悼不已故詔册之贈典謚誄之易名賻賵䘏孤莫不加等
又為
親題神道之碑首所以褒寵之極厚其歸葬西河之二年也嗣子
西上閤門副使諮與其昆弟族人謀曰
武襄邕管之功如此其盛而桂林所記莫詳焉凡今天下之人下
至於士卒田野無不喜道其事而願見其詞者況吾娳舊之間哉

今桂林之遠萬里其祠不可常得孰與即吾丘墓里巷之近礱石而鑱之使與

御題之碑並峙而共久流布而傳誦為無窮之聞歟於是其昆弟族人皆謹且泣曰孝子之事其何以加於此乎乃摹余公之詞於石而立之於汾州奉親顯慶之佛寺又來請文以識其所以然嘉祐五年秋九月壬辰記

右碑連額高五尺六寸寬三尺一寸共十八行行各三十三字正書字徑八九分不等額隸書磨崖記序四大字徑約一寸二三分不等原在汾陽縣北劉村狄公墓今存圖書館

按磨崖碑在廣西桂林縣龍隱岩潛真洞碑磨崖高一丈三尺廣八尺二十六行行三十六字正書字徑二寸五分額篆平蠻

三將題名六字橫列徑尺許（見金石續編）碑云儂智高寇廣南陷十二郡據邕州（今廣西邕寧縣）神道碑云陷沿江九郡宋史作八州狄公破賊於歸仁（今邕寧東北三十里）餘黨遁於銅柱（漢馬援於兩銅柱於象林南界與西屠國分疆是也）之外御祭碑序云遁於大理國（今雲南地）與此稍異此碑既書汾州別立磨崖碑記序又云摹余公之詞於石而立於奉親顯慶寺則必另書有磨崖碑文現序記碑存而磨崖碑已佚茲另錄原文於叢刻類序云吏部侍郎余靖以經畧按撫使在行即桂林之磨崖而刻詞以記其功續通鑑長編嘉祐五年八月乙亥吏部侍郎集賢院學士余靖為廣南西路體量按撫使東都事畧亦於靖從譚（今湖南長沙縣）青（今山東益都縣）二州後書除吏部侍郎記作於

是年九月故書吏部侍郎靖字安道韶州曲江人官至工部尚書狄諮為武襄子熙寧中歷官東上閤門使謝景初字師厚南陽人絳子慶曆六年進士知餘姚縣有政績還益州今四川成都縣路提點刑獄以屯田員外郎王臨川集外制屯田員外郎謝景初可都官員外郎致仕黃庭堅為其婿衡書通判汾州夏侯氏墓碣云謝絳之夫人太常博士通判汾州軍州事景初之母亦可証蓋於判汾州時作此記也又嘉祐三年撰魏文侯墓碑其倅汾時必久也景初有風節不奉安石新法而不拘細行提點刑獄坐與娼滛免官元祐間孫永為雪其誣山谷秋懷詩云謝公蘊風流詩作鮑照語又云世方用賢髦先成泉下土詩作於元祐元年之秋豈元祐初事甫雪而即卒耶碑陰有元至順二年續刻封號另列叢刻類

○汾州西河縣永澤廟記

距城西北三十里曰白彪山山之旁有泉出焉瀺灂清流噴涌屋沓有廟翼然臨于泉上者魏賀虜將軍祠也歲時禱祈若響若荅前此長吏欲丐封爵于　朝而躊躇莫克有請摧垣庳□歲壞月隳上雨旁風不稱明靈崇寧乙酉令　秘閣許公自陝部來守越明年春三月□雨以旱禱于　祠下油雲結陰甘雨隨至秀偃植槁躋登豐年　公歎曰异哉夫山川之神□出雲雨救一方之旱於俄頃之間克庥于人千里蒙福宜有褒封用焜燿茲土俾萬世承事□怠乃侈　神之功抗章來上

天子嘉其靈德秋七月乙巳　詔賜永澤廟於是書而揭之稚老

竦觀遠近奔走咸願新祠宇而西河宰汪舜昭因民之請凡前日
欒櫨欀桷之撓折者塵濛蛛絲之黯闇者赤白之漫漶不鮮者今
則明宮齋廬䜌彤華構輪奐而翬飛矣且　公以一言上則信乎
朝廷而寵神以美名下則民所取信不待勸率而新其廟貌是
一舉而兩得也謹案圖經　將軍諱原爲後魏將師行過此馬跑
地出泉而靈源濯溉功利及物自魏距今寥寥更數百年而襃榮
之禮始加焉蓋事有待人而興者惟　公以忠信豈弟拊循斯民
疽抉其根苗去其莠小大斬斬事無留刀又得賢別乘以為之佐
故其相與爲治之意至誠惻怛通于神明用能易沴爲和剔荒爲
穰而將軍之明靈自此益顯矣雖然旌封之典著在甲令日者太

常禮官謂宜先錫廟額固自有次第也惟徽名之建實自　公始煒煒煌煌昭示無極而爵號則猶有待然　公指日去此而為金馬承明之遊蓋將有來者焉繼　公以請也登既載其巔末故又以所望乎後者并鑱于石而立諸其廡崇寧五年九月初六日從事郎權州學教授倪登記將仕郎司法參軍吳以書

從事郎知西河縣事汪舜昭立石

朝奉郎通判軍州事飛騎尉賜緋魚袋張　謂

朝請大夫直秘閣知軍州事騎都尉賜紫金魚袋許　天啟

右碑高五尺八寸寬三尺一寸五分共二十一行行三十六字正書徑一寸二分額書永澤廟記四字徑四寸二分單行平列今在汾陽縣神塘

按碑言將軍諱原而賀虜則未詳考後魏官氏志有賀虜氏本代姓孝文改為婁氏亦作賀婁又有賀魯後改周氏此為賀虜蓋皆譯音故字有不同是賀虜為姓將軍為賀虜原邑人傳言將軍平寇至白彪山馬跑地出泉可溉田千頃邑人感德建祠祀之其泉清冽有若晉水號為第二泉為邑名勝元馮鈺介休潤濟宣和元年封潤濟侯廟記謂將軍為源賀從魏世祖擊西河叛黨白龍至山下然源賀傳不載其事且此碑明謂諱原非姓原也戴東原修汾陽縣志以水經注為原公水即列國趙之原過非源賀此谷亦名葫蘆谷賀虜其變音也由此觀之蓋原為原公水後以賀虜功又傳以賀虜名古之有功德於民者往往以姓稱

而不名亦往往以鄉人崇祀而不見於史傳禮所謂德澤及於民者則祀之是也碑言崇寧五年三月以旱禱得雨許公抗章請封七月詔賜永澤廟九月立碑記之撰書人為州學教授倪登司法叅軍吳以立石為知西河縣事汪舜昭宋時置汾陽軍故許天啟知軍州事張諤判軍州事皆可補縣志職官之缺

○潤濟侯廟記

中奉大夫知汾州軍州管勾神霄玉清宮萬壽宮管勾學事兼管內勸農使兼點檢牧馬事借紫金魚袋周煒撰

宣和元年夏五月今提舉秘閣開封李公始領河東水事會天久旱川流涸竭而修楠巨梓積於汾之境內者不啻數萬計是時朝

廷有大營造詔令絡繹公夙夜敦促懼不時進而煒領郡纔踰月
承命靡安殫思竭慮殆非人力可及乃詢父老求神之有功於民
者將禱之咸言距州三十里有祠曰賀虜將軍在後魏嘗屯兵山
下水遠士渴馬跑地出泉令疏其流溉田數千頃歲時亢旱有請
必驗煒乃涓日指祠默與神約且曰惟神廟食茲土有赫厥靈能
於此時同枯借潤激三尺之波寬萬夫之力吏得逭責敢忘神休
史奉祝讀未訖有雲蔽空來庭廡變夕翌日大雨綿延浹旬一川
澎湃汹汹然若擁千軍萬馬如昔時於是圓若楹者方若梠者曹
雜而相依若橑者喬傑而特出若棟與梁者結桴聯筏首尾相銜
屬邑晏然不勞而辦郡以狀言公異其事抗章請封以為神寵有

旨進五等爵是為潤濟潤濟之命寔自公啟初祠無額崇寧間郡將許侯上神之功朝廷始以永澤榜其廟時有紀其事曰徽名之建煒煒煌煌當有來者繼今以請後十年乃有是封是豈無待而然邪郡人素嚮神平時祭賽惟恐後聞公為請樂之遠近出金帛以佐完繕者日相踵由是神宇加新威靈益熾汾再歲大稔神有力焉煒嘗謂神依人而行而人亦賴神以濟二者常相須亦各從其類也是以聰明鯁亮之神必忠孝端莊之是聽故曰靖共爾位好是正直神之聽之式穀以女又曰靖共爾位好是正直神之聽之介爾景福公以靖共飭身以正直將使事乘軺攬轡不憚寒暑而藹然忠孝端莊譽孚於上下是宜神之聽之其效如此故一歲

之間華資峇進乃知天子式穀而神介之福公有以取之也煒以守臣備詳靈貺且慶公能發揚隱德以聞於朝迥為序其本末刊寘廟左

右碑原在汾陽縣神塘賀虜將軍廟今佚故碑高寬字行無考茲從縣志抄以存古

按縣志未錄立碑年月考文內崇寧間許侯上神之功始以永澤榜廟即崇寧五年碑知州軍事許天啟所請又文云後十年乃有是封以崇寧五年計至宣和元年已十年則此碑首敘宣和元年夏五月等語當即是年所勒碑云李公領河東水事（介休元馮鈺潤濟侯廟碑謂公為河東經畧按撫使）督運巨木以應朝廷營造周煒初到汾天旱水涸謁祠禱雨水漲聯筏不勞民而木運李公抗章請封進為潤

濟侯此賀虜將軍為潤濟侯之始也惜李公未詳其名而周煒亦未見於汾志（見祭平遥超山神文）然其忠孝之感格未可湮也廻憶念二年秋余初莅汾飭運橋橇覓車念餘輛費幾兩萬元安得有將軍者默為之助而俾省民力耶讀此碑不禁感慨及之

○金刻漢郭有道先生碑銘并序

陳留蔡邕伯喈撰

先生諱泰至是則是效（共十五行行三十四字正書字徑一寸文不備錄）

○重建郭林宗碑陰記

朝議大夫同知忻州軍州事張堅

碑當建墓所去古遼絕無從考證西河圖經猶載　先生之墓在

山西介休縣東二里父老相傳嘗有小石以辨塋域村之愚民懼
其撿括遂夷壠埋石不知　伯喈之銘自何時而没汾州大中寺
實　先生故居攺刻于此亦既久矣陰雖有識字類唐初莫能了
然誰氏作也大軍之後玉石俱焚遂失所嚮至天會乙卯歲三月
初吉日處士靳中和年踰八十志惟嗜古且以字畫名世碑得以
復興而郡人任傑僧宗裕欣然從之與有力焉乃立于寺三學院
夫　林宗之德伯喈之文子通之書偉矣堅何預焉而子通之子
復必欲堅紀其事謹贊曰　是翳有道之碑久而益傳　文德粲
然　垂九百七十二年　嗚呼賢哉
增建安吴無量書

汾陽張莘刊

西河任傑立石

時三學院傳教沙門宗裕同立石

碑側

汾州東郭大中寺卒東漢郭有道先生之故宅也先生碑記在馬會戊寅兵火寺俱廢唯碑具存丁亥本州創起玄元宮亦卜子夏之舊祠祠既再建先生預五賢之數列於左口嘆其碑刻第恐歲久風剝雨漬遂移於先生之位次庶幾有光先生之德亦使後人知先生之名冀其不朽其文當時蔡伯喈所撰後天會間州人處士靳中和書汾濱老人張莘刊字寺宰僧宗裕立石故併及之時戊子前一日鎮撫田天佑識

右碑高六尺八寸四分寬二尺六寸前面書蔡伯喈撰文共十七行每行三十四字字徑一寸正書額篆郭有道先生碑六字徑二寸四分碑陰上節刻記文共十八行每行二十字字徑九分碑左側厚八寸五分上節書文七行每行二十四字今在汾陽縣府文廟

按山西金石記宋謝景初魏文侯墓碑云郭林宗墓在介休縣東二里蔡邕作碑在墓之側余於州城東大中佛寺今為天寧寺北庭得林宗碑備刻蔡邕之文其一記林宗後裔不刻立碑年月推事似隋唐間不知何時移置州城也余今訪求而林宗墓亡之矣據此記則介休墓尚有小石以辨塋域愚民懼其撿括遂夷壠埋石不知伯喈蔡邕字之銘自何時而歿汾州大中寺為先生故居敢刻於此字類唐初莫知誰氏作大軍之後遂失所嚮

是林宗墓碑自宋已失寺置唐碑至金亦亡天會十三年乙卯三月靳中和重書蔡文立於原寺正隆三年戊寅兵火寺廢碑存大定七年丁亥建卜子舊祠先生位列五賢（卜子夏田子方段干木三賢併介子推郭林宗為五賢）遂移碑存祠現府文廟後為三賢祠當於建府文廟時移此也大定八年戊子鎮撫田天祐附識碑側

又據石墨鐫華謂介休墓碑為一秀才盜去縣令王正已重刻之復磨泐而再刻之今亦亡矣所存者有上元鄭谷口蓋與陽曲傅青主山所書兩碑傅碑側自記謂洪景伯天下碑錄此碑有二一曰郭有道碑蔡邕書在太原平晉（宋為平晉縣）龍泉側一曰郭林宗碑在介休墓側歐（歐陽永叔）趙（趙明誠）集古及金石錄皆不見

此碑蓋自宋南渡之前已不可得矣汾陽董偉得一本碑字陋
甚或即金重刻之碑歟
又介墓傳碑係青主臨其家藏漢碑令其孫蓮蘇双鈎上石鄭
亦工書而較字則遜故今知有傳碑而鄭書則鮮知者清光緒
間山東濟寧州有新出土之漢郭有道碑係乾隆間州人李東
琪所刻未審與此金刻之碑優劣為何如

○重修儒學記

汾陽軍節度使李山撰

汾於河東號名郡文風不替蓋有卜𠭊之遺焉州學宏麗年遠寖

成荒圮殿宇傾漏齋廡疎剝殆不蔽風雨西廊四楹舊缺未備樓觀鼓斜危不可登生徒講誦未見安所學之前後雖有輸租隙地而歲入無幾莫償補治之資以故居者相仍坐視彫敝同知節度權州事康侯玉潤甫下車顧贍恐懼思為作新之而資用缺如會州有捕盜徵賞錢五十餘萬寄貯公帑侯曰用是以新吾學可乎同職者從而勸之議遂決即委學正王大純率禮案主吏郭瑀併取地租見在傭工市材以甲申六月乙丑始事至七月癸丑畢工敧者正破者完無者增敝者飭殿堂廡宇煥然一新自文宣尻位至於鄒兖神座各施羅幌黄紅有差壁繪七十二賢就如彩色駕帨之前闢為六齋分序兩廡即至牆垣甃墁之飾版閣門窗之具

無不整嚴不費於官不勞於民汾之庶士未見斤斧之施畚鍤之運而功已成嘗謂材之難於天下久矣君子施政固自不同才小而處雖不出位猶患未周才大而敏至於餘事無所不辦僕目觀勝事賞侯之才有餘且知風俗之原也喜而為之書

右碑原在汾陽縣文廟今佚故碑高寬字行無考茲從縣志拟錄存古

按碑屬金而未錄年號文言甲申六月似為大定四年或正大元年康侯玉潤權州事見汾州府志但亦無年月可考

○金昌寧宮碑銘

汾州觀察判官王遵古撰

古金天氏之子曰昧為元冥師臺駘元冥之少子也能業其官宣

汾洮障大澤以處太原帝用嘉之封諸汾川沈姒蓐黄世守其祀唐貞元九年始廟於近郊昌寧之封自石晉始宣濟廟額宋復加馬令累詔有司祭名山川爲民祈福牧民者得不欽若天旨奉揚仁風洽神人導和氣哉大定十三年春夏旱暵汾鎮葛侯有事近郊而膏澤遂沛卜日虔謝而益以嚴粢盛慶有秋爰因民請俾遵古實其事云公汾神也山川之神水旱癘疫則禱之禮也交以德不以瀆侯感之誠神應之速天子之德百姓之福此聰明正直之驗也銘曰莫潤匪汾莫靈匪神元冥之子少皞之孫世長水官有功於民禱不崇朝膏雨既零禾麻菽麥既庭且碩豐年穰穰民揚厥德願侯康強神恒血食報之以文勒之以石匪直爲報後世是

則

大定十三年□月　日

右碑原在汾陽縣昌寧宮村北昌寧宮現宮宇頽圮尋碑未見此文錄於縣志故碑高寬未詳

按縣志臺駘廟在城南南三里唐貞元九年建有碑令狐楚字殼士以文學有聲憲宗時為中書舍人撰文又大金大定十三年汾州觀察判官王遵古碑銘即此碑遵古河東人為黃華老人之父王庭筠御製詩引云王遵古朕之故人也乃子庭筠又以才選直禁林見縣志流寓又任汾陽觀察判官葛偯未見於縣志碑云臺駘為元冥少皞之裔孫昧為玄冥師水官也之少子能業其官宣汾洮左昭元年子產曰臺駘能業其官宣汾洮洮水出聞喜縣東南源在絳縣橫嶺山障大澤以處太原帝顓頊用嘉之封諸汾川沈姒蓐黃四國名世守其祀寧武昌寧公

廟碑謂至春秋時晉主汾乃始滅之子產謂爲汾神良有以焉而未記廟之始寧化南定河村有小丘傳爲臺駘墓上有叢祠汾陽人任知微爲寧化州判官以春秋傳證爲神墓神祠乃相與修廣舊祠考汾水源於寧武之管涔山而汾陽東濱汾水其均有祠宜也任知微之證爲水神亦以汾陽有此祠也碑又云唐貞元九年始廟於近郊昌寧之封自石晉始宣濟廟額宋復加焉寧武碑云唐有令狐楚謝雨文之碑晉有昌寧公之封宋有靈感玄應公之贈宣澤廟之額舊郡守賈公有禱雨獲應詩足證神應禱雨爲民錫福歷代加封與此相同惜廟圮碑佚而志載文亦删滅不全特列以存古蹟表遺德耳

○金文湖神祠記

同知汾陽軍節度使雷志

大定癸卯十一月僕祗命佐治是邦閲視圖經城之東十里有文湖東西一十五里南北八里湖之西側臨湖有城謂之豬城以是考之即古西河縣治在此酈道元注水經云水南經兹氏縣東為文湖灤沿波討源其來遠矣自孝文山縈紆疏流文谷經子夏山東來約三百餘里至此為大泊其流溢分派二湖曰真稽曰元象皆子湖也暨四山通氣升則致雲降則致雨菰蒲藏舟蓮芙映水汪洋浩渺氣象鬱蔥鄉之民漁者耕者咸賴以育其生夫大河之東高阜層巒緜亘相接其土磽燥獨此陂匯澤流若江湖然寔一

方之勝觀也湖碑令孤楚所製崇寧間汾水泛漲失其所在近者濱湖居民利其耕懇之饒遂相浚渠引入於汾太守傅公慎徽常力拒禁阻後秩滿去終決而注之遂涸但覩平疇麥浪綠野雲屯農家田父之趣具矣向所謂江湖之景一無存焉然而神宇尚在四時祭祀每水旱有祈即報民獲其慶但年遠荒圮不亟重修建碑恐後來不知有此湖之號也遂鳩工度木制度一新余遂書其事以永其傳凡物興廢有時後有賢守令塞渠遏流使水留積故地明神幽贊安知其不復為澤國邪

右碑高約五尺寬約二尺共二十一行首行書文湖神祠記次行銜名已滅無餘每行上節前七行存四字中十行存一二字後三行存八九字餘均剝落行書尚佳字徑六分

此文係抄自縣志今在汾陽縣潴城村文湖祠

按碑言城東十里有文湖是即今城也湖東西十五里南北八
里是湖之長廣包濶雷家堡北庄乾河村康寧堡東西堡障等
村均在内也湖西側有城謂之瀦城是即今瀦城村也碑言即
古西河縣治是古西河縣在瀦城村也然水經注云水南經茲
氏縣東為文湖考茲氏縣治在今鞏村俗呼甄子城晉從漢之
隰成縣（在離石西北十里穆村）於茲氏境改成為城省茲氏入焉是在茲
氏縣境非即茲氏縣治疑即今縣城元魏太和八年置西河郡
於茲氏城孝昌二年兼為汾州治隋初隰城仍為西河郡治唐
肅宗上元元年改為西河縣是西河縣治即在隰城縣也而碑
謂在瀦城殊可疑水從文谷經子夏山東來至此為大泊分二

派曰真稽曰元象爲子湖今俱失考唐有令狐㲉士製碑宋崇寧間水漲碑佚惟唐謂之西河泊宋謂之西河濼均以西河縣名也金謂之文湖濼以文水所聚名也明謂之瀦城濼以瀦城村名也一名西湖今名文湖菰蒲藏舟爲縣名勝志稱文湖魚唱是也金時濱湖居民浚渠入汾利墾耕田太守傅慎微常力禁阻後去而終決水涸田多然旱則缺水而失溉潦則水泛而遭浸以水無所瀦也今之連年水災民國二十一二年遭水災亦原於此此雷公撰文所以仍望塞渠遏流使水留積故地復湖之利也今則地闢居民勢難再復惜哉雷志渾源人金貞元二年進士爲同知北平轉運使雷思之弟見山西通志碑云大定癸卯十一月佐

治是邦是世宗二十三年蒞汾碑亦定立於大定末也

○太符觀創建醮壇記

鄉貢進士張蜕撰　　西河任罡書　　汾水李元甫刊

伏以恢崇琳宇合法度於人天建立星壇示威儀於福地所呂層分三級制按四方計興創始之旁焉有不貲之費須憑豪邁眾結良緣是用步履森嚴列黃冠之導唱絪緼縹緲有白鶴之來迎上則可以薦福禳災下則可呂扶幽出滯不可思議起無邊心兹者本觀特建醮壇一座又浚井於其中大凡工物之資悉自擅那之助者哉

謹具檜那姓名于右

南郭村

任應　皇甫京　許屛　進義副尉李肇　王整　王溥　任

之綱　任祀　田口　任準　田琳　皇甫徽　任選　程口

皇甫礼　李宣　田楫　皇甫昇　進義副尉解万　許收

武閏　皇甫政　任理　任德文　皇甫顯　郭聚　任述

張美　進義副尉李昭　進義副尉王榮　守税户郭豊　任

順　賈窣　程通　王京　郭賢　王口　延敷　樊山　李

才　田口　任福　任良　任賢　樊惠　樊忠　皇甫壞

任益　皇甫現　王詔　任口　任口　任玘　田京　田順

田濟　田㸌　任莒　任迪　成益　郭能　任綱　李口

郭德　陳現　任現　郭祐　進義副尉張興　李大臨　王

大樂　任大口　孫顯　王琳　王義　張榮　武榮　李實

王信　王口　皇甫王氏

郭柵鎮　保義副尉商酒務同監李居仁　攢司郝實　進義副

尉張口　進義副尉馬威　口里口　褚口　安貴　張德

張現　婁收　程潘氏　張如　鄉貢進士武驤

雙塔村　進義副尉王彥　劉口　任傑　趙儀　進義副尉孫德　王

祐　王政　李威　李珪　李恕　郭口　郭順　進義副尉

孫□　姚忠

北郭村

郭翱　郭義　郭□　郭灝　楊順　楊意　李□　郭玘

郭清　郭□　李□　劉懌　姚揚　孫□　郭□　王璹

婁順　□□　□筏　姚紫　李聚　□□　李揚氏

任顏村

常□　常楫　馬璘　常梅　魏順　任志　任珊　劉海

王慶　李京　成翔　劉深　李甫　馬康

愛子村

進義副尉郝達　王佑　李德　陳暉　進義副尉張潮　進

義副慰張時　張□　陳威　邢□　鄉貢進士王宇　進義
副尉成保　張福
本州孔目胡譚　潔惠坊魏艮　□□□　□□　楊傑　任□
將相坊王疇
郭栅鎮□□邑
武暉　張□　魏廣　魏符　李京　田政　田窜　安祐
安餢　程迪　楊還　魏權　郭才　張仙
施鑿井匠南郭村王應　王聚　北郭村吴玉　南郭村姚忠
砌增塼三雙塔村劉存　馬二　九枝社段境
本州天寧觀□道士盖全明　任全懿　段若拙

李襄　趙□　寄禍　宋元信　任原昇

前太符觀監觀□□道士武子□寄居住庵張守元

承安五年五月十五日住持太符觀監觀主□道士張若愚立

門人道士任志僊　道童馬志道　張山壽

右石高一尺三寸寬二尺七寸五分文併人名大小共四十九行行字多少不等正書字徑三四分不等今在汾陽縣盡善上廟村本觀玉皇祠

按石為建醮壇及浚井而記文中書丏即功字鸖即鶴字壇即壇字進義副尉考金史職官為從九品下大定十四年所增設保義副尉亦見金史職官至酒務司監即今監酒稅之職鄉貢進士猶沿宋之科名皆可補縣志選舉之缺承安為章宗第二

年號五年為丙申實即位之十一年也

○西河宿靜村上善渠記

徵仕郎前汾州教授武松齡撰

武節將軍行汾州錄事驍騎尉韓鼐書

承安戊午無射上九日學生馬嗣敦來予之客舍懇求為文予謂何記何文嗣敦摳衣避席執北面之禮曰汾城西北十餘里宿靜村里人劉清任理劉仲韓敬韓翳韓千韓聚張琳郭璠王溪郭儀趙槩等囑曰本朝皇統二年春夏旱暵我祖先□準郭景張槩同里人韓京韓恭郭友任卿韓侑韓贇趙槩等開導西有泉渾渾不捨晝夜計工而不能攻由是斷崖深壑甚可畏哉當時鳩工志圖

欲成沿崖架壑擬漢□延之法向架棟于官河之上注水于本里
之間各備□物立劵買到劉村高良已田四畝以為水道迄今存
□□□二十一程周而復始庶絶其弊人多獲利田屢較豐雖天
雨愆期里人無嗷嗷之聲可謂美哉欲教授先生□□□碑猥不
任□勝欲嗣敦為先容乎嗣敦辤不獲已故拜請文於先生硯右
幸無阻焉□予雖不敏□子懃志聊述片言不惟應所索之命抑
亦旌劉公輩之用心耶故可名曰上善蓋取諸聃龍至人善行□
弱無尤之事也故經云上善若水至善利萬物又不争處衆人之
所惡故幾于道有旨哉今能繼志述事不隳本業貽慶至今古所
未有将以予文叙祖先之懃迹引水之□例其約也顧有其久□

□□□孫心無違厥旨無訟于官足杜爭源可鑱貞石予特嘉其誠而為之記

本渠使水程人姓名

一列

進義副尉劉文義

郭化里十一時　郭全五時

進義副尉任理房孫任興

韓玖　韓珪八時　韓章　韓香六時

三列

韓和

劉仲　韓榮

王德　郭儀四時　郭時一時

二列

進義副尉韓京

進義副尉韓聚　韓演二時

張琳　張政　張三

趙槩　趙重陽四時

王才　曹顏一時　曹芸一時

承安五年八月初一日郭儀郭時任理韓千韓聚劉清管

勾立石　汾水畢城摸刊并篆

右碑身三尺二寸寬一尺八寸五分共二十行前題銜文十四行行各四十字正書兼行草字徑五分後列人名年號共六行分三列行字不等字徑四分今在汾陽縣肅靜村學校

按承安戊午為金章宗承安三年記言汾城西北十餘里肅靜村劉清等囑曰皇統二年（金熙宗即位之十八年）春夏旱先輩開導西有泉沿崖架壑注水於本里買到劉村田四畝以為水道即今峪道河之水蓋自金皇統初始開渠引水灌田以救天旱分水二十一程俾免爭端即今十二池之濫觴武公名曰上善取老子上善若水水利萬物而不爭之義也腁龍即老腁道其猶龍之

謂後列人名皆有使水之時至今人猶本此使水雖時刻多少有不同而其規程則猶不紊誠至善之舉也

○汾州西河縣畢宿廟記

河東形勝之地風勁氣寒比太行之東不知高幾千尺也故自古無水患魏地隘狹土陂山岡歲時所不足者雨耳凡山澤可興雲雨境内諸神之祠遇有水旱求無不至汾州圖經載城北一里畢宿廟自景德以前有之畢八星左為天綱趙地冀州之域分野所在陰雨之星故謂之陰星畢西方金宿雨東方木氣金克木為妃故從妃之所好庶民惟星亦好其所好是氣類相求者也風雨師春秋已有常祀畢宿廟貌俎豆尸而祝之亦無不可有其舉之莫

敢廢也晉志箕畢是二十八宿之名風雨師是星之下隸兩祭無
嫌樹老廟古年世已深邦人香火之奉能相與續而增新之廟與
天星之久歲獲時雨之徵 馮思輩乞言為記謾序其大槩付之刻
石於祠泰和元年六月 八日中大夫前汾州節度觀察使許
安仁記并書山西汾州知州洛陽劉衎疇重修

武畧將軍汾州軍資度使辛慶智 進義副尉趙千 進義副尉趙万 馮定 辛恒 李琦 馮思男信 李寸 李西 仕忠
王信 王豐 馮浩 馮志 趙深 馮儀 李良同立石 進士楊天祐毉博馬旭勸緣 汾水畢城模勒并書趙時同刊

右碑連額高五尺一寸寬一尺九寸一分共十四行行二十六
字行書字徑一寸額篆汾州西河縣畢宿廟記九字徑三寸原
在汾陽縣馮家庄畢宿廟
余令移存文廟圖書館

按許安仁字子靜献州交河人善屬文登大定七年進士歷任

翰林修撰明昌四年薦阻章宗幸景明宮出為澤州刺史二年從同知河南府事升汾陽軍節度使致仕泰和五年卒年七十七歲謚文簡金地志節度使兼觀察使汾陽為節鎮故結銜為節度觀察使碑立於泰和元年六月而後書汾州知州劉衍疇重修縣志劉衍疇為河南舉人於萬歷十九年到任是此碑重建於萬歷十九年間

元遺山題許汾陽詩後許彥清亦其從祖汾陽君山水圖詩語極高妙而其字畫與明昌辭人龍岩（當為趙秉文與趙渢王庭筠齊名）黃山（趙渢）諸公各自名家其子右司諫道真（名古）亦以能書稱今以汾陽筆法較之父子如出一手碑書超拔洵為名家廟名畢宿取箕好

風畢好雨求雨之祠也後列人名多馮姓足徵馮家庄之名自金已然矣

○永豐渠記

承務郎前監察御史雲騎尉賜緋魚袋任知微撰并書

前守寧州安定縣令武騎尉賜緋魚袋田曦篆　額

美哉渠流之灌溉所以育五穀也其來遠矣肇自禹抑下鴻民得平土而居之后稷播種烝民乃粒功施於三代然人未知有渠漑之利至魏文侯時有西門豹鑿十二渠引漳水以灌鄴田其後曾孫襄王時有史起亦為鄴令引漳水漑田以富饒之河内民歌之曰決漳水兮灌鄴旁終古舄鹵兮生稻粱秦用鄭國鑿涇水為渠

關中號為沃野至漢武帝時有白公私發渠旁亦引涇水灌尚昂之田民得其利乃歌之曰涇水一石其泥數斗且漑且糞長我禾黍皆言有渠之利也自瓠子河決之後用事者爭言水利故西河朔方諸郡悉引河及川谷以灌田□□渠陂山辶□者不可勝言魏晉而降迄于唐宋莫不以開廣此利為務迨我國朝尤務農為急俾民鑿渠引水以□利□吏有能□民□□渠利者則必甄升故賴其利者多矣汾為州蓋古西河郡也其民首利于渠田州城之北爰有潤河西出諸山中有上林社張家堡泉源東行四五十里而注之文湖然泉流潛沙不為常用□□□出□因雨潦集之水所以盡□□□烽火原南瀕潤有□實孝文里南千安里嘗

有力焉自渠口水行東南不口牛鳴口口兩渠引溝渠之流溉二村之地六十畝有畸且有年矣予於泰和甲子秋九月因臺憲失職來歸鄉里明年五月渠民畢集于西城佛宇約予於田氏第之篳龍齋渠衆武寧梁聚輦起謂予曰我等有渠受物爲多初無倫叙水訟屢起遂爲有司酌兩渠利可以行者條爲約束分水有差印署程牌鱗次用溉於是公爲案據私立券約其訟遂寢比年以來無敢踰越可無凶年子盍名之洎欲紀水利之家姓名刻之於石以永其傳亦異爲文子無讓焉予雖不敏重違鄉人之請廼文之曰夫陸田者繫之於天水旱不時則一年之功廢矣水田者繫之于人灌溉得地則三時之稼登矣此渠之謂歟口口上連山口

幽幽林薄人多畜牧雖清泉斷流若渾水一過既糞且潤以滋以□肥爾之瘠穀可倍實濕爾之燥苗不加□歲則長熟故其渠可目之曰永豐然則竊見為水利者則必多競至有捐生破產者何□□之甚也況官有常刑私有常約尚不知忌一旦臨渠舍公議壹定之規逞專利肆兇之意或盜决重溉或□坱□役獨擅其利人皆罪之重則父子官刑輕則被其私罰較其苟得之資未足償所費之直則如何其為人也哉曷若循彼定式無蕩爾□享上□美利肥于而家以副永豐之實顧不韙歟泰和五年中元日記八月廿有八日立石于武氏壺春園　汾陽畢瑊刊

碑陰　承務郎前監察御史雲騎尉賜

當里 女童 趙潤童 緋魚袋 任知微
今具二村使清渾水姓名下項 起意汾陽西叓有澗河清渾
孝文村 澆漑二社議得南千安村壹
梁津 田榮 李定 梁聚 春薗立石禖深堆倒淺土暗
韓淙 趙顏 任建 郭迺 埋古計深移未辦有孝文村
趙順 韓稱 李仲 任竅 耆人郭彥祥社長高琮寸糺
南千安村 集人衆商議得當里
郭玘 田德 田瑶 武寧 靈顯真君殿前重建立石衆
魏永 武檀 南江 武江 人等照得當里抄真觀自古
南成 賈榮 郭重 元祥 常住地土肆處詳細明刻之

于石　開立于后

一處村南塋地南北畛計地□畝東至劉南至溝　西至任寬北至道

一處村北一里已來東西畛計地一十畝東至道南至武君濟西至小道北至劉賓

一處南張家莊村心橋則地東西畛計地一十五畝東至王彥文南至張仁西至道北至

孝文村叔公據私約人梁聚

南千安村叔公據私約人武嚮

泰和五年八月廿八日田琮

田忠祜
一處村北百步已來南北畛計
地四畝半東至田忠祜西南
至王元北至王彥清

糺首功德主郭彥祥　梁海　韓義
任策　劉賓　趙文
芦義　王旻　任寬　来欽

社長高昕　毛仲祿
二村渠長　田榮　郭元　田思義
郭聚　冀秀　郭亨

淨梵院僧義完

本村廚司毛遵賢
郭得禄等

旹大元歲次丁丑月當姑洗乙巳日重建立石　李斌書

王思孝篆額　石匠成長卿刊

右碑連額高約四尺寬一尺八寸前面共二十四行行各四十四字正書字徑六分後面上節書人與村名年號共十三行下節書文十一行行各二十二字人名四行又上下通書人名年號二行篆額永豐渠記四字兩行並列字徑三寸今在汾陽縣栗家莊玉皇廟

按碑文書金泰和五年中元日記八月廿八日立石後面上節入名後亦書泰和五年八月廿八日是原立石之年月也其字筆畫細下節刻文與地畝四處書年月為大元歲次丁丑重建立石其字畫粗是元初將原石又重立附刻於碑後者考蒙古

於世祖至元八年始稱大元此書大元歲次丁丑當為世祖至元十四年若謂不書至元年號似為太祖十二年則當書蒙古而決不知書大元也前後相距七十二年矣書撰人任知微汾陽人明昌五年為寧化州判官見寧武縣泰和八年昌寧公廟碑又篆額人田曦為寧州安定縣令今甘肅寧縣宋置寧州彭原郡治定安縣金改安定縣碑云魏西門豹與史起引漳水清漳出山西平定縣沾嶺經和順遼縣入河南涉縣林縣會濁漳濁漳西源出山西長子縣發鳩山經長治潞城襄垣北源出沁縣伏牛山經黎城平順入河南會清漳經安陽臨漳入大名衛河灌鄴田在今河南安陽縣屬秦鄭國漢白公皆鑿涇水由甘肅涇川縣入陝西經長武邠縣淳化醴泉至高陵縣入渭溉關中尚昂之田皆在今陝西西安縣一帶此渠引澗河汾陽城北二里水由張家堡泉源東

行四五十里入文湖今凋河存而文湖已涸永豐渠之遺蹟亦湮矣孝文村即今栗家庄

○重修祖塋記

汾州□□官張步豐□□書　鄉貢進士王□篆額

惟田氏之居汾陽遠有世序其先在元魏武定時族為最盛見於郡之西□□□□□□□□北平二郡太守田僧伯河間太守田法能□至令州懸城□□□州刺史田貴兜其間或為刺史太守都督縣令中正參軍之屬凡數□□□□□□□□□□□亦□□幾矣自非先代積功累德福流後世何以致子孫□□□自時厥後經歷周齊隋唐五代年代寖□數值兵亂其世

譜莫存無可考□□□□□□□□□□者生□子長曰同穎任代州司録仲曰□不仕季曰務滋字德甫少有廉潔孝悌之行著於鄉黨早登進士第授將仕郎再任南郡尉□□□□□□□□□□□□□子津□□化之後汝勉治其□善持陰德友諸弟妹斯言足以感通神明垂範來世以是知田氏之享世禄者蓋以善行傳家之故也卒於□□□□□申□□□□□曰　公有二子六孫　皆廉潔賢明有祖父之風長孫輔以承□郎監解州聞喜縣酒税自任選擇政和丁酉葬其祖於郡之西北洪哲村之原今在□□□□□□□□□姪有五長曰公奇能以家事自任其孝友勤儉爲鄉里所則傚次曰貢元復登進士第仕至文水縣令在任政

聲頗著人聽因疾告歸鄉里□□□□初以疾卒於家次曰法師
自髫齒有成人態性樂虛寂罕從兒輩嬉戲及長惟慕清淨不以
世務嬰心雖在家不與俗客往來密受符籙絕去私愛恆居靜室
但以□□為心不以財利為累年踰七十其精神筋力有若年少
者忽一日謂人曰吾將去矣翌日沐浴訖靜服澄神坐於密室中
索毫楮作頌而逝次曰仕禁次曰籌公奇生村材生昇並厚昇生
公厚生五子三子以兵革之後□喪二子不知存亡貢元生時澤
時澤無嗣仕禁生廣廣無嗣籌生威威無嗣公并繼□公□□實
□□□□□夜長而聰明□□□□□國之存亡□□□□
□□□□□臺州軍事判官復提領代州軍馬遙受河南府判官

任未終値　天兵入境所過州郡莫之能守公以間道歸鄉里
大朝知公素有材力因舉而用之汾城之民方兵革之後其存者
尚復流亡公遂□□□□□之鉏其彊梗相欺拯其孤弱不能自
振者於是境内稍治以累績授宣差提控綾錦院事公因暇日會
親舊而謀曰吾家世代傳箕裘之業久而不□□□□□累之
致也祖先能積功累德施及子孫而子孫不能繼志述事顯揚先
祖又豈足稱孝乎今先人丘壟日益頹圮松柏剪伐殆盡而為□
牧所踐履無一□□□□□□洮静言思之吾幸□餘廕粗爾
溫飽安忍坐視如此而無為耶親舊僉曰誠有是心孝子之行也
公是故鳩工僦役增崇丘壟樹以松柏繚以垣墉□缺□□□□

□□□刻日告成猶□□先祖□元魏而下經歷世代久遠俱湮滅而無聞甚可悼痛賴有定覺寺碑刻□□塋誌銘尚存僅記其一二其餘則弟□□□□□□諸□□□□□□□可傳於不朽俾後之子孫知所從來如此則死無餘恨矣廼再四踵門持定覺寺碑文及祖塋誌銘而匄文於僕其意懇懇愈辭愈堅僕以□化鄉中□□□□□志能□恥□□拔其貴顯也人能孝思祖考增其丘壟嚴其祭祀其為人後也如是亦足為後矣復欲樹碑立銘上以昭先祖之功□下以為□□□□□□□□嘉尚與其□□人財崇飾淫祠妄規罪福者相去萬萬義不可辭乃取其有所稽考者叙次其族世名字事之始終而銘曰

猗歟田氏　世居汾陽　迨乎元魏　其族彌量　名宦繼繼
口口簪裳　以迄乎今　不泯其光　公其尤賢　孝思不忘
憫其無後　築室捧口　樹以松柏　口口口口　口口口莢
寘諸墓傍　能令祖德　晦而復彰　抑使来爾　榮衮餘芳

戊戌年閏四月十七日暄差汾州綾錦院達魯花赤
口口口　重立石　西河石匠張劭張成張謙刋

右碑連額高七尺四寸四分寬二尺八寸共三十六行行各六十四字正書字徑六分額篆重修祖塋之碑六字徑四寸今在汾陽縣田村田氏塋

按元史百官志將作院有綾錦織染提舉司至元二十四年改局有提舉同提舉副提舉等員又管領諸路怯憐口民匠都總管府所屬

有弘州衣錦院正七品又昭功萬户都總使司所屬有綾錦局從七品有大使副使等員此書汾州綾錦院達魯花赤可補元史之缺碑前書田法能等銜名皆見於東魏武定七年建州刺史田達等造像後叙田務滋早登進士第再任南郡（今湖北江陵縣）尉長孫輔監解州（今解縣）聞喜縣（時屬解州）酒稅於宋徽宗政和七年葬其祖（務滋）於郡西北洪哲村之原是田村之墳輔所立也輔侄五長公奇次貢元復登進士第仕文水縣令次法師為僧次仕禁次籌公奇生材材生昇並厚昇生公即提控綾錦院者是公為公奇之曾孫而輔之元孫也公為臺州（今五台縣）軍事判官提領代州（今代縣）軍馬遥授河南府（今河南洛陽縣）判官值天兵（即蒙古兵）入境公間

道歸里大朝（元未號元時稱大朝）知公材舉而用任汾州蓋蒙古初入境多用本州人以治理公能安流亡拯孤弱故境內稱治授宣差（宣差高於省差）提控綾錦院事修丘壠樹松柏匀文樹碑皆孝子仁人之心也惜公與撰文人名皆泐也後書年月只顯戊戌年閏四月等字考元戊戌年有三定宗十年成宗大德二年順帝至正十八年皆為戊戌又元當蒙古未改稱大元時碑版多不稱年號只書甲子某某年至縣官於世祖至元十二年改稱縣尹此碑書文水縣令又云天兵入境大朝知公有材力皆當蒙古時之稱而於世祖時制未一提及蓋太宗十年戊戌也

○創建長春觀碑銘并序

鄉貢進士王元吉撰

彪陽逸士劉元澤書丹　東溪逸士郭文興篆額

夫道者虛無妙用自然之謂也夲乎其原出于太極之先視之不見聽之不聞恍惚不可以爲禮而變通莫測陶鎔萬類分判兩儀則不知然而所以然曩之賢智得□悟□淵之又囦亦能冲舉登天超凡入聖顯應無窮故世人多所慕之必假建其庵觀立夫師資事神誨徒于厥中歷行其教令玆觀者廼西巖之古洞爰經兵華之餘絕無人跡丹華子始來寓此同華子者夲郡燮子里人也姓張氏諱真一公係　天覺之裔孫家世富豪初誕育之時翠靄縈空明霞繞室及長有仙風道骨形皃魁偉性適恬惔慧哲聰敏

日記千言無書不覽季幾弱冠慨然厭於塵緣知人生爲虛幻因
遇
祖庭邊公大師似有夙契遂捨俗入道礼爲引度師從遊于陝
右頻忘寵辱衣褐帶索日乞一飡晝夜不寐如是者七年時謂之
無寐道人其志行如此後至陶唐聞簡城郭半靜嘗神遷于華胥
國德成清高公往敬奉□□夙夜匪懈未逾一朞錫以真筌之頌
廓然意曉若冰之渙釋也故能知於萬物之奧真祐丙子
天兵南討殘金敗績及庚辰歲此方撫治以寧因尒還鄉行至州
之西北田氏故里見其隆堤巨壑煙林巖穴喜曰吾可以處此也
以後必有興緣事者當里田志實敬請留止得礼爲師并施其己

業地基世謂之卤巖庵不一二載徒衆十數無問遠近好道之者
辦給齋粮日競送之甲申季春謂志實曰吾於斯道未之極也奚
爲默坐耶令志實權掌道衆夏四月之燕然大天長觀叅訪口
師丘神僊以諗訣焉屢窮妙本數叩玄關　師見其知幾罄傳功
要特以異礼待之謂大衆曰吾必㠯此人實爲山西道林之冠衆
皆唯然莫不敬服賜號丹華子秋八月遊各山洞府弟子劉志覺
杜志清趙志源從焉凡有所歷賦㠯佳什紀之至天壇逢異人密
授金液還丹火候之訣公方惺所賜之號應在於茲語從者曰誠
於　師父之前知也號乃預歟乙酉冬十月復還本庵丙戌之春
居人相聚而謀曰我等何其幸也得遇是師處無嚴潔之地迺與

志實同力竭誠於半崖之間向後啟剗往前埤疊以治寬平乃構
小殿傍之曰　猶龍以爲香火之歸前建虚堂署之曰真風以待
賓客之至中庭植其穼檜花木葱蒨下樹雲梯上口天井往來行
焉侶非人間境輒有賢士大夫登臨者東瞰汾水南望介山地和
氣秀嘉其勝槩咸以詩題之秋九月作重舟會忽瑞光大現其狀
如虹霓五色俱備衆人望之僉曰亘古以來未之聞見也丁亥
仲夏二十有八日白鶴從艮位而來盤桓翔視降於巖前危峯之
上良久向坤位而去次歲又於是日復至如口者三人皆異之曰
此數奇事豈非吾師苦志積功仙應符祥之驗公蓋以謙沖自居
默而不荅由是聲譽益振四方慕德遠來從者仍度七十餘衆口

□□□□□□□□□□□□□□□□□明白□□□□□□

□□□□□□□□□□□□多捨□□□□□□□□人以為

修進有如斯之功俾觀者嚮慕　玄風志在闡其效瀀而已自後

其徒分派各立宮觀於汾石冀并之間戊戌季秋之朏夜其於寐

中忽覩神人自天而降被吕金凱手執玉篝曰喜奉上帝命侍吕

此名爾公稽首受之覺悟其趣及旦集□衆於堂白所寤之事謂

曰大衍之數五十其用四十有九予今之壽正符于斯殆將逝矣

汝輩道心堅固各當勉旃自此院門之事一委於于門人得子冀

志仙逾旬有六日整衣端坐儼然歸真焉紫霧微蒙於院宇須臾

冉冉旦騰于空移時不見葬仙蜕于庵之西南洞玄子張志遠□

□□師□平□□□說□□□侍疏□□□□□□□□□
一□□圖之曰汾山丹華子文集所謂高才博學者矣志仙暨田
志誠郭道希同心勠力不憚劬勞十餘年間治田產蔬圃果園種
藝以贍其衆壬子三月浩然真人經過是庵改觀額曰長春中統
庚申創建
元始天尊殿經營於是歲之春落成於明年之秋相越未遠勤謹
至矣梓人瓦人咸絕倫之匠塑師畫師皆出類之工粉塗丹
碧煥然一新上為
皇家祝壽之宮下為邦民祈福之所左真宰右息真凡霞侶之所
居師友之所處至於雲堂仙洞齋廚客舍各有攸序豈不偉哉李

觀道流吕紫衣冲真大師田志誠能應機接物有損己利他之行
推保為汾州管內都道正總綱領焉一日道希詣門請予為文執
禮乃言曰我　祖師初來屆此蕭灑荒疏無異於深山之野人幸
托
聖教口緣吕至于斯是謂苟完矣但恨先輩不得親身耳今將刻
諸貞石吕彰
吾宗之功庶使後世知是觀之所由興也願勿辭之予再三讓于
耆宿自惟寡聞淺見固無能為復堅請之辭不獲已非敢為文略
紀其實云銘曰
道之為物　本乎自然　無名無象　先地先天　生育萬彙

悉總陶甄　友慕斯得　迴超昇僊　丹華達此　遠捨俗緣
從師陝西　丐食七年　來歷分此　里名曰田　谷空溪邃
隆岡峻巔　晦跡亓下　心遠地偏　口庵既立　郤億之燕
不辭路遠　跋涉山川
長春掌教　靈鑑瑩圓　躬訪微妙　功就三千　西巖還住
重同會筵　瑞光烜赫　上屬霄連　鶴鳴三次　是日期專
名播嘉譽　學者門塡　介士持筭　夢受鷩眠　迺悟其耑
吾身化遷　壽不越是　塵世果捐　賴有徒衆　心誠尚談
克敬其事　興建稍全　庵始名觀　浩然改焉　師號為額
錫類綿緜　寶殿壯麗　金碧相鮮　為國焚修　萬載永傳

大元國至元十四季歲在強圉赤奮若四月幾望日西河管內前
監觀郭道希立石　邢道慶　范道靜□□　汾陽郭秀弟郭潤刊
右碑連額高七尺寬二尺四寸五分共三十二行行各七十九字正書字徑六分額篆創建長春觀碑六大字徑四寸五分今在汾陽縣田村鶴鳴古洞
按丹華子張真一本州愛子里人即今愛子村係天覺之裔孫即宋張商英字天覺之後商英新津人性好佛自號無盡居士曾發明李長者華嚴經先權河北西路提點刑獄後除河東提點刑獄豈其時族居於汾歟禮祖庭邊公大師游陝七年晝夜不寐號無寐道人又師簡城今趙城縣郭玄靜真祐丙子為金宣宗貞祐四年即蒙古太祖十一年庚辰為宣宗興定四年即太祖十五年

元史蒙古十三年木華黎克汾霍等州故云及庚辰歲此方撫治以寧因爾還鄉止西巖庵甲申（金正大元年蒙古十九年）夏之燕訪丘神仙即長春子丘處機丘為全真派奉重陽子為師斯時丘為太祖崇視每問以不嗜殺人敬天愛民清心寡欲為對太祖深契其言號曰神仙賜宮名曰長春丘以師為山西道林之冠賜號丹華子是師亦為全真派也乙酉為太祖二十年還本庵二十一年春建觀秋九月作重丹會考全真之學重陽祖師啟於前丹陽真人踵於後會名重丹其取此歟或以重丹華子而名歟二十二年仲夏有白鶴降於巖峯次年復至如日者三故今猶名鶴鳴古洞查忻縣白鶴觀宋政天慶觀每歲二月望老君誕

日有鶴十數翔集後不復至明萬曆二十七年二月望復集又永濟縣永樂鎮呂純陽墳每早晚白鶴翔集至今尚有豈皆道力足以感招歟越二十四年爲憲宗二年壬子三月浩然真人改觀曰長春中統庚申爲世祖元年建元始天尊殿至元十四年四月始勒碑撰文人爲鄉貢進士王元吉考元當太宗時以科舉選士世祖以王鶚献計許衡立法未果行至仁宗延祐二年始行科舉此書鄉貢進士蓋在太宗時猶沿金制也

○故宣秘大師潮公塔記　太原府十方德雲禪院傳法嗣祖沙門慧青撰

中陽講雎諳本論賜紅沙門悟吉祥書

至元丁丑之冬祈公大師偕其侄元亨來焚香而告于德雲曰其之師祖去世已二十載靈骨已塔矣而未有記也願為我成之予曰子之師祖戒德已嚴于躬道行已聞于世何待文為雖然佛滅度後以戒為師則戒之傳有自來矣不可不紀其實以告來者師諱海潮姓高氏臨州人也少警敏父母捨令出家禮小相里靈巖院悟逾為師年二十三受具足戒擔簦負笈徧游講肆聽習幽贊通贊瑞應等疏知見正大內外該愽辯疑問難為衆所推厥後衆請開演揮麈之下辭辯瀾翻迷者得導病者得藥盂州浩公宗主知其法器可任遂傳授大戒自是作止持犯惣别開遮如燈傳光如水注器耳聞目擊自得戒法師慮慧命不續衆生無依乃傳戒

于本院僧海澤澤乃師之法弟也俗姓余氏當里人也妙齡父母捨令出家禮本院悟逾爲師二十具戒慱學强識解識唯大論講演之暇背誦法華圓覺菩薩戒經等六時禮念作兜率觀亦可謂佛法之棟樑者雖在弟兄之列而守師之分足見授受之際亦不苟也靈瑞璨公圓明瑞公執弟子禮而俗弟子受五八戒者不可勝計然律身嚴謹見善勇爲以德化人心悦誠服凡有所事故不勞而勸建修水陸并資戒大會十晝宵供講六十餘座齋僧百萬餘座拯救孤貧冥資幽顯其密行有不可言者又同修蓋法堂廊廡僧舍爍然一新故菩薩雖知法門如幻而誓修如幻之法門雖知煩惱無所有而誓斷無所有之煩惱雖知不生本空而誓度無

邊之衆生空有齊觀權實雙運者豈師之謂歟　恩賜宣祕大師充燕京太原臨壇大德師視之蔑如也己酉二月八日示疾右脇而化茶毗獲舍利百餘粒俗壽七十七僧臘五十二門人慶禋慶祐　恩授洪教大師充河南山東臨壇大德澤公門人慶祈慶裕禋之子元亨祈之子元喜俱有才能可以任持佛法者故為之銘曰

佛法之要　唯戒定慧　本乎一心　綱維末世　莫尚乎戒
禁止邪淫　惟師所傳　佛〻授受　流傳至今　如渴得漿
如貧獲寶　名功德林　如是戒法　苟得其傳　是無盡藏
曰弟曰兄　法不可私　惟志可尚　況乎像季　非斷則常

見流于妄　各滯一隅　是相非性　是性非相　克紹玄風
乞我以文　勒諸琬琰　昭示無窮
本院住持尊宿前汾州僧判通玄大師賜沙門慶祈
汾陽郭潤姪英刊

右碑連額高六尺二寸寬二尺六寸五分共二十二行行各四十六字正書字徑八九分不等額篆祖師塔記四大字兩行平列字徑二寸九分原在汾陽縣東北小相村靈巖寺今存縣圖書館

按記書至元丁丑未列年月以世祖至元丁丑考之為十四年以順帝至元丁丑考之為三年然記書悟吉祥慶祈元亨與至元二十八年什王堂記所列之名皆同什王堂記書慶祈為本院尊宿前汾州僧判書元亨為前住持普應大師而此書慶祈

為本院尊宿前汾州僧判書元亨尚無他銜且刋石人郭潤卽至元十四年長春觀刋石人是為世祖至元十四年冬月無疑其己酉二月化荼毗火葬也卽烏拉海錫后之二年距丁丑己二十八年而記云師去世已二十載靈骨已塔蓋二十載後建塔當在至元六七年間也至云師為臨州人則史謂順帝至元三年升臨泉縣為臨州當以世祖至元誤為順帝至元也師年二十三受具足戒俗壽七十七是生於蒙古太宗五年卽宋理宗紹定六年初禮本院悟逾為師繼師盂州今盂縣元為州浩公師又傳戒於其法弟海澤澤亦初師悟逾今寺有澤公戒師之塔石幢當卽其人師賜宣祕大師謂能宣道之祕也充燕京今北平太原

今太原者臨壇大德謂有高上之道德也唐代宗大曆十年置臨壇大德是也門人慶禋慶祐澤公門人慶祈慶裕前書祈公大師即慶祈也偕侄元亨即慶禋之子也大師弟兄均有戒行法德同高是僧亦友于可取現寺塔尚巍然峙存其高風已六百八九十年矣

○元西河尉陵里劉王廟碑銘并序

汾州學正王元吉撰

鄉貢進士王俊民書

承務郎前同知汾州事李鎣篆

夫汾郡之西里有屬慶雲之鄉者名曰尉陵居民繁庶雞犬之音相聞風俗勤儉務於耕農桑果園蔬至村落之間尤為茂盛崇岡

峻阜近以相臨景物饒益舊有劉王廟乃亡金皇統三年癸亥之所創建也殿宇壯麗神像儼然龍奮在梁勢相奔戲路門廊廡補葺仍新幽寂清虛庭樹森鬱實此方之勝境也每值亢旱有禱輒應甘澤沛然而降屢致豐登生民之所賴焉爰揆神之所由是乃龍之謂也預示本形於母以顯其靈蓋自古帝王莫不感於奇異報以嘉祥乾道變化誕為人主各致殊勳或禪讓以拱垂或征討而相繼一興一廢世代相因嗣漢光文帝諱淵字元海冒頓之後左賢王劉豹之子昔漢高皇以宗室女為公主妻冒頓約為兄弟故子孫冒姓劉氏初豹妻呼延氏魏嘉平年中祈子於龍門俄而一大魚頂有軒鬐躍鱗而至祭所久之乃去巫覡皆異之曰

此嘉祥也其夜夢旦所見魚變為人左手持一物狀若雞卵光彩非常授呼延氏曰此日精也服之生貴子寤而告豹豹曰吉徵也自是十三月而生左手文理似淵字遂以名焉幼好學師事上黨崔游習毛詩京氏易馬氏尚書尤好春秋左氏傳孫吳兵法略皆誦之史漢諸子無不總覽嘗謂同門朱紀曰吾每觀書甚鄙隋陸無武絳灌無文遂學武藝妙絕於衆猿臂善射膂力過人姿儀魁偉身長八尺四寸鬚長三尺餘中有赤毫三根長三尺六寸屯留崔懿之襄陵公師彧等皆善相人及見驚而相謂曰此人形貌非常吾所未見也深相崇敬其先單于羌渠居美稷使子於扶羅將兵助漢討黃巾於扶羅以其衆留漢自立為南單于於扶羅死弟

呼廚泉立以於扶羅子豹為左賢王魏武分其衆為五部以豹為左部帥其餘部帥皆以劉氏為之晉太康中皆家居於晉陽汾澗之間泰始之後秦涼覆没帝疇咨將帥上黨李熹曰陛下誠能發晉陽五部之衆假元海一將之號鼓行而西可指期而定孔恂曰李公之言未盡殄患也元海若平秦涼斬樹機能恐涼州方有憂耳蛟龍得雲雨非復池中物帝乃止會豹卒以元海代為左部帥太康末拜北部都尉輕財好施推誠接物五部俊傑無不至者晉車騎將軍楊駿輔政以淵為建威將軍五部大都督封漢光鄉侯惠帝失政盜賊蜂起淵從祖劉宣等竊議曰我單于雖有虛號無尺土之業自餘王侯降同編户吾衆雖衰猶不減二萬何歛手受

役奄過百年左賢王英武超世姿器絕人若天不恢崇單于必不
虛生此人也至左賢王上大單于之號二旬之間晉人歸之者有
衆五萬宣復進曰今天厭晉假手於我不可違也天與不取反受
其咎願單于勿疑淵曰夫帝王豈有常哉昔漢有天下恩結於民
吾漢氏甥乃建國號曰漢永興元年築壇於南郊即漢王位下令
赦境內改元曰元熙以右賢王劉宣為丞相後又遷於蒲子所屬
從附人樂推尊永嘉二年即帝位改元永鳳建都平陽追崇漢高
皇以下三祖五宗而祭之羣臣進封爵各有差永嘉四年卒謚曰
光文廟號高祖由此觀之乃非凡之所及也生則為世主沒則為
冥神又能與黎民降之福享此一方之血食宜哉歲在强圉大淵

獻中元日時祭禮畢里人侯邦琪左珍等退立於庭中顧相謂曰
先代父老興建如此之功德我輩何不紀諸貞石以彰神之威武
并叙其立廟之本始庶不湮没衆皆喜曰常存心於此事奈為遷
延歲月深遠無能為者願從所謀於是遂命予為文再三辭之固
不獲已曰文則吾不能謹摭神之事跡用傳不朽而為之銘曰
仰惟昌頓神之祖先漢以公主妻相愛憐約為兄弟寧朔衛邊昌
姓劉氏子襲孫沿羌渠依國大河危巔扶羅子豹娶氏呼延龍門
祈嗣魚游祭前夢神持卵光彩瑩圓服之生子降靈自天左手文
理有名曰淵經史兵法總覽諸編年幾弱冠文武並全相者視貌
莫不愕然出類拔萃真乃聖賢黃巾冠宄祖統兵權領軍數萬助

討逸湮因留處漢積有永年歷至魏武强大勢連分為五部散居
汾川爰遭晉亂從祖劉宣共立元海即帝位馬嗣漢之後聰握符
乾此邦撫治澤民惠偏感恩建廟代代相傳迄今濟旱雨我公田
遂及私晦報祀禮虔
大元至元二十四年歲次丁亥十一月壬子朔日戊日初五日壬辰
從仕郎汾州判官西河縣尉馬天錫
忠顯校尉同知汾州事將仕佐郎西河縣主薄程德明
武德將軍汾州知州兼諸軍奥魯兼管勸農事承事郎西河縣尹兼諸軍奥魯兼管勸農事高揖
奉訓大夫汾州達魯花赤兼諸軍奥魯兼管勸農事忠翊校尉西河縣達魯花赤兼諸軍奥魯兼管勸農事怯烈
右碑連額高約七尺許寬約三尺許二十餘年前尚存後被人
擊碎所存者僅前二行每行八十字僅存三十六七字餘均殘

欵正書字徑六分今在汾陽縣北花枝村作井馬石茲據縣志抄錄原文

按宋制里屬於鄉見宋趙和墓志元猶沿之廟建於金熙宗皇統三年即南宋高宗紹興十三年癸亥距元世祖至元二十四年丁亥已一百四十四年矣廟以禱雨有應揆神為龍補葺仍新追叙神蹟碑云神諱淵字元海冒頓漢初匈奴之單于之後左賢王劉豹之子師事上黨崔游嘗謂同門朱紀曰吾常恥隨漢隨何陸陸賈無武絳絳侯周勃灌灌嬰無文於是兼學文武屯留今屯留縣崔懿之襄陵今襄陵縣公師彧等皆奇其貌其先單于羌渠居美稷漢置原在今綏遠境內蒙古鄂爾多斯左翼前旗後漢光武帝徙南單于居西河美稷靈帝中平中南徒于茲氏界在今汾陽縣西北漢討黃巾靈帝時鉅鹿張角以衆為亂皆著黃巾衆留漢自為南單于子豹為左

賢王魏武操(曹)分為五部以豹為左部帥泰始(晉武帝受魏禪年號)之後秦涼覆没樹(晉分置秦州以胡烈為刺史泰始六年鮮卑禿髮樹機能作亂烈討之敗死涼州刺史牽宏復被殺)上黨李熹舉淵為將孔恂止之知其非池中物也太康末拜北部都尉(武帝太康十年)楊駿輔政為五部大都督(太熙元年八月)從祖劉宣等上大單于之號(初劉淵監五部單于在鄴永興元年八月淵至左國城劉宣與其族八推淵為大單于都離石即今縣左國城)嗣即漢王位(永興元年十月遷都左國城在今離石北以右賢王劉宣為丞相崔游為御史大夫遣族子曜冠太原取泫氏今高平縣喬晞冠西河取介休今介休縣)改元元熙後遷蒲子(今縣)蒲永嘉(晉懷)帝二年即帝位(十月稱皇帝)改元永鳳建都平陽(今臨汾縣城西金殿村)永嘉四年卒謚光文(七月淵辛謚光文廟號高祖子和立聰弒而代之)與史鑑均合其事蹟多在西河故汾民崇祠之撰文人汾州學正王元吉至元十四年

尚為鄉貢進士見創建長春觀碑　主簿程德明至至正初為盂州知州其餘高楫怯烈李堅馬天錫皆可補縣志職官之缺

少府監黑浮圖村郭瑞姪男郭泰刊

○什王堂記

中陽講唯識大論傳大乘戒賜紅沙門悟吉祥譔

本州管内前道判趙士正書　淨心講經沙門洪沂篆

原夫　至真絶相非相不能究其源大道無名匪名安得測其奧究源悟旨測奧知微事理互融俗真相待者也是以一氣初分陰陽造化二儀始闢穹壤升沉盤古首君創生中央呼吸而寒暑交遷吹噓而風雷震礉堅貫而正統三才平量而各等一文厥後四時既序萬物生成分地結繩居巢服菉羅甲子之三元曆王侯

之百代三皇朴略言其道也五帝淳風布其德也夏殷周世咸以
威刑而樹政秦劉晉代各崇霸業而匡邦仁義既隤征伐斯起或
公侯失道而昏迷或宰庶忘忠而讒佞自姿姦宄染習邪非遭國
灋律刑條憲受囹圄桎梏鞭笞鳴呼能招業盡異熟果亡肝心寸
斷神識周幛氣息不悍而昏昧形骸蕭索而惶忙頓不見贍部神
洲早俄臨琰摩羅界魂離斯質情慘慘不辨東西識到彼城路曼
曼入無遮止孤城峭險聳千尋而絕計難逃利刃鋒鋩圍万里而
無門出離中宮禁省嚴閣參差廨宇陛牢鑠枷陳肆乃識業而共
變是銅鐵而所成十王幽府細推問生前活計諸典阿傍專等待
殿上呼名作善則判生人天二路為惡則沉淪鬼畜三塗倏忽之

間已經四十九日剎那之際早行萬億由旬或攝沃焦石下或在
鐵圍山間受鑊湯則萬死千生遭剉割則一刀兩斷飢吞熱鐵渴
飲烊銅年曆逾於造化刼數等於無窮受足獄苦復入輪廻針咽
炬口鱗介羽毛發貪嗔癡慢惑之思抬胎卵濕化之報或居水陸
空界或處草木懸㟁細小麁洪形質雖異憂愁獨狨本性皆同因
果相符猶如影響罪福異處宿豫嚴持既知情有所為必也理無
差舛大意戒教引名文談義旨而驚愕王嚴厲色視堂席而空無
由斯本院講唯識論沙門元亨發大悲心糺化鄉閭信士喜捨淨
財擇求名匠刱塑十王一會靈茵龍陛帝業神靈陰府威權悉皆
備矣或有見寺主僧元通復化信士選命丹青金璧鑾粲然一新

異日檀越不期而自會盟掌焚香烹茶献果敬禮之餘同相議曰可謂事窮則變變則通以名有其時今喜姤明時獲成勝事以遂先世人之願也可刻於石流通後代知時記哹思齊者歟亨公唯識洎寺主元通祈予作記再三故辭弗獲已而應之至元廿八年辛卯冬至日謹序

前住持講論普應大師元亨全堂塑畢又捨衣盂粧　地藏菩薩一會

本院尊宿前汾州僧判通玄大師慶祈　見住持本院都化緣講經僧元通立石

右碑連額高二尺九寸寬二尺二寸五分共三十行行各三十字正書字徑六分額篆廿五堂記四字徑二寸三四分原在汾陽縣小相村靈巖寺今移存孔廟圖書館

按釋氏地下有十王如秦廣王楚江王之類俗稱十殿閻王各

司地獄五曰閻羅記云頞不見贍部神洲謂佛經所指之兩大洲也佛經四大洲在須彌山南為南贍部洲亦曰閻浮提洲洲形北廣南狹東為東勝神洲形如半月西為西牛賀洲形如滿月多牛以為貨具北為北拘盧洲洲形正方人壽千年早俄臨球摩羅界佛言球摩羅立捺落迦者即閻羅之異譯十王一會即一區之義魏齊造像多有此詞檀越謂布施之義蓋人施財即越貧窮海也地藏菩薩於釋迦滅後彌勒未生以前現身於人天地獄之中以救衆生其狀圓頂手持寶珠及錫杖或謂閻羅之化身各寺皆有此殿佛家言地獄入炎火寒冰刀山劍樹等碑言受鑊湯遭剉割是也基督教則只有火獄謂火燒罪人及不信教者碑言仁義既隤征伐斯起則佛教亦維持仁義之一道也

《山西文華》編纂委員會 編

山西文華·史料編

汾陽縣金石類編

第二册

石類卷二上下

民國 王堉昌◎編

山西出版傳媒集團

三晋出版社

山西文集

汾陽縣金石類編

卷二上

石類

汾陽縣金石類編 [illegible]

汾陽縣志表類編目錄

宋

狄武襄公神道碑 仁宗嘉祐七年十一月

趙公墓志銘 徽宗政和六年八月

金

竇公禪師碑銘 章宗承安二年六月

謝將軍墓表 承安二年

元

李侯墓碑 世祖至元二十五年九月

興福大師懃公碑 成宗大德元年正月

張真人道行碑 順帝元統二年四月

皇甫義墓碑 順帝至元五年十一月

皇甫氏貞節碑 順帝至正元年

河東郡伯呂榮碑銘 至正五年五月

河東郡侯呂宣碑銘　至正五年五月

故總管呂浹墓碑　至正十二年三月

簡肅公呂𥿄碑銘　至正十三年七月

明

鎮國中尉朱表櫟墓表　神宗萬曆元年二月

慶成安穆王神道碑　萬曆二年三月

孔文靖先生墓碑　萬曆二十二年七月

張玉崗先生墓表　萬曆三十一年四月

清

周太公墓碑　世祖順治八年四月

懷泉黨公墓表　聖祖康熙十四年三月

曹慕堂先生傳　高宗乾隆五十六年六月

汾陽縣金石類編 石類

高凉迂叟編輯

志表類

古碑引棺始於墓隧刻文志美沿為豐碑漢魏穿胸（漢魏碑多穿孔即其遺制）尚存其形又埋墓中用以志幽謂始劉宋（宋元嘉顔延之為王球作石志）實起西漢（西漢杜子夏臨終刻石埋於墓前）志德表功後並盛行忠孝節義藉以永貞編志表類

○唐故大將軍上柱國郭君碑

上州刺史□□□司徒公□□□□□□華藩分銅虎□□□□

關

羽□□□□□□□□□□□□□□□□□□□□□□□□

□□拔□大都□志隆□□□備□端懷厚□於九功□留情於
七德汪汪有□□之量佗佗有勇夫之質父嵩稟性虛凝不□榮
□□□□□□□□□一混是非窮柱下之深趣雙舉鵬鶚得濠
上之幽情公家承禮教藉慶膏腴□□不羣英姿□□皎皎若霜
濤之映秋桂肅肅似風嶺之茂寒松聞詩禮而遊方觀儒墨而覩
奧每登高憤歎投筆長懷企梁竦之忠謀追班超之義勇□□□
西山之□□□□之戎冠六郡之良家雄五陵之俠少屬火運挻
灾乾綱紊緒楚原靡救□類毋遺　大唐摽□帝之靈文兆蒼
精之祕籙起□□之積甲建參野之連旗經綸大夏之墟締構潛
丘之壤揞麾日月負閭闔以□移□塵山川□地□□□□於是

薦名棓府委質戎場揮霜劍而斬老生奮長戟而摧霍邑殊勳克
著授公上儀同三司于時絳州逆命不順 皇猷公扼捥齊心
衝冠目裂布魚麗之陣擬却月之城瞬息之間俄然殄滅獲勳居
最授 朝請大夫於時武周作梗同黑山之未平建德亂階類黃巾
之猶熾太原北望無復人煙之墟絳州南指咸為戎馬之地危□
孤立是曰浩州四面受敵千里絕援闕山杳杳望長安如日邊嵗
月遥遥疑京兆於天上田單之困即墨窘若懸巢郝昭之守陳倉
危同累卵於是摠管真鄉公李仲文乘遠率之華當廟略之委以
公茂挨盤根任之心膂親御矢石展効立功授上輕車都尉□貞
觀三年頡利雄視 龍庭控弦百萬虔劉都鄙擾亂邊垂

太宗文皇帝坐黄屋以永懷臨紫宸以太息傷彼殘賊哀此氓黎爰命英公董戎薄伐公□木□之劒持冉有之矛執角爭先中權後勁獲勳第一授上大將軍賞物四百段遂乃八表乂安四海清晏公廼韜戈息騎琴酒怡神咀嚼六經負獵百氏臨池入木之技逸少見以多慙獻賦制撒之才相如謝其清俊上聞震扆爰降綵綸召公為金門闕鎮將公辭兩疏之□冠掛東門謝司農之官傳芳北海至七年又辟公滕王□府司馬公志性林泉賞心風月悟有情為速朽識多財為累愚悲景燭之不□哀霜□之逾遠深憑實相弘立勝因雖陸生橐千金之資竇朱公弃三□□之產儔斯樹□未可同年以此固辭確乎不受 太宗文皇帝崩

遺　詔起義元從班例加勳　詔授上柱國　皇帝駕幸
并州公策馳遠□蒙　恩□□□□□段公勳庸克著英聲美
於五臣榮寵既章功名顯於六佐如何與善徒欺輔仁多爽滔滔
閱水既一逝而無歸冉冉生靈亦百年而有竭□□□□□遘
疾薨於私第靈座空而遊塵滿盧蒼廓而暝禽哀追□德於猶生
想音徽而以謝農夫輟耕而永歎機婦罷織而長嗟豈直巷絶歌
聲鄰□□□□□以乾封二年歲次丁卯十一月丁巳廿八日甲
申遷窆於大夏鄉隱泉之原禮也前臨梓澤俯眺九京卻背隱岑
岧嶤萬仞西瞻翠嶺峻峙□□□□□汾杳然如帶夫人王氏令
望江東派流并部姻連三擠婚□五□內睦六親外諧九族痛長

城之永別淚淥湘川悲隴水之分流更成嗚咽□□□□□子宏
道並左親衛立性廉讓虛己接人孝乃天性忠為令德丞劉宗之
兩驥埒韋氏之雙珠攀静樹以長號□寒泉□永慕以為鐫全□
□□□□□□□□□□□□□□□□□□□□□□□□銘□
其詞曰
□□□□□□□□□□□□□□□□□□□□□□□□□□
□□□□□□□□□闕下

右碑前後下截均缺殘高四尺二寸五分廣一尺五寸五分僅存十七行每行應五十八字現每行僅存十餘字及四十七八字不等正書徑七分原在汾陽縣北郭社村土崗上康熙五年朱彝尊發見今存永安鎮北太符觀

按碑剝泐亡君名惟父嵩及子宏道夫人王氏尚可考據文痛

長城之永別悲隴水之分流則夫人尚存於世又亞劉宗之兩驥埒韋氏之雙珠則君有二子也君承禮教投筆長懷蓋膺而将者文言斬老生摧霍邑則從太宗攻霍邑斬宋老生實為郭君而舊唐書謂宋老生敗棄馬投塹甲士斬之新唐書謂劉弘基斬其首溫大雅創業起居注謂軍頭盧居謌所部人斬之皆未可信也文又言絳州逆命蓋當大業十三年高祖起義後八月事在摧霍邑之後武周作梗即指武德二年劉武周據并州事建德亂階指武德四年竇建德援王世充及擒淮安王神通覆沒黎陽事浩州即今汾州武德元年改西河郡為浩州三年復為汾州其孤立受敵在武德二年四月劉武周寇并州詔李

仲文將兵救之六月武周陷介州(即今介休)詔姜寶誼李仲文擊之兵敗均為所虜既而逃歸上復使擊武周七月宋金剛寇浩州八月劉武周遣兵攻西河浩州刺史劉贍拒之李仲文與共守西河及裴寂敗自晉州以上城鎮俱沒惟西河獨存武德四年三月乙丑劉武周遣其將張萬歲寇浩州李仲文擊之甲申真鄉公李仲文引兵臨石州(即今離石)四月劉武周攻浩州為李仲文所敗宋金剛北走秦王追之丙辰金剛大敗追至張難堡(即今介休張蘭堡)浩州行軍總管樊伯通張德政據堡自守武周聞金剛敗棄并州走突厥秦王至晉陽武周所署僕射楊伏念以城降秦王留李仲文鎮并州撿校并州總管由是觀之仲文之守浩州

實為平武周與金剛之奇功而以郭君為心膂其功尤不可沒
貞觀三年頡利擾邊即突厥頡利可汗命英公薄伐即英國公
李世勣太宗本紀三年十月庚申并州都督李世勣為通漠道
行軍總管華州刺史柴紹為金河道行軍總管任城王道宗為
大同道行軍總管幽州都督衛孝節為恆安道行軍總管營州
都督薛萬徹為暢武道行軍總管以伐突厥即此事也是時郭
君從戎獲勳授上大將軍後偃武修文習書制賦召為金門闕
鎮將公兩辭之七年又辟為滕王府司馬公仍不受按滕王即
鄭惠王元懿蓋武德四年封滕王貞觀十四年改封鄭王至滕
王元嬰則貞觀十三年所封而七年尚非滕王也皇帝駕幸并

州為高宗永徽五年正月事二月赦幷州及所過州縣並加封義旗功臣君策馳遠迎蒙恩云云以君之摧霍邑守浩州討哭厥其功當亦有進階惜碑已泐並疾薨之年月亦無考而高宗乾封二年尚為還窆之日則其薨當在顯慶龍朔麟德等年之間耳窆於大夏鄉隱泉之原據縣志隱泉出縣北四十里謁泉山山有石室傳為子夏教授處一名子夏山亦名石室山在今永安鎮之北則公葬於是鄉即居於是鄉也碑文典贍書法亦佳邑人傳為虞世南書尚有見虞世南書數字今泐不可見文亦剝甚碑見於金石錄補寰宇訪碑錄山西通志金石記及山右石刻叢編

○唐盧君墓碑

唐□□□□□大夫□□公盧□□□

若昳□□□□□□□□□□□□□□僚□□□則十夕弘□

□□□貞莫不□□□□之右□□□□□公之□□□□公□

□□□□□□□□□□□也□□行□任□□□□□□促君

□□□之津不勞神□□□之境□□惟鉏□□□□□□□□

□□□□□□□無□□□□人逢□莘祚□□□□□□□□

□任□□□□□□以之浩任基□□以軸□□□□月□□□

□□□□□□□□□□□□□□□□□□□□□□示□□

□□□□□承化□□□□□□□乎□□才略害□□曾□□

□□建□□□□□□□□□□□□□□□□□□□□□□
山□□□會□□□□□□□□一得□千載□□和□□□逸
氣□山川□神表卩□□□□□□□□□□□□□□□□□
□□□□□□□□□宇卓□□□□□名莫不□□□□□□
□□□□岸可謂與人開出照□長生□□□□□□□□□□
□□□□□□□□□□□□□西人□杺公□□□□□□□
□雄□□道之□□苧濟時三美□□大唐興運□□□□□□
□□□□□□□□□□□□□□□□□□太原□鼓雷□□
□電□公□□□□□會□□百□□勤作心膂之臣頻夷□□
之勢□□□□□□□□□□□□□□□□□□□□戰勳加

朝散大夫□□之勳文□□□□作出公□尚□遊心一切外□
人□□□□□財□□□□□□□□□□□□□□□九□□
□林堂□□□存光□山□□叶加□州□□遂□□□□□廷
鉊□□□□七賢出□□□□□□□□□□□□□□□得□
□□山□□□□蜿□□□□□家□行樂益彩書正□□□□
且□□□今侍世□丞□□□□正□□□□□□□□□□□
□□□□恭□□□□□□□□□□□□□□濟河朔里之私
第春秋八十有一嗟乎□勤斯奐哲人其殘知□不知□□□□
□□□□□□□□□□□□□□□□□□□□□□□□□
□天縱是也□禮諒□比□□知道將芝蘭共芬德與桃李俱豔

如□如□□□□□□□歲□□□□□□□□□□□□□□
□□□□□□□□□人倫□楷模於當代□□□□不□□常
莫留既貽二豎之災咸□南極之壽□□□□□□□□□□□
□□□□□□□□□□□歲享三紀歲次壬申十一月戊□朔
十五日壬寅與夫人　□氏合葬於隰城太平德慶里之□□地
□□□□□□□□□□□□□□□□□□□□□□□□□
□功□邦□李□列□□規削源原隰之形勢川陸之輿□□□
□□□□□□□□□□□□□□□遐□□通□波□□□□
□□□□□□□□□□□□□□□天□汾竭温□冥感通於
神明休祥□□□□□元□□□衯慇□□尾□□莫從□恭行

及□□□□□□□□□□五年泣血□□□□□□□依之□
之庭長歌蓼莪之詩屺岵□□□□□之□□□切□恐□□形
滅□芳鄰宀故乃□□□□□□□□□□切式賢神□□□□
□□為銘德□泯其詞曰　　□乎忠□□□□□□傳祚組代
龍陽□□宋□正晃□難冫清風茂範垂裕後昆其□□□是□
□□□□餘□□□前□□□□□且白且□將□任□□□□
□侯民□弱殄運鍾門李□死生□□邪□□氏之高智處陸沈
□□聲□□□乙□□□起電記□□□拙□□□唐□□利見
徒□□□□□□□□□延□遂□□秋不□□□□□□蹈殊
動林□閑放亦□□十□□□□□□□□□□□□□□□□

□初□□□潤身□□□□□□□□□□□知□公□□之妙
□□□□小節寧拘□莫□外□□□□□□但□兵□□□□
□隨□□□□□□□□二竪□□□□□□□□□□□□□
□□禮□□□□□□遂同儀□括人乃□□□□二□□□□
□□□□□□□□□□□□□□□□□□□□□□□□□
前□一軍之□□加□□□□日□戌勿比□□□□□□□□
□□□□北□□□□□□□□□□□□□□□□□

右碑連額高五尺四寸寬二尺一寸四分共二十六行正兼行書字徑六分額篆盧君墓碑四大字雙行字徑二寸半碑字剝甚書法尚佳今在汾陽縣太平村西

按碑字剝甚不能句讀以文内三□歲次□中剝痕觀之似為

壬申又云大唐興運及太原□鼓雷並作心膂之臣戰勳加朝
散大夫等語觀之則是唐初佐命之臣後書春秋八十有一則
生在隋時至高宗咸亨三年爲壬申其爲興唐勳臣至咸亨時
而卒亦尚合至葬於隰城太平德慶里即今太平村唐初尚爲
隰城縣必在肅宗上元元年九月改西河縣之前其爲唐初吏
無疑太平村距永安鎮郭將軍之墓約二十里郭君於乾封二
年還葬於隱泉之原先咸亨三年亦僅五年計地與時相距均
不相遠郭君碑謂斬宋老生而唐温大雅創業起居注謂軍頭
盧居謌所部人斬之豈盧君即盧居謌而郭君時爲其部屬攻
斬老生歟以時以地尚屬相近惜碑殘剥無可詳徵也郭君碑

書法傳言係虞世南而此碑書法有似李北海雖剝留數字亦宜保存碑新發見故特錄之

○唐相里瑞墓碑

唐上騎都尉相里公諱瑞神道之碑

右碑高約四尺八寸寬約七寸中書一行十四大字徑約四寸餘正書今在汾陽縣北小相里太師墓

按碑無年月據縣志載金石文字記云此碑漫滅特甚其可識曰上騎都尉相里府君之碑曰相里瑞字鳳威曰夫人任氏而中有𠀑埊字知為武后時

余於民國十三年任汾陽時曾親觀之在相里金碑左碑甚殘古惟只有前書十四大字而大字左右與碑陰並無字蹟亦無

府君二字山右石刻叢編謂今殘泐更甚餘碑題而已豈碑後
另題有府君之碑等字而全滅不顯歟然果有而堊等字則確
為武后時碑也
○大唐故翊衛任君墓誌銘并序
詳夫犧軒搆極黿瑞騰芳掌握所以橋宗繼體由其列氏矦分西
漢望建西河即其後也君諱愛字友仁汾州隰城人也父恭驃騎
大將軍臨濟縣開國男英聲一代封襲千年階籍貂冠位參龍翊
望昇鴻漸希陟鸞還豈期梁委和松山摧嵆玉春秋五十有三光
宅元年十一月廿七日卒於家第前夫人陳氏後夫人謝氏並德
融婦禮風預三從慈幹母儀忽歸万化嗣子懷眘懷嗣並前翊衛

兵部常選袁深冬筭望絶南陔應仙鶴以蹤墳感祥禽而助壤開元六年歲次戊午十一月辛卯朔十二日壬寅合葬於汾州東北三十里平原禮也北望商巒東觀汾泊有慮桑田海變故勒斯銘云爾

珪璋君子桃李佳人珠暎代玉露晞晨奈何盛德蒿里沉魂

右石高一尺二寸六分寬一尺二寸四分共十六行行十七八九字不等正書帶行體已入嫵媚一派字徑五六分不等蓋篆任君墓誌四字徑二寸四分石得於清道光十九年汾陽縣上堡村北任明經言豫嵌之於村公所外間壁上

按誌云侯封西漢望著西河漢時縣爲茲氏設西河郡漢建安十八年省西河縣郡入太原是任氏於漢時即居此也君諱愛汾州隰城人考晉徙漢之隰成縣於茲氏境改成爲城省茲氏

入焉自晉至唐皆為隰城縣至肅宗上元元年始改為西河縣武德元年改西河郡為浩州三年後為汾州此為武后光宅元年卒至明皇開元六年合葬尚在肅宗上元之前故仍為汾州隰城縣志云葬於汾州東北三十里以石出今上堡村觀之足証隰城縣治為今縣城自卒至葬相距已三十四年蓋後夫人謝氏卒始合葬也但未書謝氏之卒年文言父恭為驃騎大將軍臨濟縣唐屬齊州今山東章邱縣西北開國男又云階藉貂冠位參龍翊蓋言任君襲其父階而為翊衛也文法簡單毫無事跡唐人之墓誌多屬此體又北望商巒即指謁泉山亦名商山銘云珠瑛代下遺一字其疏略有如此

漢宰相世系表有御史大夫廣阿侯任敖誌云侯封西漢當指此又世系表有吏部常選兵部常選唐書百官志吏部司勳凡酬功之等見任前資常選曰上資兵部常選當亦上資也新唐書百官志親衛勳衛翊衛稱三府衛翊衛府翊衛正八品驍騎大將軍在武散階為從一品開國男為從五品恭墓在城南十里文侯村有上元三年碑書勳曰上柱國階曰金紫光祿大夫為文散階與志有異當亦文階而兼武階者

又顧炎武跋上柱國任君碑云任君名恭官至金紫光祿大夫上柱國明濟縣開國男貞觀十七年二月卒夫人郭氏其文有曰未挂東都之冠先覆北墉之首按論語伯牛有疾注禮病者

居北牖下仁山金氏曰牖字誤當作墉蓋室中北墉而南牖墉墻也按亭林先生崑山人清康熙初游汾尚見此碑至今二百餘年而碑已佚矣

○唐故郝府君墓誌銘并序（夫人孫氏亞咸通六年八月廿四日奄逝日於華堂甲子六十有七嗣子等感重恩罔極其年九月）

君諱秀誠其先冋襄公之後緒其胤係族望太原　皇祖諱道進高尚不仕清素自怡克儉於家禮讓為性敦厚博雅謙恭叶和於事不揚其能於黨不競其理　皇曾祖觀鷟隼於雲衢羨周難於卸尾潄流枕石長哺清風頃以時逢草乱失於謚諱　祖妣郭氏　曾祖妣温氏並坤儀立性柔順為心依孟母之規稟曹家之矩君見識高深風神不雜接友以誠信訔子以義方言常

柔和行必政直招賢納士濟物恤人蓋達士之用心亦君子之自
性奈何積善無慶翻此災邅靡瘀一朝奄卒凶禍時大中二年十
月廿九日歿於私第昔炑享年五旬有四驚嗟行路哀慟里隣飛
雪增悲寒雲助慘　夫人樂安孫氏水鏡方之皎潔松篁比其
貞清恨孤鸞獨飛痛一劍光缺淚點斑竹慟哭崩城嗣子三人一
女孟曰忠恩仲曰忠信季曰忠順並號天叩地屠裂肝心泣血絕
漿杖而後起乃援　慈親誨示勠力營家便擇大中三年己巳
歲正月丙辰朔十八日癸酉遷厝於西河郡城北二里內沮洳鄉
䂓置新域兼合祔　祖考妣同塋別穴而禮也其圯埋圢土口
木榮四神悉臨五山咸勝慮昔有改易物無定生遂勒石記銘以

彰後代詞曰六日就塋告終合祔而禮畢　新婦張氏武氏孫男書郎八兒

寃去寘寘歸於蒿里　樹響風悲　山昏雲起　痛乎倉卒

傷乎逝水　嗣息罄家　凶儀合軌　兼祔翁婆　雙墳壘疊

右石高一尺四寸五分寬一尺三寸五分共十九行行廿六七字不等正書字多別體猶沿魏隋風字徑四五分不等誌題下與文後兩空行處各添書雙行字多少不同徑二三分不等民國九年間汾陽縣城北澗河汽車路得於土中後歸於北關郝蘭書家

按郝姓路史謂郝骨氏之裔孫封於郝後為郝氏唐書世系表

郝出郝骨氏太昊之佐裔孫有子期殷帝乙時封太原郝鄉因

以為氏唐書南蠻有郝姓望出太原此志亦稱望出太原而謂

其先□襄公之後緒則似在殷子期之後也大中為唐宣宗年

號二年君卒夫人孫氏在堂故有慟哭崩城如杞梁妻哭夫事厝於西河郡城北二里係唐置於隰城縣之西河郡漢茲氏縣魏置西河郡建安十八年省西河郡入太原魏黃初三年復置西河郡晉置置隰城縣於茲氏境改成為城省茲氏入焉後魏太和中復置西河郡治茲氏城隋初西河郡仍承北周治隰城縣唐武德初改浩州三年改汾州隰城縣天寶元年復改西河郡與漢魏置茲氏縣之西河郡不同故盧君墓志書郡壘西北三百步在今太河北村之河灘出土而此石在今縣城北二里之澗河出土足證隰城縣之在今城茲氏縣之在鞏村無疑又石於首尾添刻孫氏咸通六年八月逝九月祔享年六十有七等小字兩行蓋郝君故時五十四夫人五十歲後十七年夫人始卒嗣子等於合葬即附刻於原石故有婦姓孫名也志書沮洳

鄉又可補縣志地理之缺

○唐故盧府君墓誌銘 并序

君諱榮望本幽州范陽郡盧氏之先人自承神農皇帝之苗裔太公之㣲緒因齊丁公之夫人生一子于扎盧丁分明至晉之代盧雄為尚書出遊南郊之上見清河崔晧之墳化作一宅盧雄登宿□日出門迴顧始見方知是墓其妻後至三□外送一嫓子與盧雄封左丞相此是鬼子盧得姓盧處祖閗□□名令德無憑可書翁諱希高道不仕節義共推文武允誠孝□惟菱進退有度動靜合儀怡厥遠彰可為子孫之高範也 府君有亠亻忠信克己從人怡然養神縱心樂道於咸通四年三月九日 然即世嗟呼天

命不祐識可悲也享齡八十夫人徽族彭城劉氏淑德清閑母儀
肅肴為嬪有典為婦遠彰訓子擇隣□庭問禮育子三孟曰公政
中日公誼季曰公佐並以痛此罹禍切骨傷心攀慕何偕血需郊
草劬勞仰謝用答懃成筌其年三月二十三日乙酉合祔於郡壘
西北三百步平原新塋而禮也其土實其豈壯其林茂其草肥其
形端其塋麗四神俱□万古之塋咸倫斯也孝等皆以絕漿泣血
心已痛鉞日高掩墓靄軀孝友逾於董蔡以茲表德誰可逮諸屠
裂五情仰□無訢令敢□誠上告罄家孛塋恐年代將遠陵谷有
遷乃述斯文以□銘
厚地玄堂啟　良辰厝至靈　愁雲昏冪冪　苦霎□□□

逝水沉仁傑　高天隕德星　會稽臨岸塚　玉□□□銘

孫男福和　福受　敢郎　十五

右石高廣約今尺一尺四寸共二十行每行二十三至二十七字不等楷書間草字徑三分頗有歐率更體整斜不齊清光緒戊子間張氏碩彥得於汾陽縣鞏村西北之河北村河灘今嵌存汾陽縣財政局墻壁

按志書盧雄事涉誕妄唐人墓志叙其遠族多此故套石得於河北村之河灘文云塋在郡壘西北三百步今河北村在鞏村西北約里許鞏村為漢茲氏城遺址魏置西河郡晉徙隰城縣於茲氏境改成為城省茲氏入焉後魏太延中改置什星軍太和八年復為隰城縣又置西河郡治茲氏城隋初廢郡大業三年復置郡治隰城縣如故唐武德元年改西河郡為浩州三年

復為汾州仍治隰城縣天寶元年復改汾州為西河郡此在咸通四年當為汾州而文云郡壘者蓋故郡之壘也據此亦足証隰城在今縣城與茲氏城之非一地也至河北村西北又為盧家莊其為盧姓之遠祖可知然太平村西亦有唐盧君墓當亦為同族鄉

○唐故任府君墓誌銘并序

文□□□□□□并書

□安氏為政嗣美嘉譽卓然有□親□漢官而重軒裳祿仕譜諜詳諸仕□□□□命也　曾祖諱巖皇任□州鄜城縣令

祖諱貞古□任郴州臨武縣令　列考諱□任宗正寺光陵令義

方垂慶貽厥子孫可謂吐耀人倫順時鵬舉也公諱茂口宏字廣口遠
四盛口躬五常又口　王畿少仕懸絲守規　懿宗皇帝之
五年蒙威遠軍釋褐奏授朝議郎行右武衛翊府兵曹充表奏判
官後六年選授陜州靈寶口尉口秩滿廉使以公蘊不羈之才署觀察
衙推口委口難前後縶維八載中和初天子幸蜀有起請於東周
調集北京揄次尉　元戎以庶績振憂勞口徼幹口盧器能首舉榮被
薦章奏授汾州於休縣令字人有術以公滅私罰而無虐斂以濟
衆既畢常考卜居雲水文德改元良收命假西河宰生靈是寄邪
慝屏蹤軍旅之事交馳道義之門口啓剡夫懇祈觧印知足口遂閑
僅周朞口洺州太守李公請充團練判官公奉公口私為舟檝之利洽

上下擬膏腴之歡經濟在懷合臻光大何期昊天不惠奄歸九原
盈日四傾巨川東注大順二年十月二日暴卒于汾州之私第春
秋五十有五□衔惠者興歎知名者愴懷婚渤海高氏燕齊盛族漢
魏名□家□黄□鳴玉佩以和鳴角枕錦衾而永廢有子四人長曰雷□
前汾椽亞曰麟郎□門修業次曰應郎行者總角之初有女四人
長曰婉娘須適劉氏次曰娥娘瓊娘□崇内典咸□願披緇幼曰延
娘始乎四歲温恭立節孝友承家皆泣血號天哀欲滅性公纍代
松櫝遠寓秦郊方今國中多艱難馳柩櫬則以其年十一月二十
四日權安厝於汾州西南八里西河縣文信鄉白草溝之原礼也
鳴呼玄黄□昧邈脩短有常脫蟬蛻以冲空去瀛洲而絶信公夫人

高氏肇之族姊也孰窺懿範頎紀壯猷敢以直書而懃敘述不至

其銘曰

令圖□撫俗　明亻吏師　冰志皎潔　賢彦所知　陽□舒陰慘

天地與時　大哉變化　振古如茲

伯牙痛哀知音盡　蒹葭落兮失英雋　存丹元兮杳無極

齡□□兮皆委順　鸞鳳去兮留嘉名　龍開沒兮彰利刃

□□□兮何茫茫　弃乱世兮潛靈運

右石長寬均一尺七寸共二十八行行三十三四字不等正書徑四分蓋凸形篆書剝泐今在汾陽縣南牧庄村龍天廟

按誌云曾祖諱巖任□州鄜城鄜城今陝西洛川縣東南七十里唐志鄜州武德二年改屬坊州祖諱貞古任郴州臨武縣令郴州今湖南郴縣臨武今湖南臨武縣考諱□任

宗正寺光陵令光陵即唐穆宗之陵蓋守陵之職也公諱茂宏字廣遠於
懿宗咸通五年行右武衛翊府兵曹後六年為咸通十一年授
陝州靈寶尉陝州今河南陝縣靈寶今河南省靈寶縣廉使即陝號觀察使秩滿
授衙推前後八載則適為廣明元年僖宗幸蜀而志云中和初
以調集北京榆次尉而言也唐以太原為北京榆次即山西榆次縣元戎謂河東
節度中和三年六月以前為鄭從讜七月以後為李克用此當
為李克用薦授汾州介休縣令今介休縣考滿後退寓於汾故云既
畢常考唐制四考為滿卜居雲水當為鄉名文德改元為僖宗十五年第五年号假西
河宰即今汾陽縣唐為西河縣也解印周期洺州太守李公請充團練判官
考新表洺非團練州此蓋為邢洺團練判官李公當為李存孝

通鑑大順元年李克用始得洺州以安金俊為邢洺團練使二年為存孝大順二年為昭宗即位之
三年十一月權厝於汾州西南八里文信鄉白草溝之原其夫
人渤海高氏為燕齊盛族後云高氏輩之族姊是志為高輦作
考舊五代史後唐明宗紀有秦王府諮議叅軍輦當即其人子
四人文敘雷曰麟郎應郎其行者當即幼子之名女四人而次
三均已為尼文云公遠寓秦郊知為陝西人銘文四言四韻後
又列七言四韻亦銘之異例也
又按舊五代史任圜傳京兆三原人祖成都少尹父茂宏避地
太原奏授西河令與此志合以高氏志三子曰圜証之當即應
郎此時尚幼故刻其小名高氏當亦在堂也

○大唐故代州刺史任公尊夫人高氏墓誌銘并序

□唝□昭義軍節度副使朝散大夫撿校右散騎常侍兼御史

大夫上柱國賜紫金魚袋姚崇休撰

尊夫人門傜□

□之得姓始自齊太公食菜於高因以為氏

素世龔簪纓雍和為族緒之宗德行乃風規之表及笄之歲適于

令門婦道稟於生知毋儀瞻於天副卓然之子昆季五人莫

不懽奉　慈嚴敬袛甘滑長曰圖皇歷典郡次曰回皇累字

人三曰圜副起復於重藩四曰團遵抑奪於雄府五曰回方晦居

於禮製唯二女早歸娉於德門皆以才業馳聲軓儀臻譽擅濟國

肥家之美緼輝今映古之能內外諸孫訓勗無怠男即著功於習

學女唯勵志於賢明積善弥隆餘慶果驗

尊夫人每精調攝常保乂寧寢興遽爽於朝昏鑒治空勞於藥餌

輔德之契何縱誕而無徵福善之言豈流芳而寡信時天祐十六

己卯歲十一月十四日薨于潞州子城之公第享年六十有九壬

午年正月廿五日合祔於汾州西河縣文信鄉上文里崇休幸連

戚屬早熟聲輝無愧荒虛敢申紀述銘曰

惟道素光　惟名夙彰　詩禮並茂　德行齊芳　喜□容動

懟不氣傷　恢廓之量　万頃汪洋　令子才謨　□然閒成

別有風範　亻因訓誡　郡謌政美　邑稱民泰　贊佐之能

藩方是賴　剋茲懿問　何曠脩齡　奄歸大□　當固泉扃

紀于貞石　千古垂名
廻野摧岳　長空墜星

右石高一尺七寸寬一尺六寸共二十一行行二十一字至二十三字不等正書徑六分另有一蓋凸形長一尺二寸寬一尺三寸篆題任公夫人高氏墓誌銘九字徑一寸五分今均在汾陽縣南牧庄村龍天廟

按志書代州刺史任公尊夫人高氏而未書任公之名以尊夫人觀之當即太夫人為任公之母故志云母儀瞻於天副子五人長曰圖次曰回三曰圜四曰團五曰罔考舊五代史任圜傳祖清父茂宏授西河令五子曰圖回圜團罔與此志五子名及任茂宏墓志父清均合是夫人即任茂宏之配而銜書代州刺史者書其子之職也考舊史圜傳武皇以宗女妻圜歷代憲二郡刺史是其子為代州刺史無疑然以志云圖皇歷典郡是為

代刺者乃圖非圜薛史有誤也其題書故者指尊夫人而言也志云圖副起於重藩據史圜為昭義李嗣昭觀察支使天祐十九年嗣昭戰歿圜仍為之屬通鑑同光元年三月有潞州判官任圜故志銘有令子才謨藩方是賴等語圜為支使崇休為副使同官又戚屬故為製文至茂宏志云四子此為五子蓋冏為後生以大順二年至天祐十六年（唐昭宗天祐僅四年晉李存勗奉唐朔至十九年後屬晉故稱天祐）已二十八九年也其名不同以茂宏志所書者小名也茂宏志列四女此為二女蓋除次三為尼者而言也故志云二女早為聘於德門夫人甍於潞州子城之公第即圜為昭義觀察支使之官舍也享年六十九計茂宏卒時夫人為四十餘歲茂宏權

厝於白草溝此則合祔於上文里均在文信鄉蓋合祔時茂宏墓志亦移於上文里故石均出於牧莊河灘中唐人合葬而夫人多附於夫志或另志於石要皆從夫之職其以子職題書而不著其夫銜名者特於此石見之汾陽縣志疑此爲茂宏夫人而以官職與子女之不同未敢確定亦未之深考也石見山右石刻叢編

○晉相里金神道碑

大晉故建雄軍節度使左龍武軍統軍檢校太尉贈太子太師西□河郡開國侯食邑一千三百戶相里公神道之碑并序 中散大夫行尚書刑部員外郎臣李□霞蒸奉勑撰□恭□□成知誦□

詳夫周朝始□則濟濟多士於是乎生漢祚復興則詵詵衆賢於
是乎出誅紂牧野則八百諸侯共其功戮莽射臺則三十二將同
其力莫不須憑羽翼以盪煙塵□□□□之丕基成復魏□之大
業□□鏤歲表攀龍附鳳□勤礪獄帶河受翼子傳孫之慶則有
欒邪瞀族豊沛故□結袵提戈終始共平於艱險當原撲燎辛勤
竊契於風雲立百戰百勝之殊勲兼一德一心之大節撫士庶單
䜌□□汝□喧□□之誰者則見乎故建雄軍節度使左龍武統
軍檢校太尉贈太子太師相里公有此功能焉
公諱金字國寶其先河間人也顓頊高陽氏之苗裔焉顓頊生大
業大業生庭堅庭堅仕堯為大理官至殷末有理徵為殺伯其孫

仲師逃紂之禍嶽去王字而稱里氏至周時晉有大夫里克其妻同成氏携少子季連避地居□相城時人遂呼為相里氏恊避㫋全身之道見因地得姓之由後有相里武相里覧武任漢朝御史覽為前趙将軍蓋軒冕相聯文武不慬矣公七代祖唐相州刺史遵其先馮翊人遠租食禄西河因居汾晉間奈為汾州西河縣人也曾祖諱祐皇不仕放言潔身隱居遂志自得林泉之趣無求簪組之榮　祖諱厚皇任銀青光禄大夫檢校左散騎常侍遼州别駕兼御史大夫上柱國贈左武衞大将軍□□之封莫屐龐生之足三台之量宜歸吕氏之刀　皇考諱福任銀青光禄大夫檢校刑部尚書兼御史大夫上柱國贈饒州刺史氣猛材雄志高

行潔貞文武之至藝楊忠孝之英名皇妣鴈門縣太君成氏□封
鴈門郡太夫人藴閨秀之風斅聖善之懷憲民悪上識伯宗之無
用韋言市肉表誠恐孟軻之惑為不信奉夫以謹訓子以仁婦德
母儀塗歌里□□公□贈饒州刺史之嫡長子也追封鴈門郡太
夫人之□生焉公氣局雄稜形典魁廓幼□倜儻之志每形慷慨
之言嘗謂時輩云騕褭以追驟為能鷹隼以輕捷為妙雖暫雌伏
終俟雄飛羨高□□□取以名□□□世業恨無才具時屬塵飛五
嶽鹿走中原周道凌□王塗蕪穢　唐太祖武皇帝將誅
暴逆廣募賢良公以武勇自持轅門入仕纔年十八有志四方既
六藝有越於等倫嘗賜□仍編為戚屬自是勞勩苦骨秣馬礪兵

待春長狄之喉期貫□地之臂舉二丈之大稍彭樂慙顏引十石之勁方康生失色　太祖武皇帝憐其膽□倚作腹心出則先鋒入為□殿西攻宜祿南下平陽北收蒲□東取襄□莫不身當矢石手掃祆氛後□　莊宗皇帝上黨解圍栢鄉得雋乃齊行勇爵□募者驍□晉作新軍所難者將領故擢　公自副兵馬使充陡衛指揮使是時太原新置此軍後於□柳陂廢捷德滕寨成功超轉右帳前指揮□同光元年授銀青光祿大夫檢校左散騎常侍兼御史大夫權主客□前都虞候從　莊宗皇帝尅定兩京重□

九届寒涅既戮方維大禹之前規董卓就誅再定高皇之舊制乃

申恩祿効折爵賞功二年五月恩賜忠勇拱衛功臣右帳前指揮
使轉撿校工部尚書兼御史大夫上柱國當年□月内改補充右
羽林第二軍右帳前指揮使兼□左右帳前都虞候轉撿校刑部
尚書天成元年四月内轉充左右羽林都虞候當年七月内除授
撿校尚書右僕射使持節忻州諸軍事行忻州判史兼御史大夫
上柱國三刀入夢五馬行春普須恤物之厚恩盡革穿民之蠹政
至四年四月内奉　詔薇赴　闕庭蒙　恩除授守左神
武統軍功勲階爵封賜如故一麾出守三年有成卻埽君子之營
復堅將軍之樹至長興二年改賜忠義臣衛□臣充北面行營馬
步都虞候轉撿校尚書左僕射遭憂至三年七月内除授起復雲

麾将軍仍前檢校尚書左僕射使持節隴州諸軍事行隴州判史
兼并州防禦使應順元□閏正月內就加轉檢校司空撫綏甿庶
防禦邊陲震擒猾去暴之威著懸魚留駒之譽當年三月內改□
推誠□贊保各功臣□□保義軍節度陝虢等州視察處置等使
加金紫光祿大夫檢校司徒陝州大都督府長史上柱國西河縣
開國男食邑三百户封隣桃塞境壓茅津仗茲勤舊之臣鎮彼咽
喉之地洎
我皇帝龍飛晉水鳳翥叅墟東師扵涿鹿之原則蚩尤□□□衆
扵鳴條之地□夏桀逃亡從億兆推戴之心受乾坤眷佑之命
公上覲天意下察人謀戰將威而微子奔齊□□敗而陳平歸漢

脫身扵草昧之際立功扵綿絶之初尋扵天福元年奉
勑特賜顯忠□運保國功臣改授建雄軍節度晉慈隰等州觀察
處置等使加光祿大夫撿校太傅使持節晉州諸軍事行晉州刺
史西河郡開國侯食邑一千戶　公下車布政露冕宣風晨絶
□飭之羊夜無暫喧之犬馬虛廐而靡入□離氵以復還人人願
挽扵鄧攸戶戶思留其侯霸至三年四月內就加撿校太尉加食
邑一千三百戶政成三載澤下　九霄徵赴　彤庭累
承　清問至四月三月內除充左龍武統軍功勲散官如故
公既權　焚㨶迴沐
天波安漢祚者必在絳侯定羌戎者無踰充國是日也砥平六合

鏡靜三邊時正　天而位已崇心甚壯而運何否誤泄三駈
之語終成二豎之□扵天福五年八月二□四日卒扵東京望仙
坊私弟享年六十有九　主上軫悼良深惻愴弥久且曰
天不憖遺予將疇依遂降　優詔輟　朝厚賻進贈太
子太師巷陌不歌鄽閈罷市登壇胙土生榮死褒人之貴焉扵斯
為盛　夫人河内郡夫人常氏蕙心芬馥蘭質柔明奉机案
以如賓託絲蘿扵偕老何畱烏泥月朗鏡皎鸞孤苟存未亡之身
永茹移天之痛有弟四人一曰奉謹丞州長史先公而亡次弟曰
奉度充保安十將早沒扵敵斷布示勇折樹馳□陳安勢窮至奪矛
而後死典熹刀屈猶大罵以方殂次弟曰法才□僧賜紫幼慕空

門早捿鷲嶺護戎珠之無㐀□刼燒以飛空次弟曰泰斌前保義
軍衙內都指揮使壯顏卧羆猛同㺚虎幼挺探究之志累彰破竹
之功有妹三人一適曹氏次適武氏次適衛氏並藴淑德悉配高
門有子曰彥超前建雄軍衙內都指揮使銀青光祿大夫檢校□
部尚書兼御史大夫輕車都尉仁孝挺志純謹立身負文武之全
材顯忠貞之壯節言其操也則冒雲孤松高峙於寒歲語其俊也
則逢秋一鶚猛鷙於晴空挺然間世之令人卓尓承家之偉器次
曰彥韜前隰州長史次曰彥昇充西頭
供奉官幼而類晤長甚瓌奇早彰難弟之名永保肥家之道次曰
彥琮前慈州司馬次曰劉九劉十有女一人甚幼美矣儀質邈尓

諸孫新婦鉅鹿郡時氏隨姆中禮𣪠絲甚工事姑彰至孝之名從夫表宜家之慶有孫二人一日韓五次日劉七次日榮哥次日晋榮雖甚幼冲並有氣骨既積餘慶果有令孫公累代名家數朝舊壞蕭祗謁䨱驚詠異人温嶠見時歎伏英物傾身禮士散俸濟貧恩冷而闔境如春令出而連營挟纊前後無征不從有陣皆摧未斷嚴顏之頭已褒高歡之膽玄感徒方於項羽崔浩妄比於張良較此優稱彼有慙德而况立功馬上取賀行間着竭忠盡節之名馳善始令終之譽雖五湖未泛范蠡難訪於舟中而七戰皆奔畢萬終薨於牖下即以當年十月十七日護喪葬於汾州西河縣唐化鄉大相里原禮也孀妻令子愛弟幼孫□茹痛銜酸號□泣血

嘆樹風之不上襄隟駟以難留既懸窆有期遷神即路六親悲送
二子哀隨離汴水以涉長政埽汾川而就玄寢皆以佳城既鬱幽
壤永扃冀存英譽於人謹顧勒貞珉於墳墜臣叨居粉署恭奉
綸言敢不杼思冥搜摭實紀述錄已往之異績顯如□之芳猷縱
使東海水枯共高天之不朽南山石爛垂後嗣以長存罄其鄙才
□爲銘曰　　於赫茂族顓頊靈苗因事受姓武穆文昭同源
異派分枝布條帝孫庭堅掌理仕堯一其理微因官臣殷見忌仲師
逃禍去其玉字里克罹難李連避地潛居相城配姓有自二其間生
傑士桂馥蘭芬居漢御史爲□將軍英聡邁旅雄武不群近□祖
祢食祿并汾三其卓尔儀形偉哉髭雋負氣從戎策名仕□勳有殊

功出為横□羑譽遐喧威聲大震其四惟忠惟孝百戰百征摧堅則
朓在䣢不爭剪撲群孽收復□有晴佳乎景運致此昇平其五酬爵賞
勲分符剖竹塞比謐寧隴丘清肅昨土寰城作鎮狐谷苛虛項除
疲戶受福其六位居掌□職統禁戎撫我鋭卒護我帝宮虎居岸上
龍隱人中勲錐□立運乃有窮其七曾聞積善必受餘福合彼吉人
永荷矢祿胡神□祐殞命唯速轂朝罷市隣悲里哭其八王季合嗣
嬀女幼孫吞酸茹苦叩地銜寃卜吉遠日宅地高原遷神即路歸
葬故園其九車馬奔馳旒旐搖曳古木蕭颼白日黲曀明代長辭玄
扃永閉立碑表墳□光來□其十

右碑高九尺三寸寬三尺八寸共四十九行行八十字正書多
别體字徑七分額篆西河郡相里公神道碑九字今在汾陽縣

東北小相村西太師墓

按碑無立石年月縣志載有天福五年十月所立碑當以文內天福五年八月歿當年十月葬時為據碑列撰人似係李霞蒸書人成知誦志為李象撰成知訓書未識何據顧亭林金石文字記五代史相里金傳略同惟傳云字奉金而此云字國寶傳云贈太師此云贈太子太師又封西河郡開國侯史遺之當以此碑為正又按姓譜咎繇之後為理氏商末有理徵孫仲師遭難去王為里晉里克遭戮其妻攜子居相城為相里氏又子產手文成相里因為氏望出西河清朱竹垞跋此碑云東周有相里氏莊子稱相里勤之弟子是已漢有御史武十六國前趙有

誤刻扶公碑前

偏将軍覽大都皆晉人也是相里之姓已古矣

○宋故趙公墓誌銘并序

河東裴公輔撰并書及篆

公諱和字子禮姓趙氏鄜州洛川縣龍門鄉中趙里人也高曾而上罹五季之乱家譜靡記太父諱父士元皆隱德不仕世以服田为穡為業冠鄉户之甲　公年未壯室慨然有四方之志一日謂昆仲曰勤勞稼穡非我志也由是悉付其產於宗屬奮袂大河之東寓迹汾水之上樂其人物蕃庶井邑駢容貿易經營得遂其志因而家焉自秦抵晉謹身節用不十數年復預豪籍之右　公善治家事舉措有法於長上致敬於朋友篤信閭里之人無賢不肖

皆欽慕之晩節好恬淡喜釋氏貧乏者哀矜之又從而振貸之非
心懷惻隱孰能至於是與於戲弥留寢疾薤露俄晞紹聖三年正
月十九日終于家春秋六十有一識者聞之莫不相弔而哭之慟
其配曰孫氏貞規克順柔德惟明禮終婦儀家叶毋訓二男長曰
潤歷江淮京洛為富商大賈娶梁氏次曰津克承父志清慎守成
娶文氏一女適清河張貴繼　公而化孫男三長曰杲次曰棠次
曰柔孫女二長適豪族張洪次幼在室卜用政和六年八月丙寅
之吉葬于汾洲西河縣大夏鄉橋南里先期子津請銘以誌幽隧
義不可免直紀行事系之以銘曰
天水趙公　秦川誕育　治本於農　樹藝五穀　棄其田疇

委諸宗族　經營四方　抵汾之曲　未十餘春　堂構□復新
倉箱浩浩　子孫詵詵　極濟周旋　樂善隨緣　康寧富壽
保終天年　古云孝行　生事死葬　追遠慎終　誌其塋□
地壹段南北長貳伯伍拾玖步闊伍拾捌步內郝宣德□□
計地伍拾玖畝捌分伍厘東至郝節推西至謝大姑南厂□
北至武并內自己圍封占八畝半　張天民刊

右墓銘作小碑形高一尺七寸寬一尺四寸文共二十五行行各二十六字徑五分書法圓潤額篆宋故趙公墓銘六字徑一寸五分清同治五年白孝廉庚西得之於汾陽小南關南門外董師河今在汾陽西關馮鈺家藏

按文言鄜州洛川縣人在今陝西洛川縣鄜州今為鄜縣宋時洛川即屬鄜州民國初始改為縣趙公付產宗屬出商於汾亦

可謂義葬西河縣大夏鄉橋南里以石出今縣南董師河足証
今縣為宋之西河縣蓋自唐肅宗上元元年九月已改汾州為
西河縣屬河東道宋復屬汾州碑見山西金石記及石刻叢編

○宋故推誠保德守正翊戴功臣護國軍節度管內觀察處置等
特進檢校太尉同中書門下平章事行河中尹判陳州軍州事
兼管內堤堰橋道勸農事上柱國天水郡開國公食邑七千七
百戶食實封貳阡壹百戶贈中書令兼尚書令謚武襄狄公神
道碑銘并序
翰林學士朝散大夫尚書禮部郎中知制誥充史館脩撰
判昭文館知審官院提舉集禧觀公事上騎都尉長安縣開

國伯食邑八百戶賜紫金魚袋臣王珪奉　勅撰
三司度支判官朝奉郎尚書刑部員外郎充集賢校理上騎
都尉賜緋魚袋臣宋敏求奉　勅書
至和三年八月　上以樞密使護國軍節度使檢校太尉河
中尹天水狄公平同中書門下平章事出判陳州明年三月感疾
於州未幾以薨聞　天子盡然輟視朝二日發哀苑中贈中書
令太常誄行謚曰武襄既葬于汾之西河有　詔史臣以刻其
墓隧之碑臣謹案狄始周成王封少子於狄城因以為氏其後代
居天水至梁文惠公乃大顯于有唐其子孫或徙汾晉間公實西
河人贈太傅曰應之於公為曾王父是生真贈○太師太師生普贈

中書令其配曰兖國太夫人侯氏公其次子也諱青字漢臣生而風骨奇偉善騎射少好將帥之節里閭俠少多從之初游京師遂補拱聖籍中寶元之初元昊叛河西兵出數無功公自散直為延州指使延帥知公敢行故常使當賊鋒凡數歲出大里青化榆林歸娘嶺東女之崖木匱山渾州川白草南安安遠等戰大小二十有五中流矢者八斬首捕虜萬有餘獲馬牛羊橐駝鎧仗符印車錙器物以數萬計嘗破賊金湯城至于乾谷三堆杏林原遂略宥州之境屠嵬咩歲香毛奴尚羅等族燔其積聚數萬廬舍數千收其帳二千三百生口五千七百又城橋子谷築招安豐林新寨大郎堡皆扼賊要害使不能闚邊以功亟遷至秦州刺史涇原儀渭

兵馬部署經略招討副使　上欲名見公會冦薄平涼因命
圖形以進繇是天下知公名公提涇原之師威震羗夷既而曩霄
復稱臣西陲少事矣廼以公為捧日天武四廂都指揮使徙鎮定
路兵馬部署遷侍衛親軍步軍馬軍殿前都虞侯歷惠州團練使
眉州防禦使保大軍□度觀察留後遷步軍馬軍副都指揮使遂
領彰化軍節度使知延州一日　天子顧將帥之臣無踰公者
乃名為樞密副使加檢校司空皇祐四年廣源州蠻酋儂知高僭
竊服號以盛夏舉兵陷于邕州濟舟而東又陷沿江九郡進圍廣
州力屈不能下還據于邕所過吏民多被害江湘之南人心為之
蕭然公於是抗章請行又因侍　上間自言臣結髮起行伍

顧無以報國今遠吏跳梁不足為 陛下憂願將銳兵數千當
羈叛蠻之頸致之 闕下 上壯其言遂改宣徽南院使
宣撫荊湖南北路經制廣南盜賊事知撿校司徒 上親餞
於垂拱所以臨遣之意厚甚先是將皆張忠等繼以輕敵失軍士
卒莫有戰鬬志明年正月自桂林次賓州會廣西鈐轄陳曙以步
卒八千潰于崑崙關公即按曙以不應令并殿直袁用等三十一
人咸以軍法誅之衆莫不惴恐既而頓甲軍中又下令且調十日
之糧或莫能測賊使人覘吾軍而還黎明遂合三將之兵以行乃
絶崑崙出歸仁鋪先自為陣賊果失守險遂悉其衆逆 王師以
戰前鋒孫節搏賊死山下賊氣乘銳蹦吾軍公親執旗鼓麾騎兵

縱左右翼出賊非意時會暮賊前後不勝敵遂大敗馳騎追之斬捕二千二百級偽署黄師密儂建忠等五十七人没于陣知高夜縱火城中而遁明日破賊入城獲金貝之物以鉅萬畜數千悉分其戲下招復老壯七千二百嘗為賊所俘脅者皆慰遣以歸又斂群屍築京觀于城之北隅初有衣金龍之衣又金飾神龍干楯仆其傍或言知高已死亂兵中有欲為公亟作奏者公曰安知其非詐也寧失知高敢誣　朝廷以貪功邪二月班師遂　曲赦五嶺又布　德音至於江湖之南公還為樞密副使進位檢校太尉河中尹俄拜樞密使賜第城南一區子悉優以官公固謝曰賴陛下神靈出師大捷皆諸校力戰之功也臣之諸子非有勤勞

何敢拜　君命　上固以寵之在樞密四年自以遭時奮用
乃夙夜一心進圖　國事雖權幸不可撓以法　上累訪以邊
幾嘗從容陳所以攻守之計　天子深然之晚以盛蒲為戒思
避時柄遂終于陳州亨年五十公為人慷慨尚節義有大慮慎密
寡言外剛重靜鋭而内寬其計事必審中機會而後發其行師必
正部伍營陳明賞罰雖敵猝犯之無一士敢後先者故常以少擊
衆而所鄉無不靡與士同寒飢勞苦而又分功與人未嘗自言安
遠之戰方被創甚鬭冠且至即挺身以前衆莫不爭為用間嘗獨
被髮面銅具馳突賊圍中見者為之辟易今丞相韓公琦故資政
殿學士范公仲淹同秉武節經于西邊公時為裨將殊為二公見

器仲淹又嘗以左氏春秋授公以謂為將者不可不知書匹夫之勇無足尚也公于是自春秋戰國至□秦漢以來成敗之迹槩而能通公為涇原招討起居舍人尹洙知渭州因與公善洙學通古今嘗與公談用兵之術稱曰雖古名將殆無以過其後洙以貶死為周旋其家事唯恐不及其徙真定道過故鄉謁縣先下車趨至令庭遂燕〻老於纛下里巾榮之公事親孝遭中令之喪雖衽金革之事而哀戚過人方秉樞於　朝奉充國太夫人滕下日舉觴于堂間又　天子賜珎其家極榮養矣征南之日戚内外不以聞懼遺其親憂始行至邕會瘴霧之氣昏鬱中人或謂賊流毒水中且士飲者多死忽一夕泉湧于郊汲之甘冽遂濟其軍此非

常所感邪公薨之初　詔衛公護歸殯京師其葬也　寵以鼓
吹旌輅送於都城之西又　敕所過郡治道上共具發材官輕車
至于西河卜用嘉祐四年二月甲申之吉是歲以　祫饗恩加
贈兼尚書令臣嘗伏讀兵法曰以治待亂以逸待勞此善用兵者
也又考前史之載將而持重有謀者其出靡不有功如武襄之西
定靈夏南平嶠外未嘗不擇形勝整師徒先計而後戰遂擢兇陷
敵名動殊俗為　國虎臣善夫臣洙以謂有古名將之略豈誣
也哉公娶魏氏封定國夫人六男長曰諒三班奉職蚤卒次曰諮
西上閤門副使次曰詠內殿崇班閤門祗候次曰諗內殿崇班次
曰說東頭供奉官次曰諫內殿崇班說諫蚤卒二女許嫁而卒孫

曰璋左侍禁曰璹尚幼銘曰　汾晉之氣　蒙于崆峒
有如其人　武襄之雄　始來京師　感概從軍　以節自發
孰莫不聞　元昊畜姦　歸節塞下　西邊用兵　露甲在野
公出大里　至于杏啉　奇謀縱橫　以讋戎心　上顧將帥
威名無如　來汝陪予　秉國之樞　盜起南荒　乘邊弛防
陷邕圍廣　妖霧以猖　公於上前　憤然請討　賊失崑崙
膏血原啅　還服在廷　越茲累年　夙夜延事　匪圖弗宣
將相出藩　年甫五十　公不復還　天子為泣　生莫與榮
没莫與哀　旂常之載　其績有來　有勤其初　有大其後
歿德於詩　以貿不朽

嘉祐七年十一月二十六日建

中書省玉册官臣張景隆奉　聖旨鐫并□勒

右碑連額高一丈三尺餘寬四尺共三十二行行各九十字正書字徑一寸二分額篆旌忠元勳之碑六大字雙行直列字徑九寸額下横書御篆賜額四大字徑二寸五分首行二十一字至末行第八字斜裂一綫原在劉村狄公墓宣統初移存城内狄武襄公祠廟

按碑題王珪奉勅撰宋敏求奉勅書考宋史王珪字禹玉成都華陽人舉進士甲科通判揚州召直集賢院進知制誥知審官院嘉祐元年十二月拜翰林學士知開封府二年丁憂四年復拜碑立七年正復為學士時至神宗熙寧三年參知政事九年同中書門下平章事八年封岐國公其文瓌麗詞林推許宋敏

求字次道趙州平棘人參知政事綬子進士及第爲館閣校勘修唐書奏爲編修官同知太常禮院加集賢校理從宋庠辟通判西京爲羣牧度支判官傳不註何年嘉祐五年曾公亮進新唐書表有太常博士集賢校理宋敏求宋文鑑有三司度支判官太常博士宋敏求可詞部員外郎與此碑度支判官合碑立七年是可證其仍任也敏求工書與虞薛歐褚稱先後見西臺集碑言至和三年八月天水狄公出判陳州明年三月薨考仁宗至和三年九月改元嘉祐是明年三月即嘉祐二年三月通鑑長編書二年三月庚子陳州言護國節度使同平章事狄青卒是也狄始周成王封少子於狄城因以爲氏其後代居天水今甘肅天水縣考

路使炎帝參盧後有狄廣韻春秋狄國之後望出天水新唐書宰相世系表狄出姬姓周成王母弟孝伯封狄城因為氏漢博士山世居天水後秦樂平伯支裔孫恭居太原生湛曾孫仁傑（湛生孝緒孝緒生知遜知遜生仁傑故為曾孫也）相武后卒謚文惠睿宗追封梁國公所謂梁文惠公也武襄素不敢祖梁公據碑則實梁公之後也公初游京師遂補拱聖籍中（宋史兵志太祖建隆以來之制拱聖指揮二十一乾德中選諸州騎兵送闕下立為驍雄後改驍猛太宗雍熙四年又改拱宸未幾改拱聖）較史傳為詳寶元元年夏元昊叛公為延州（舊延安府今陝西膚施縣）指揮使出大里（武經總要延安有大里河去橫山不遠）清化（砦名武經總要作青化太平興國中建控青化川口西至延州七十里）榆林（今陝西榆林縣）歸娘嶺東女之崖本置山（缺考）渾州川（武經總要延州唐徙吐谷渾部落立渾州寬州寨沼川界即渾州川）

寬州川也白草砦名屬綏德清一統志在清澗東北百餘里黃河側安遠地名一統志安遠鎮在甘肅通渭縣東南等戰大小二十有五嘗破賊金湯城天禧二年置一統志在陝西保安縣西至於乾谷三堆杏林原均缺考遂略宥州今鄂爾多斯右翼屠咩嵬香毛奴尚羅等族又城橋子谷缺考築招安砦名元符二年築武經總要延州招安砦北接杏子河至横山一路豐林縣名慶歷中築一統志魏延昌二年置熙寧五年省入膚施青領軍新寨武經總要延州新寨控延川東北潼遠川一帶大郎堡缺考皆扼賊要害使不能闚邊以功遂遷秦州今甘肅天水縣刺史涇涇州今甘肅涇川縣原原州今甘肅鎮原縣儀太平興國二年改義州為儀州熙寧五年廢屬渭州渭渭州今在甘肅平涼縣兵馬都部署經略招討副使據史傳為副都總管以避英宗諱改部署為總管碑在仁宗嘉祐閒故書部署又按史傳惠州今廣東惠陽縣團練使在加捧日天武四廂

都指揮後眉州今四川眉山縣防禦使在歷侍衛步軍殿前都虞侯後保大安遠二軍留後在遷步軍副都指揮後馬軍副都指揮前蓋宋以部署等為差遣如今督辦軍務幫辦軍務等職團防留後為正官如今鎮守使等職傳就歷職前後敘碑以差遣作一筆敘正官作一筆敘故前後不同惟碑缺安遠當從傳皇祐四年廣源州在今廣西儂智高僭號陷于邕州今廣西邕寧縣又陷沿江九郡續通鑑皇祐四年四月智高入寇五月乙巳破邕州建天南國號啟歷癸丑入橫州丙辰入貴州庚申入龔州辛酉入藤州又入梧封州壬戌入康州癸亥入端州宋史謂陷橫貴等八州碑謂九郡平蠻三將題名謂十二郡數各不同進圍廣州今廣東省力屈還據於邕公抗章請行上壯其言遂改宣徽南院使宣撫荊湖南北路經制廣南盜賊事檢校加官名東晉至唐宋皆沿之其官高

於長官猶清代之加銜也司徒時為九月庚午見宋史宰輔表明年正月自桂林今廣西桂林縣次賓州今廣西賓陽縣以陳曙違令并袁用等三十一人誅之按熙寧間御祭文記作陳曉以避英宗諱也黎明合三將之兵即公與孫沔余靖所將之兵也乃絕崑崙在今邕寧縣出歸仁鋪前鋒孫節博賊死山下即公第一將下之西京左藏庫副使也公親出追之賊大敗智高遁大理國碑言有衮金龍之衣仆於亂兵中公知其詐足証卓識二月班師公還為樞密副使進檢校太尉河中今山西永濟縣尹俄拜樞密使據宰輔表五月乙巳自樞密副使護國軍節度使檢校太尉河中尹兼御史大夫仍守前官充樞密使樞密使與河中尹同日除當以碑為正公終于陳州在嘉祐二年三月以元年八月因劉敞奸攻

出判陳州遂負謗殁碑言公以盛滿為戒思避時柄撰者為奉
勅故措詞只宜如此碑言韓公琦范公仲淹同秉武節於西邊
公為裨將見器於二公又為涇源招討尹洙知渭州與公善傳
言尹洙為經略判官青以指使見洙與談兵善之薦於韓范二
公待遇甚厚則公與洙善非始於為涇原招討當從傳洙後貶
死周旋其家事惟恐不及足見公之義也遭中令之喪哀戚過
人奉太夫人膝下日舉觴于堂閒足見公之孝也元昊叛兵出
數無功公威震之智高叛公抗章請行破之每披髮銅具賊為
辟易足見公之勇也迭為國破賊而被譖不見怨言足見公之
忠也公子六人傳只諮詠二人當以碑為是碑見寰宇訪碑錄

山西通志金石記山右石刻叢編

○大金汾陽六師院寶公禪師碑銘

奉直大夫前河東南北路提刑司知事飛騎尉賜緋魚袋袁之翰撰

儒林郎前寧化州軍事判官任知微篆

禪師諱印寶姓康氏榆次縣人也毀齔時不茹葷不流童戲既冠師天寧妙總禪師出家師誦法華經受具深通法界觀妙總因令師敷演玄義深嘉之後妙總遷化師行脚至秦州華嚴寺秦之兵官毛琥與師語喜之即請師開圓覺法界觀自是為門弟子稱之又至陝西叅太白山明禪師明深器之衆僧請演法乃開圓覺法界觀肇論五座又詣磁州叅大明寶公禪師因呈頌寶公以道眼

視之既得入室師焚香誓云祇要今生了卻大事後師與寶公因
緣相會經五稔會寶公退席山居師送東京靈巖寺恭才和尚一
見而許之居三載一日才公即謂師曰吾將正法眼藏涅盤妙心
囑付與汝汝善護持勿令退失師即辭才公歸才以偈送之既至
河東謁見王山體和尚謂衆曰一盞金燈入寺也我何久住於世
居無何體公遷化命師下火名譽震於四方太原官僚士庶並僧
首座文公賫疏請師出世住持龍泉慈勝禪院經二載汾陽梵天
院請師住持復蒙州縣官僚請師開堂祝延　聖壽復蒙絳陽節
使完顏金紫請師住持普利禪院所在之處以方便善巧化導暨
勉力不倦百廢悉舉古之善人乘時而出贊道立教爲當世之利

其師之謂與後至大定十八年河南府尹奉國上將軍緇素萬衆請師住持韶山雲門禪院復住汾陽兴寧萬壽禪寺先寺井苦師住之後其泉甘冽衆以為師之善行冥感之所致也明昌元年有相子村請師住院一載未有法興院請師住持師諾之期九月廿三日入院衆留曰結秋三日未畢伏望垂慈遂衆所願師曰我有大事因緣在彼非汝所知也至期入院更為海會卅座畢師遂辭大衆衆乞留頌師曰縱横終不落今時不在言耳衆固請師乃留頌七十年來一夢間火風離散不為顛而今脫下孃生襖一句臨行莫乱參擲筆跏趺而逝後三日荼毗有金光烈焰中往西人皆見之火滅舍利獲數千粒眼舌存焉小師祺澤塑在六師院也師

壽七十僧臘三十一嗣法小師五人圓通玄淵慶雲慧藏悟隱各住持一方傳持宗旨落髮小師三十七人師有語録法界觀圖並行於世師化之日有人見於黃櫨嶺師單騎西去也人深異之噫至道不遠在乎心妙理雖玄而根性持內心則道可造見本性則理自知此大迦葉親丞心印不傳妙者也非覺一切種智其孰能與於此觀師之始終其殆庶幾乎讚而銘曰

達摩西來始祖於東一源五派傳流無窮去哲既邈禪教相攻小智自執毀譽於中唯大禪師戒定慧通遠近一視愚智皆籠秋月照水川潦皆同春陽煦物大小皆融無為而為不功而功嗚乎已矣誰嗣宗風

承安二年六月一日都修造住持比丘僧□□建當里進士向子
建書

右碑連額高五尺二寸寬二尺文共二十二行行各五十一字正書字體酷似柳誠懸徑六分額篆寶公禪師碑銘六字徑三寸三分今在汾陽縣相子垣村寶峰寺

按寶公即明崇真寺所刻之寶公遺像俗稱眼臟神者碑云大明寶公乃師之師也師至秦州今甘肅天水縣陝西今陝西省磁州今河北磁縣東京今河南開封縣河東今山西東道等屬太原而至汾復蒙絳陽今山西新絳縣節使完顏金紫考山西通志職官譜大定間有完顏永元歷絳陽節度當即其人金紫蓋其封秩也請住普利禪院又至河南府今河南洛陽縣住韶山今河南澠池縣北三十里金置韶州雲門禪院復住汾之天寧寺明昌元年始住相子垣六師院荼毗即火葬

獲舍利千粒眼舌存焉有眼疾者禱之即愈故號眼臟神碑為河東南北路（金置）提刑司知事袁之翰撰即明刻寶公遺行碑所謂元提舉河防學校事之袁之翰也惟承安二年至元初已七十餘年以原碑書明昌年為元觀之恐亦係金之誤也篆額為前寧化州軍事判官（今山西寧武縣西南寧化鎮北漢置軍宋因之金為州元廢）任知微書丹為進士向子建皆可補縣志之缺

○金上将軍醴泉縣令謝公墓表　撰書人名均泐

□至順（此首行下至第三行全泐）之人皆（第四行下全泐）數任所在有（第五行下全泐）

上将軍任醴泉令公□□□□承安二年（第六行下全泐）

守公法其齊氏第七行下全泐無餘皆頌公賢第八行下全泐
生二子長曰悳次曰□業安第九行下全泐無惑□□□身第十行至第十六行全泐
耿氏此第十七行下全泐朝徵拔太□路此第十八行下全泐
戚□子光祖皆此第十九行下全泐銘二曰第二十行下至二十一二行銘詞年號人名全泐
右石高四尺四寸寬二尺二寸共二十四行各五十字徑四分半正書原在汾陽縣中千里謝家塋今在城北澗河汽車道上
唐復置在今縣東北十里泔北鎮宋徙今縣東稍南三十里金因之
按上將軍爲金元三品以上之武散官醴泉縣今陝西醴泉縣
皆頌公賢蓋所至均有德政也惟石磨滅不顯並公名亦無可
考惟承安二年與生二子長悳次□尚可辨姑列以表幽

汾陽縣金石類編

卷二下 石類

○大元故元帥兼征西千戶李侯之碑

正奉大夫樞密副使商挺譔　鄉貢進士趙懿書

汾州管內道判趙士正篆

李氏之先世尋丕祚有自來矣遠出舜士師咎繇之後其孫曰思成夏后氏之世為大理因命族曰理至微以直道不容於紂子利貞避難於伊侯之墟食木子得生遂□□□李自是李姓之由至十四代孫李廣為漢驍騎將軍屯雲中出鴈門積四十年才氣世號無雙元光三年召拜右北平太守其功烈昭然見於史傳歷虞夏至西漢代代不乏英　材閥閱相聯箕裘不墜綿延繩蟄至衛景武公李靖乃大顯於有唐翼贊　太宗起義於晉陽以成帝業

自時厥後子孫藩衍分枝布條析處汾晉間今其裔也侯諱佺世
爲西河羅城里人也先大父簡字去華母王氏紹前人之令緒承
累世之淵源潔行檢身隱居遂志自持□□之計無求簪組之榮
見善則遷聞義則服積陰功之忠厚致家世以重光蓋有是父必
有是子焉侯生而異常長有大志有遠祖之遺風垂方弱冠遇
大元甫創鴻基金季遷汴棄河朔不克理當時之人乘機應會者
以智力相雄長所在擾擾而不知適從及覩
天命之歸詣軍門納欵因以部□從征伐開拓成功剖符錫命慶
流於後者爲多故元帥李侯其一也已卯之歲　天兵南下時
太祖聖武皇帝之妹曰曳剌海號監國公主遣行省不花兵收地

河東矦獨往迎降公主得承制封拜授矦汾州元帥左監軍於是招納亡叛不期年兵數千偶金兵踰城夜入人民大懼矦應變有方金兵敗遁州境遂安事達公主陞元帥降金符焉尋携本軍從擊平陽河中以及京兆鳳翔涇豳等州深得制敵之道乙未之歲改授征西千户從征西路大都督達海奉 命擁兵伐蜀破散關以收南鄭擊劍利以取西川攻城野戰陷敵摧兇其功不為少矣元戎上將無不歎服以矦為領袖待遇庚戌之歲遘疾不禄享年六十以是年十一月初吉葬狄武襄墳之右從祖塋也夫人有三劉氏曹氏馬氏俱顯宦名家賢明柔順劉氏馬氏祔矦之柩曹氏尚存年登八十有七全於五福既壽且康子男五人長曰鼎初

襲父爵爲千户西征綿漢嘉定嘗有戰功疾以辭職次曰燦已亥
中選進士博學能文充汾州諸軍奥魯官聽斷明敏□□詳分享
年五十八以疾終於家次曰貞鼎之疾也昆季□先業之惟艱義
以擇賢咸推貞襲兄爵佩金符禦閬州突出之師捷馬湖先渡之
戰深入思播生擒百人死傷不計也而又奪重慶戰艦以退敵拒
遂州浮梁以濟衆從大將不扎也掠□州討雲頂耀兵嘉定從行
省也速特也越合州境窺大茅峽郤重慶之兵掀朝陽之寨從簽
省嚴忠範也憲遠謀深戰勝攻取勤勞餘二十年以至元八年十
二月初一日卒軍中得年四十八次曰謙冷眼功名不求聞達惟
好賢而樂善復重義以輕財每開東閣以延賓不弱孟嘗之豪氣

次曰恒天姿聰敏一生優容宗族稱孝鄉黨稱悌言必行行必果
挺然問岳之令人卓爾承家之偉器有女二人一適元帥和公之
子曰泰次適達魯花赤忒獨海眉四之子曰秃實孫男一十七人
長曰居仁以廉幹任平遥酒税監壽三十而卒二曰思忠三曰時
豐早彰至孝之名永保肥家之道四曰庭俊習儒業以五經教諭
鄉里幼亡五曰時通事親以敬結交以誠六曰居義既富且殷見
得思義七曰豫慶元路思恩縣尹八曰思恭爲人重厚舉止異人
九曰時忠汾州規運軍儲鹽課官十曰思敬龐其父千户爵官加
武略將軍佩其金符平蜀之日破瀘降重慶鎮夔守施進征溪洞
焚管勾□之栅廹容米洞兵入於箐崧降具洞主曰田總管獲小

潘洞主父子克市婢洞由夔府而還以其兵鎮重慶屢以功受上賞十一曰九思任汾州常平倉使十二曰居信語言辨給善於智謀十三曰邦基治論孟之書及冠蚤世十四曰邦彥善於治生克勤克儉十五曰居智十六曰思孝循規蹈矩無怠無荒十七曰邦傑愛好古道稍知義方曾孫三十八人俱在幼冲氣骨殊異積有餘慶乃有令孫是知李氏之澤未艾也思敬受伯父鼎之命不憚千里遠詣京畿齎進士趙懿所修之狀致幣致禮求文樹碑於侯之墓道以傳不朽予曰其孝思不忘繼述之事不可以固辭乃件右其事而繫之銘其銘曰

世方亂離能者知機慕禹門之變化魚一躍而龍飛果哉李

君不失其時奮身畎畝而戰勇書功竹帛而名垂給千户以
分封傳三世而不衰彪山之陽□秀之□佳城鬱鬱歲時犧
牲勉旃後裔無廢前人之所基

至元二十五年歲次戊子重陽後五日男征西千户李鼎李謙李恒

孫男　縣尹李豫武略將軍李思敬　立石

交城縣楊　丕方刊

右碑連額高七尺七寸寬二尺九寸五分共二十九行行各六十八字正書字徑六分額篆元帥李侯之碑六字雙行平列字徑三寸五分今在汾陽縣羅城鎮西南

按李姓之源不一唐書宰相世系表謂皋陶之後世爲大理命族爲理氏老子因祖爲理官以爲姓碑言咎繇即皋陶之孫曰思

成夏后世為大理至微不容於紂子利貞避難於伊侯之墟食木子得生遂姓李較表為詳又趙郡李氏為武安君之後（見北史李士謙傳）又後魏有叱李氏改為李（見官氏志）又徐邴安杜胡弘郭麻張董羅鮮于阿布阿跌舍利朱邪並以立功從唐姓為李（見路史）如唐李良臣父子以功賜姓為李是也碑由漢李廣至唐李靖始衍汾晋間則信為理氏後與相理氏（商末理徵孫仲師遭難去王為里晋有里克後避難居相城為相里）皆同遠祖縣志載李佺世為西河羅城人與大小相里村亦相近金季納款於元監國公主承制授侯汾州元帥左監軍尋擢元帥從擊平陽（今山西臨汾縣）河中（今山西永濟縣）及京兆（今陝西長安縣）鳳翔（今陝西鳳翔縣）涇（今甘肅涇川縣）邠（今陝西邠縣）等累功授征西千户隨征西路

大都督達海伐蜀收南鄭今陝西南鄭縣遂取西川卒年六十子鼎貞謙恒等四人孫居仁豫時忠思敬九思等五人而碑則列子鼎燦貞謙恒五人女二人孫男十七人曰居仁思忠時豐庭俊時通居義豫思恭時忠思敬九思居信邦基邦彦居智思孝邦傑曾孫三十八人當以碑為正據此則李公壽六十子五女二孫十七曾孫三十八可謂多男矣撰文人商挺字孟卿曹州濟陰人世祖在潛邸聞挺名遣使徵至從揚惟中宣撫関中次年廉希憲代惟中升挺為副使至元六年同簽樞密院事八年升副使後以二郭謀連挺下獄十六年冬釋二十年復樞密副使二十一年又被繫百餘日二十五年十二月卒壽八十有詩千餘

篇尤善隸書碑立於二十五年重陽後五日衘書樞密副使蓋
復任也
又碑云己卯之歲天兵南下時太祖聖武皇帝之妹曳剌海號
監國公主遣行省不花兵收復河東侯獨徃迊等語按元史太
祖法天啟運聖武皇帝諱鉄木真是已卯為太祖十四年十三
年木華黎入河東克太原平陽及忻代澤潞汾霍等州十四年
克岢嵐吉隰等州進攻絳州而監國公主遣行省不花收復河
東則不載據此則可補史鈌
鄉貢進士王俊民書
○興福大師懃公之碑
大善寺習經論沙門義瑞□

三宣赴闕兩命臨壇勅□□□□□□□宮演法奉勅詮
經講唯識論玄辨大師　哲吉祥□
夫二儀始判天地生焉三才肇造□□□□□□□者須知氏族
行止根源師李汾南當里人也俗姓王氏父珪母任氏師於童稚
之年厭世煩溷志樂□□□□□網躬投當里慈氏院迁公大師
㱿投誠染削訓名廣懃執持巾瓶依栖訓誨教習經㫖精懃□□
年二十餘登丼露壇受具足戒受具之後負笈擔登徧歷叢席凡
有講筵轉□輪㱿無不預焉賦性明敏機辯□□□擇明師咨餐
法味朝夕忘疲美與同袍法侶義學沙門法陣之前徵詰酧□□
鋒電捲□□星□玉轉珠迴□□□滯□□輸金之旨趣焉因緣

會遇果熟香飄年三十餘依稟哲公論師成□開演慈雲廣布法
雨遐霑報
皇王水土之恩賴日月照臨之德扶持末運□□群生實一方法
施大檀越也大哱已了無念祖□□□院門凋弊前後堂殿廊廡
檐楹踈漏牆壁崩摧殆將□□□忍坐觀暫停法席却於興福科
中苦形煉志特啟復□整葺之心竭力行緣盡心化辦無論高低
排門乞化如來有語曰能乞化者是苦弟子誠哉是言也隨緣化
辦多寡不拘所貴捐塵補岳聳千尋而上□雲霄墜露添流舒萬
派而東連巨海法堂再建佛殿重修洎三門碑樓東西廊廡約數
十楹彫甍畫棟奐然一新選擇丹青推求名匠繪畫法堂佛殿大

小聖賢儀像洎廚房庫廐僧室賓寮靡不畢具堪為
聖主祝壽之場可作檀那祈福之䂓修建先師堂塔一座增置五
大部經文洎輸金雌識大論增置常住与窠地□畝五分伽藍院
宇慶傳寬容變斯故舊伽藍易作新鮮梵宇前後堂殿綵繪聖賢
儀像粧飾威嚴縱有介冑之□侮慢之夫覩斯勝境莫不以手加
額不覺投體於下革容而敬焉方鄰梔素共相議曰汾陽界内興
福科中更無過也至四十歲傳受菩薩大戒賜號興福大師落髮
門資八人律師行演行瑄講主行珍行琛講主行瓊行瑛行瓛行
琬師孫二人福滿講主福聚一日門弟行瑛恃張四溪懇余求引
余應之曰年老昏昧賦性顓愚不工詞翰何旦堪此别有吾道高

才染衣學士珠璣肺腹錦繡肝腸者寫之琬琰鐫諸貞石傳之不
朽不亦可乎再三固讓辭不獲已且以持來實跡姑應之云
大德元年歲次丁酉上元日記　本院習經論沙門行瑛行
巘立石　汾陽郭春弟茂刊

右碑連額高五尺寬二尺二寸共二十一行每行四十四字正書徑六分半額篆興福大師勤公之碑八字徑二寸許今在汾陽縣肇村弘教寺

按大德為元成宗第二年號元年為丁酉檀越即檀那皆梵語謂施主布施原為陀那訛為檀那伽藍佛寺之別稱梵語曰僧伽藍其義為衆比丘之園又神名為佛教之護法神佛語云有十八護伽藍現各寺皆塑有關聖與伽藍是也

○真大道教玄應張真人道行碑

翰林學士太中大夫知制誥同脩國史吳澄撰

奉訓大夫中書禮部侍郎致仕　吕仁書

亞中大夫僉江南湖北道肅政廉訪使吕沇篆

泰定三年春予以養疾寓天寶宮之别館其宮之道士合辭言曰吾教之興自金人得中土時有劉祖師避俗出家絶去嗜欲屏斷酒肉勤力耕種自給衣食耐艱難辛苦樸儉慈憫志在利物戒行嚴潔一時翕然宗之繼劉者陳陳而張張而毛毛而酈酈始居天寶宮際遇國朝名吾教曰真大道自爲一枝不屬在前道教所掌酈之後有孫有李有岳而吾之師嗣焉吾師張氏乾州奉天縣

人儒官著族大父德開為軍官長千夫父永興襲其職母呂氏師
長身古貌瞻耳美須蕭然塵壒之表相望而知其有仙風道氣自
幼惡殺不啖肉味年十六從天寶李師為道流錫名清志然猶歸
養父母年十八辭家入太白山越一年往覲李師復歸省親久之
辞親入終南山大父年老招之出山乃家居侍養年二十六劄長
安明道觀又適鳳翔扶風縣立天寶宮及李師解真師事岳師畀
以扶風道教之職年三十三為永昌王祈福于五岳四瀆名山大
川既徧復來關東脩理前所劄寶觀居太白山龍虎洞五載妖魅
障阨亟至一皆不攝聞大母喪歸服喪如禮會陝西行省官有疾
治之而愈有所贈送皆却不受彼乃為辦葬資服闋至京師岳師

試以勞事喜曰是子可矣又遣之出曰他年再來吾師暨徒二人
入東海大珠窂山結茅而居山舊多虎穴虎避他處頗為人害吾
師曰吾奪其所可去之於是游山東諸州為人除疾驗應之速若
或相之云已而岳師歿吾師還喪之喪畢潛遁踰大慶渡至河東
居臨汾五紀白雲菴地大震城邑鄉村屋廬悉摧壓死者不可勝
計獨師與其徒所居中裂為二得免於患師徧尋本石間聽呻吟
聲救活甚衆復歸華山舊隱而天寶宫二趙一鄭攝道教事五年
之間相繼隕滅鄭臨終語其徒曰天降凶菑死亡荐臻得非於教
條有違逆與吾聞張清志躬受岳師付囑蓋仁人也可奉之掌教
庶有豸乎於是宫之徒衆尋訪吾師於華山嵓谷既至衆皆悦服

師諭徒衆曰吾教以慈儉無爲爲寶今聽獄訟設刑威若有司然
吾教果如是□繼今以始凡桎梏鞭笞之具盡廢之衆曰諾自是
衆安害息五年宿弊一旦悉除詣奉聖州酈師所建太玄宫及晉
山香水園值
車駕臨幸嘗移文集賢院欲解職而去弗可歸鄉展省墳墓因至
河南廬時山
仁廟俞集賢之奏加　恩進號　英廟命往華嶽太白山祝釐
聖天子即位有旨□促還師曰山澤之臞於
國不能寸補何敢乘馹騎乎步行而前圉人牽馹騎以從吾師之
孝其親也大父母父母之存膳必親視藥必親嘗出入必告應對

必謹清温定省靡或有闕母常病疽殆甚口吮其膿去毒遂得蘇瘥又患隔氣疾幾不捄師禱神進藥不寢食四旬母忽吐涎塊如瓜漸應平復居喪致哀於儒家喪制不悖師之敬其師也廛賤之役人不屑為者皆不厭倦澣衣執爨汲井剪厠一無所辝師之持其身也衣布衲携銅鑵自為粥以食終夜危坐未嘗鮮衣甘寢不衣絲纊及氊罽皮毛之屬至於乳酪酥蚕亦未嘗齊也師之濟於人也必能力耕其鄉土厚水深艱於得水盛夏時每日於農務之餘汲水貯石□中使盈而不竭以待隣里放牧牛羊及禽鳥之渴者來飲之宗戚之家親死子壯葬娶愆期則傾橐為之葬娶飢饉之歲見不能自存之人輒賑䘏令不餧死行禱嶽瀆山川時自齋

錢三千緡隨行以濟所在惸獨無告者鈞州趙家河民居近山麓莫可鑿井遠取河水以飲師為相土脉俾井其處果得甘泉人甚便之新豐戲河地在高原亦以無井為苦或告以師前在趙家河得水之事衆詣師請師曰前特偶然爾其可再乎請不已竟為掘二井師之達於命也汲有狂民欺飾取敗其所署室為師同姓誤執師以往治獄者鞫問師凝然不動無一辭辨解拘繫年餘省臺官徐察其誣□與釋免吾師謙中損抑掌教將廿年教風日盛於天寶宮完舊營新祝聖之殿誦經之堂禮師之祠安衆之寮以至庖庾庫廄各有攸宜月食數千指而吾師澹乎無欲仙翁神君亦將讓德欲立石以紀天寶宮重興之由敢以為世之能文章者請

予曰子之教自托於老氏其源蓋深遠矣其流之别教各不同予
未暇細論洪惟我
朝列聖之於二教其恩至厚其禮至隆前古未之有也而子之師
斂然獨清於衆濁之中口絶葷羶之味身絶汚穢之行可謂特立
不羣者矣若夫客塵不入而心常虚玉珎不出而腹常實神氣合
一如夫妻母子之相戀而不離長生久視以閲生生滅滅之衆此
即老氏之末流所謂神仙之伎也予學孔氏不足以知此然或罔
克究竟而欺世盜名者蓋亦不無若子之師潔白質素泊然自守
庶乎可與游方之外者哉先是翰林院承
制行詞授師演教大宗師凝神冲妙玄應真人統轄諸路真大道

道教事遡而上之以逮其祖師九傳矣累
朝俱賜真人之號曰崇玄廣化真人者其八傳岳德文也曰順真
體道真人者其七傳李德和也曰通玄真人者其六傳孫德福也
曰太玄真人者其五傳酈希成也曰體玄妙行真人者其四傳毛
希琮也曰冲虛靜照真人者其三傳張信真也曰大通演教真人
者其再傳陳師正也初號無憂普濟真人加號無憂普濟開明洞
微真君者其祖師劉德仁也今與予接而自言其教者為明真廣
演普惠大師賜紫錦襴□□軍路方下舉正馬進道等率其道衆
立石焉
大元元統二年歲次甲戌四月　日汾州趙周里上清院立石

右碑連額高七尺五寸寬二尺八寸共三十四行行各七十四字正書字徑七分額篆真大道教玄應張真人道行碑十二字三行平列今在汾陽縣北宏士村大明觀

按元初道教有全真派始於重陽王真人以長春子丘處機為著有正一天師始於漢張道陵元以張宗演張留孫吳全節為著有太一教始於金初蕭輔道李居壽為最有真大道教始於金季劉德仁五傳而至酈希誠始名其教曰真大道九傳而至張志清即碑稱玄應真人也其教以苦節危行為要志清事親孝尤耐辛苦蓋道教中之有儒行者傳僅載牢山虎害臨汾地震給驛至京等事較碑為畧惟於達官貴人來見則告病不起於道德縉紳先生則納屣杖屨求見時人高其風至畫為圖以

相傳為碑所缺吳澄字幼清崇仁人素崇聖賢學以斯文自任四方多從學者至大初為國子監司業遷翰林學士泰定初為經筵講官總修英宗實錄成加資善大夫卒謚文正著有學基學統又校正老莊太玄經亦當時之能文章者碑云泰定三年春以養疾寓天寶宮之別館天寶宮在許州今河南許縣長社聶村天寶宮亦有此碑見金石萃編補正與此文均同惟許碑乾州今陝西乾縣元奉天縣亦在乾縣書虔州今江西贛縣趙家河為邵家河月食數千指為數千詣蓋傳書者之誤也許碑初祖號無憂普濟真人此碑遺祖字而後書其祖師劉德仁則較許碑只書其劉祖師為詳許碑云與予接而自言其教者宫之賜紫錦襴明真正德扶教

大師河南陝西四川江淮等處本宗提点都舉正王清貴率其
徒衆立石是文撰於許州其碑前題大元汴梁路許州長社聶
村天寶宮敕建祖師之碑末書歲在丙寅三月為泰定三年是
為原立之碑此碑書自言其教者為真廣演普惠大師賜紫錦
襴〇〇軍路方下舉正馬進道等率其道衆立石末書元統二
年四月蓋遲後七年而照原文勒石者據此則凡真大道教之
宮觀當皆有此碑也許碑撰書人均列於後吳衡同惟篆額為
昭信校尉汴梁路鈞州今河南禹縣達魯花赤兼管本州諸軍奥魯
勸農事安童書丹為襄陽路錄事司儒學教諭程璧此碑為呂
仁書丹呂沇篆額呂沇汾陽人據此則呂仁當亦為汾人蓋皆

就其地之達人書篆故兩碑文同而書篆者不同也碑云聵耳美須蓋言大耳長鬚也奉聖州今河北涿鹿縣也

○平晉縣尹皇甫公之碑

汾州教授蕭經國□□□□□□

公姓皇甫諱義西河太平里人也公之祖諱□古邑□足宗乙（下缺二十二字）定之後乃遷家太平里而居之年八十有六病篤（下缺二十五字）千而亡從父塋而葬之妻曰侯氏有子四口義威之次子少有（下缺二十三字）城俱陷沒公爲父老曰大兵所過靡有孑遺服從（下缺二十七字）歸服其命軍帥授公以都統之官招誘未服者而安撫之（下缺二十五字）之中賊衆咸服公以捷聞　上遷公元帥左監軍懸帶銀牌（下缺二十三字）公

充西河縣令是時初定之後貨賂公行上下征利公（下缺二十六字）大啓
皇圖繼興　聖主明詔頒行改元中統（下缺三十字）罷職居家數月節
使顔公上書保公復以舊職（下缺二十六字）從其化改過一新中統五年
改元至元　朝差口相府（下缺二十七字）司槩數惟公首遷平晉縣尹下
車之後招誘趑民勸務農（下缺二十五字）賦寧息考其成績公治爲最於
是有司表公之能具口　朝（下缺二十四字）名以申於上上戶有遷加之
賜何職之辞公乃乞暇求醫（下缺二十四字）日入于幽室公之縣君一曰
武氏一曰李氏有二子長曰國祥（下缺二十二字）周氏有二女長女皇氏
妻成氏之子德玉次女皇氏妻故叅謀（下缺二十二字）曰時有三子長曰
鼎臣前授太原路奥魯千戶後隨任平晉委（下缺二十二字）於北關以才

力援警巡判官有二子長曰國器克汾州奥（下缺二十四字）陋無學之人
焉能發揚爾父德政之能其子堅請銘予□□銘（下缺一字）
彼美斯人　百夫之特　受命除凶　戰功克積（下缺）
吏畏其明　奉公復正　上知其名　惜乎一□（下缺）
至元五年歲次辛卯十一月甲申（下闕）
右碑連額高五尺二寸寬二尺一寸共二十三行下截殘剝僅尾顯一二字行四十六字正書字徑六分額篆皇甫君碑四字徑三寸半碑陰橫刻宗祖之圖四大字下書世系今在汾陽縣太平村西
按皇甫義不見於元史及縣志平晉縣在今太原縣東北二十里城西村宋平北漢置新城於東北曰平晉軍雍熙二年改為縣熙寧三年廢政和五年復置金元因之明洪武四年改建於

汾西故晉陽城南八年三月改太原縣碑言公充西河縣令今在汾陽縣遷平晉縣尹是縣猶在城西村元至世祖至元間始改縣長官為縣尹元設都元帥為正二品元帥為正三品左監軍不見於元史百官志惟元李侳碑亦有授汾州元帥左監軍之職宋置都統制以掌征伐元仍之元初得地於地方官吏之投降者多授元帥將軍縣尹至元十二年置郡縣尹之職以羈縻之長子鼎臣授太原路奥魯千户考蒙古官軍出征家在鄉里曰奥魯見元文類經世大典千户有上中正從五品之分至元九年十二月始詔諸路府州司縣達魯花赤兼諸軍奥魯在江北者兼之見百官志又金元於京都設警巡院置警巡使副使判官此書奥魯則後書至元五年確

為後至元己卯而碑誤書辛卯也

○皇甫氏貞節記

嘉議大夫□□中書□□事馮思温撰

嘉議大夫冀寧路總管兼府□本路諸軍奥魯總管内勸農事郭士謙篆

亞中大夫襄陽路總管兼本路諸軍奥魯總管管内勸農事呂沇書

敘天倫建人極三綱五常乃萬世不易之大典人倫之道則居其一焉生則同室死則同穴一醮之禮之死靡他夫亡則謂之未亡人雖古□丈夫視之不少愧秉史筆者采彼□義布於方毋垂之無窮以為世訓汾陽西河人姜公鳳舉□大夏□皇甫公令□之孫女也性天純淑姿度閑雅動遵禮儀毋教是聽女工是飭長適

姜氏事舅姑甚得婦道□箕箒之□□□紅之□勞謙謹恪慈惠
温良以致閨門肅□里閈稱□可謂宜室宜家者矣不幸是罹晝
哭時皇甫氏□二十六歲遺孤方晬哀毁逾節感動左右後□有
婉□□而□其再醮者皇甫氏皆不聽□泣□言曰烏且有匹而
不兩配者可以人而不如鳥乎況舅姑垂□一息尚幼□□□□之
可乎向所謂之死靡他今又見其人焉其養老鞠幼之篤有加無
已□□讀書□賢婦□姑□□□□其仗義振信凜然有古烈婦之
風確乎其不拔也用是西河官□彼□行而申之上達
朝廷遂
旌表其門閭享年六十有一以□年終□子希祖□能成其材乃

曰吾母孀居□□□□□銘心勞神焦思上不負先人之所託下不失□□之所□終不易没身之所守罔□之恩思何以報將□懿德休風鐫石□□傳之不朽庶或□篤□報效之心□□□□□聞而壯之遂書□□□□□跋□□□□爲文於是乎書行見□澆風敦薄俗未之不自皇甫氏始矣

至正元年□□□□日長子姜希祖立石　石匠提控郭榮刊

右碑連額高五尺寬二尺二寸共十九行每行三十三字正書徑六分額篆皇甫氏貞節記六字徑寸半今在汾陽縣董寺村村東姜氏之塋

按縣志姜鳳舉妻皇甫氏夫歿或勸之再適泣曰禽獸且有不再配者人可反不如乎況舅姑老子幼何忍棄之泰定中詔旌

即此碑所云皇甫公令□之孫女二十六歲孀居六十一卒子希祖祈嘉議大夫馮思溫字公厲陽曲人撰文可謂母貞子孝矣視今之夫歿妻嫁或自由交友離婚以守節為愚腐者其賢不肖為何如也碑言勵澆風敦薄俗尤可為今之圭臬碑立至正元年距泰定中旌表已十餘年矣前銜書嘉議大夫元為正三品亞中大夫從三品與魯為管出征官軍之鄉里家屬事凡江北路州縣皆兼與魯之職

○皇元贈中順大夫中山府知府上騎都尉追封河東郡伯呂公神道碑銘

朝列大夫前國子司業潘迪撰

通議大夫湖州路總管兼本路諸軍奥魯管内勸農事烏良弼書
中奉大夫湖南道宣慰使都元帥□沙班　良輔　篆額
呂神農之裔姜姓唐虞之際四嶽佐禹治水有功封於呂子孫因以為氏周初太公望以功國於齊穆王時有呂侯為司寇王大夫呂□□□□德顯宦代不乏人有曰彧者仕金源氏嘗官平陽因家於解之聞喜縣聞喜遷西河樂其風土遂居焉至公已奕葉矣僅案進士傅亨狀東陽縣尹余貞叙述公諱榮字茂才生於辛卯歲終于丙寅年以戊寅九月十有一日歸葬于洪哲里之先塋以孫流貴贈中順大夫中山府知府上騎都尉追封河東郡伯配劉氏封河東郡君實至元六年也公幼聰敏長好學每研究經義有

所未得矻矻終日夕不少懈必俟□然開悟始愜于懷父嘗命之
曰我生干戈擾攘之時竟弗克遂于學以為平生憾汝際
明時當成吾志公乃慨然負笈游　京師隆師親友質疑訪道期
造士君子之域而後已未幾丁母夫人丁氏憂事繼母王夫人蕭
夫人不知其非所生宗族鄉黨莫不稱歎有司以孝廉辟辭不就
有所不屑為其志將大有為也未一施竟以疾不起考諱顯字光
祖性端嚴整肅人望之儼然不覺起敬襟度洪裕莫不服其德量
居家勤儉而樂施予從子幼失怙恃撫毓之不啻己子既長買田
宅使居擇良家子妻之焉族有子貧甚給粟百石楮幣千緡未嘗
稽其出入從兄寢疾親為之扶持侍粥藥者踰年不少懈凡宗族

處困求濟及鄉閭乞貸莫不悉滿其所欲未嘗有靳容貧弗克償者則裂其券仍慰以温言人莫不德之凡遇歲歉恃公爲命者不可勝紀公損館時劉夫人年三十有六性嚴明通女訓曉經書大義維持家事守節誨子凜然有古烈婦風終年八十有餘而祔葬于先塋也子三人長曰安以子濳貴贈同知平定州事事母孝治家嚴遇子姪有禮娶范氏封宜人仲曰宣字仲和懷遠大將軍彰德路總管輕車都尉河東郡侯即憲使之考也娶趙氏封河東郡太夫人季曰寔隱居善治生娶柳氏女一適亢文郁孫十有五人長曰源

趙王府汾州管民長官次曰淑百丈尹次曰濳奉訓大夫興州知

州次曰沆嘉議大夫海北海南道肅政廉訪公也次曰演曰滈曰
浚秦州教授次曰濼曰浹承事郎
趙王開府尹有名行事具其父及君𥳑職等碑次曰温投下總管
府提控案牘曰泳曰濟鄉貢進士曰渥曰澤曰潡總管府同知事
□□然□立曾孫二十有六人茁然蘭玉□皆俊茂嗚呼公有濟
世之才堪公卿未及於用而懷其抱負以終則修於身齊於家施
於宗族鄉黨者□□□□見其一二矣然天道福善禍淫雖有遲速
而無豪髮僭忒考公之所履信善人也天之報施不于其身而必
于其子孫至理昭然不□誣也觀其□孫之榮盛則其祖宗之積
累可知泝其祖宗之積累則其子孫之榮盛豈偶然而致哉矧公

上有賢父母則其德之所積者厚下有賢子孫則其慶之所及者遠然得之有道矣夫善事繼母至孝也惠及宗族敦義也承師訪道好學也晦跡弗輝肥遯也生有厚德没享榮名天道也有一於此足以示後況具是五者乎是宜其銘銘曰

汾水湯湯源之長兮　卜嶺蒼蒼木之□兮　猗歟呂氏肇於姜兮　明哲接武代有光兮　爰及大父官平陽兮　傳于奕世令名揚兮　追我府尹善逾彰兮　迺篤序義□其鄉兮　推己所有救飢荒兮　身不苟進甘晦藏兮　迨雖田里心允臧兮　豈弟君子德莫忘兮　宜膺膴仕榮軒裳兮　不□于躬後未量兮　天道不爽降百祥兮　子孫受祿慶洋洋兮

時至正五年歲次乙酉五月吉日

孫男嘉議大夫海北海南道肅政廉訪使呂滾并弟

承議郎集蕒寧路□□大匠秘書揔管呂浹立石（下波）

石匠提控楊居敬刋

右碑身高六尺五寸寬三尺三寸五分共三十二行行各五十三四五字不等行書字徑一寸書法頗佳今在汾陽縣西大向善村東呂氏塋

按呂榮爲呂流之祖生於前至元二十八年終於泰定三年是享年三十七歲葬於後至元四年以孫流貴贈中順大夫（正四品）中山府（今河北定縣治）知府其人至孝敦義好學肥遯子三孫十五曾孫二十有六與羅城李佺之子五孫十七曾孫三十八相伯仲

矣長孫源為趙王即馬札罕駙馬泰定元年封府汾州管民長官即州尹淑為百丈尹今四川名山縣東北卅里潛為奉訓大夫從五品興州今山西興縣知州浚為秦州今甘肅天水縣教授流嘉議大夫正三品海北海南道至元三十年置肅政廉防至元二十八年按察司改為最顯公不仕而顯於其孫所謂天之報施不於其身必於其子孫者信然又原碑云考諱顯以下至恃公為命者不可勝紀即接公捐館時文詞微混以虞集撰河東郡侯呂公宣碑銘觀之則公捐館時以下係復叙榮之事蹟原文似有遺漏撰文人潘迪元城人歷官國子司業博學能文著有石鼓釋文此碑未見於何著錄

○皇元贈懷遠大將軍彰德路總管輕車都尉追封河東郡侯呂

公神道碑銘

前奎章閣侍書學士翰林侍講學士通奉大夫知制誥修

國使院官虞集撰

資善大夫江浙等處行中書□□省左丞高履亨書

通□大夫大名路總管府達魯花赤兼本路諸軍奥魯勸

農事知河防事朵安篆

維呂氏姜姓於唐虞有太岳於周有師尚父封齊周衰其子孫實

能尊王室以匡天下自秦漢至今垂有顯人事載簡册雖其後散

處三方尚論世族巨久且大莫肴加於呂氏者焉今呂氏封河東

者其先或仕金官平陽後世居聞喜又幾世而為顯

皇元定塋從口太原至汾州之西河而居焉其先世在汾之西南
洪哲里顯生榮榮生三子曰安曰宣曰寔孫十五人曰源
趙王府汾州管民長官曰淵百丈縣尹曰潛奉訓大夫知興州曰
洸嘉議大夫海北海南衢肅政廉訪使曰演曰淳曰浚秦州教授
曰澡曰泱
趙王府總管曰温授下總管府經歷曰泳曰濟鄉貢進士曰渥曰
澤曰潋涿州管民長官安以子潛官五品推
恩贈承事郎同知平定事流以三品推
恩贈大父榮中順大夫中山知府上騎都尉追封河東郡伯大母
劉氏封河東郡君父宣贈懷遠大將軍彰德路總管輕車都尉追

封河東郡侯母趙氏封河東郡太夫人則至元卯年流澇伐樹石於先塋以□其祖父□德之厚及□之誠著辭刻銘垂示其子孫於無窮焉諱顯君字光祖雖身罹兵災倜儻磊落輕財重義靡所間也從兄　寢疾踰季身□□金盤藥不以久而怠□孚蚤孤鞠養至成人分田宅與之凡族父子孫不能婚嫁者擇良家子而為之配於人有甚貧者與粟十□幣十□使營其生□不復計在鄉鄙宗族大略如此中山君諱榮字茂才生而勤敏好學讀書不倦或不得其旨義又晝夜呂息有所得乃已父嘗訓之曰我生兵亂中不克修其業終身而為之悔恨子其勉旃中山君益思以修業進用丁母夫人丁氏憂哀慟至甚事繼母王夫人尤謹人不知其

異母也有司以孝廉舉不就賁志而歿夫人劉氏時年三十餘治
家教子守節以終其身彰德公諱宣字仲和性清而懿音洪鴻豈
貲裕於繩而自處□約折節下士名卿大夫咸為交遊開東閣□
延賓穀譽藹然宗親
趙王鎮太原王府別立官屬異公之才出□令署公汾州長官以
試其能果稱名辦
□□之制宗王得設官開府以領宮府之事其資者曰總管奏公
為之王曰公廊廟之器豈久奄於此乎徒偕公為重爾每以禮義
忠順為王道之居久歎之曰兩疏傳之高風萬石君之質行歟何
人哉返還其印綬而歸居寡尤謙謹澹泊嘗道中得□金訪其主

而歸之有友人任姓者官記□於遠郡憂其子之在家多與之財
則蕩火弃之則不給乃寓□卯百金於□取貸券節而給之公曰
諾其□不知也既而□死官下歸葬其子折田如券以償公□曰
爾父物也焚其券感公餘粟歸之西河尹龎卒於官妻孥不能還
鄉公為其經理其喪至家寡存歿無憾焉其爲義大略如此歲餘
昆仲欲求析居公號慟不能止乃中分焉剩白金百兩子姪輩欲
割取㕣公曰吾將光吾祖宗修墳塋焉時公布衣赤子流方弱冠
或者㠯爲先兆既而果然□薦使公甫及冠令走京師拜師求友
讀書講學所親者曰長子流可事生□公曰棟梁材吾焉肯自毀
乎及次子浹沒時流在海北所知者曰不召乃子流僉憲公乎公

曰吾子辛苦於外三十餘年嘗教之以忠於
國今功業垂成胡可以其少廢墜其大者乎不過多般吾粟麥爾
沇亡在海南也語同僚廉副辛僉憲賈曰吾慈親在欲歸省有父
命臣許
國不歸則孝心闕然何為而可　二公曰父命則死命也不可違未
幾僉廣西廉訪事聞弟浹之訃則感慟曰沇得輟戎親亡侍以盡
力國家者有弟浹以備養也今去我左右手奈何乃辭官歸衛中
除湖北僉憲亦不及拜也至家而彰德公卒矣祔葬於洪掊里先
塋之次以封河東郡大夫人趙氏祔公三子長曰沇次曰浹曰濟
孫三人曰權曰楷沇之子曰枚曰格浹亡子也初公之子沇僉憲

廣西
今上皇帝淵潛在焉流得以職事親見
上知公亡無□也慰問甚渥公之翁舍常題曰恒
上爲親御翰墨書恒齋以錫亡流頓首拜受及歸省朝外大夫國
子司業爲之記大名　亥濟王爲之書丹遂刻諸石廣基揁而墍
立於汾亡東南邑縉里亡榮邦家之光焉因見其先人之有教而
爲治之有自也故爲亡銘銘曰

呂侯亡先　甴居河東　自解迁汾　繇金饜竆
國朝開疆　强晉既附　□式先戎　矦曾大夫
顧瞻汾流　有唐遺風　既□既勤　土田沃豐

敬長慈幼　輕利重義　丕旨愴□　水變其悳
顯生中山　長奮事功　䏻書於家　積成厚崇
嚴父歎亡　樂□治生　□而□宗　剔我所冀
中丗三子　□佩在□　廷□□□　季服弟彖
伯仲以寧　宗王□趙　開府太原　擇才自从
得仲之賢　宮中府中　咨畫帷幄　非善不言
非義不講　□□青守　汝中寔奇　搢神當□
朝□□□　何施不宜　尚丕自伐　歛亡□月
聚書所友　車馬相屬　儼然齊居　取義於恒
保其素完　不厭不矜　惟德之忠　致□□□

天子□□　龍□□潛　雲漢昭運　則由其子
遇□□□　生□□□　觀流□□　錫慶有丰
三品仚□　思□□□　安民□重　□服在廟
亦貴其隧　子維鄉□　司寇是程　皂蓋朱幡
襄陽大名　服嶺仚南　坣於海表　王節丹坣
信及魚鳥　吏茹汁除　横民亦□　□□□□
□□□□　與學勤勞　鬷教所暨　卒吏□□
莫不知奮　有相□□　於穆彰德　後光之中
表其圭璋　洪掊之封　相爾子孫　來□來省
□□德□　傳□維永

大元至正五年五月吉日嗣男嘉議大夫海北海南道肅政

廉訪使呂流弟呂洓呂濟立石

上漫漶府〇〇〇〇李〇祚〇手摹録　郤波石匠

提控楊居敬弟楊居𥙷楊希廉楊〇卿周〇継〇〇〇

右碑連額高一丈一尺八寸寬三尺四寸共三十四行行九十五字隸書徑六分書多異字額横篆大元二字徑四寸四分豎篆贈懷遠大將軍彰德路總管呂公神道碑四行各四字徑二寸二分今在汾陽縣西大向善村東呂氏塋

按呂宣爲呂流之父文云呂氏自金呂彧官平陽屆聞喜遷汾至顯生榮榮生三子曰安宣寔孫十五人曰源淑潛流演淳浚渫洓温泳濟渥澤澂而中以流貴贈其大父榮父宣分叙宣之三子四孫而後復歸於流系統條分繁以簡明虞道園誠爲文

家之能手文叙諸孫官銜皆見於呂榮碑惟榮碑温書投下總管府（投下總管府元官名如本投下達魯花赤等皆是）提控案牘而此書投下總管府經歷澂為總管府同知事而此書涿州（今河北涿縣）管民長官稍有不同蓋皆為温與澂所歷之官而擇叙者有不同耳宣為趙王府汾州管民長官蓋先源而為之其於任姓之假為借券與經理西河郭尹之喪忠義之行為世人所難能誠可表以勵世後書朝列大夫國子司業為之記蓋記恒齋者潘迪也大名文濟王為之書丹元史順帝元統二年四月封宗室蠻子文濟王五月詔文濟王蠻子鎮大名是也虞集與潘迪皆為元之名家元史有傳虞為奎章閣侍書學士在文宗時故銜書曰前達魯花

赤為按治約束之義路府州縣均以蒙古人為之奥魯註見於
皇甫公碑至高履享於至順二年二月為兩淮都轉運塩使元
統元年為參知政事朶安赤見於元史碑亦未見何著錄

○故總管呂承事墓道碑銘并序

奉議大夫翰林待制兼國史編修官河東郝　　嵒者圖撰

河東田　　渭　　書

太中大夫彰德路總管　　河東劉　　毅　　篆

事親者人子之所當自盡者也人子之求聞其親者□無窮已養
志尊親也没□行其所志淋己之尊親□可謂孝矣奚必大貴大
達極榮顯為孝乎況出□行義處以獨善節己裕人全生歸正肖

湏有子承考克繼者哉此予之所以不得不納交于士脩也予往
歲寓士脩京師□棲然有所陳弗合以□□乃持其先□行狀及
他文爲簡若什以求表墓之銘以父士義而子士孝桒梓星聚德
鄰不孤政不易辭謹□而銘之善乎中甫之自記其樂安閒曰輕
富貴必安貧賤□□鼎必感簞瓢舜蹠之分利善之間耳亦格言
也故一仕輒退芸田娛親釀秫觴客以終其身無外慕無晦吝可
不謂之吉人君子耶况躬過趨服膺□訓□□□事親兄蒙甫也
遂書洞律翹翹先達名卿大夫士共所推重尤耿□清苦者其家
學淵源得之有自又皆稽古之力也君諱浹字中甫吕氏世爲平
陽聞喜縣人自遠祖或來徙今爲汾州人曾祖諱顯字光祖不仕

祖諱榮字茂才　賜中順大夫中山府知府上騎都尉河東郡伯
妣劉河東郡君考諱宣字仲和
贈懷遠大將軍輕車都尉彰德路總管河東郡侯妣趙河東郡太
夫人再妣陳氏斯土世□□其國子司業潘公迪銘之君昆弟三
人長曰流□□□□嘉議大夫山北遼東道肅政廉訪使空五字娶
吳氏河東郡夫人又娶王氏季曰濟鄉貢進士今平遥縣君中子
也皆初學于汾陽君祥王材數門生亻□明敏自少讀書倍亥功
力以兼人及長取友從師日務進于孝年三十有七以嗣其箕裘
之業昔任為
趙王府首之職也

宣授承事郎総管于冀寧即能述職為人之所不能為移粟救荒
而蠲其王傅民賦□緡者贏三萬伍千□白綱紀□□得□出縣
□黄慈□□□十□□條無非為
國家重本抑末之意以泰定丁卯八月上明年五月即以養親謝
去適歲凶復南北用兵羅其責者亦□没死在□□一匡脩也□
□□□君□慶舉甘水□歡遂田園之樂而無愧于時喜之者以
為造物之報而君子則歸之言踐孝弟之著云居□家以垂子弟
禮義成人之方□鄉□□□□□□□先之給稟□乏之故先後
職教者以為爲依其襟懷春意藹若粹然見于面淡雍容親黨間
無怨無怯歲施貧者無怯容德惠斯裕如也惟類其□□□□養

贈言□□□則國子司業張公益記之已刻諸石翰林編脩賀據
德序之其秉燭送和□詩若文者□衆此予之所□徵矣先□□
□君中有年四十□□染疾弗愈臨終貽于親以及于昆仲曰予
平生事在儒□里俟既殁當柜楊墨殯寧儉迺全吾志今得其生
順死安矣至順辛未四月十有九日卒於行館葬于汾郡之西南
洪哲里從先兆也娶李氏田氏卒能孝事舅姑義教子息動合儀
法以相君子子二人枚士脩也原空十字年未及冠父母□廿二年矣
□□遵考作詩箴鑿聞其子讀書樂善□稱又可謂二昆弟者斯
弗忘予鞠□之□爲次曰格格□□民長官女三人壻馬從善□
□□律吹刂廿□□□□自樹咸□族也諸孫曰圭曰堞在幼學

蓄蘊必發厥後宜昌哉嗚呼貴者人之所□慕也□不求財者人
之所共□也而□欲不□□□□□□□□宜壽□□□□□
□□之風塵者式克用勸為賦樂安閑焉因作銘曰
於自周亡封建廢而有國□家士之任□□程□□無□監
□□□□□□銘此□焉□□□□天□□□立□□□□□□□
□必□□□□□□□□□□輔弘施道光□百時才時嗟
倬彼有山□□□□□□□欝欝桒麻□□者清白駒縶維樂安
嘯歌□□不□□□□死□□□壽□□□□□□□□□□九冥
可作清顏宿止尚寐無譌刋此銘詞垂裕後昆世永不廢
至正拾貳年歲在壬辰春三月吉日立　□□□□□□鐫

右碑身高六尺五寸寬二尺九寸共二十八行行各六十一二三四字不等正兼行書字徑五六七八分不等下多剥泐今在汾陽縣西大向善村東呂氏塋

按浹為呂宣之次子流之仲弟曾為趙王開府尹故曰趙王府首之職泰定帝致和元年五月即以養親謝去舉叔水歡遂田園樂親党無怨施貧無怯君蓋淡於利祿而篤於孝義者國子司業張公益記之翰林編修賀據德序之呂榮碑所謂有名行事具見於君辞職等碑是也子二曰枚曰格與呂宣碑所叙同浹卒於至順二年呂宣碑所謂流在海北廉訪時也撰書人均未詳碑亦未見錄於何編

○皇元嘉議大夫山北遼東道憲使贈禮部尚書上輕車都尉追

封河東郡侯諡簡肅呂公神道碑銘

前奎章閣侍書學士翰林侍講學士通奉大夫知制誥同修

國史院官虞集撰

集賢大學士榮祿大夫前御史中丞馮思温敬書

集賢大學士榮祿大夫兼國子祭酒呂思誠謹篆

士君子素其位而不厭得乎君而不矜弭大患於決識見之口動

細務以塞變亂之機大體存而衆目舉無間遠迩難易足以多口

者惟太原公呂侯其有之乎公名流字蒙甫太原汾州西河人蒙

泉者

文濟王鉅書而錫之號也性篤實謹信方正清慎承乃父彰德公

教潛心性理學既冠觀光　京師以　國語文字爲廣平大名教
授滿辟内府史復授承事郎監豐穰倉論課爲京倉最迁印鈔庫
使調通政院照磨能聲丕著泰定甲子
朝論以公優於理財授承直郎備用庫副非素志不拜又除河間
等路都轉運鹽使經歷以疾辭時中政院狄公知公抱負授承德
郎都府經歷公勉就職擢淮西道肅政廉訪司知事將行復拜大
中正府左右司知事尋拜江南諸道行御史臺監察御史首言八
事開經筵嚴衛禁清選法舉賢才復常平設義倉謹邊闗脩武備
其貪鄙罷懦皆苗薅髮櫛之其治蹟顯然者薦諸
朝天曆初四川兵叛公適守省湖廣料賊兵必東乃督行省平章

劉妥桓等分兵守歸峽潛援方略諜知有備不敢東使大江南北
得奠枕者公之力也由南臺御史僉海北海南道肅政廉訪司事
既至興學校厚風俗按海南四郡口孔盛口明年按海北五郡教
口三皇孔子廟鑿泮池樹亭于中扁曰亞沂使跨海南北訟息化
行口弃穀瀦陂塘高城深池以備盜浚渠立柵以防姦揚威有堂
以習武通極有關以禦暴寇至弗能害寇退老稚相泣曰微吕公
吾屬俘死矣有疑獄參伍得實俱賴以免嶺海之間去天日遠民
之鬱抑多未獲信公盛洗滌冤滯不可勝紀南閭洞蠻搆難誘陷
鄰境公單騎叩賊巢來降者以萬計剪本通道冒險夜行旦暮不
得息人不能堪而公處之晏如公按治欽口猺民猖獗公後口寇

寇執之問知公之口即口之公之口盜口口口口先是客死海南
者皆委水火公惻然捐俸金市雷陽高墺地垣以護其葬屋以庇
其祀名其堂曰澤幽化洽南土聲達天朝
上遣使特賜服以勞遂加中憲大夫移僉嶺南廣西道肅政廉訪
司事時
今上皇帝潛龍在焉察蒙甫之忠臣由父之教也
親御翰墨書恆齋字以錫之蓋取諸易云天地之道恆久而不已
也其父子之名固已簡在
上心矣凡所行悉如海南北時其孤寒子弟公割俸延師教育之
柳氏告饑吏白當聞公曰比聞動淹旬月吾不忍赤子之絕於乳

亟命發廩賑之墾屯田教樹藝凡為民興利除弊者汲汲而勇為之廣海之間無遺口至順三年四月十九日弟浹歿於家公聞之泣曰二親年邁一弟又亡其能居乎乃歸省親老幼遮道垂涕不忍別就道

詔加亞中大夫僉江南湖北道肅政廉訪司事未遑赴任亟歸途中聞乃父恒齋公已歿矣丁父憂服除起為襄陽路總管本路諸軍與魯總管管内勸農事既至一新約束明憲章先之以戒告申之以懇切未數月襄民大化丹

夫子之宫墻碑六賢之封誥增廣生員申明勉勵揭示白鹿洞規不惟郡邑有所師杜學亦從而興起新社稷壇葺

三皇廟凡庫局亭牌廨而弘之備水潦防姦慝便於民者知無不
為凡爭訟積年不決者決於公之一言有誣服殺人者在禁六年
五府不能明公竟免其辜有妖惑惑衆者株連數郡公止坐首惡
誣誤者得自白禱旱雨應拜火風回甫歳餘以侍親歸襄民泣留
公者數千人丁母憂服闋
詔起公為刑部侍郎公邃於律學審讞平允聲譽甚著丞相脱脱
公偉其才平章賀公引見
上上記其桂林之政特賜服以寵異之大名大府也故事守獨帶
府尹銜幾與兩京等他郡罕比特以命之是時
上方勤恤民隱慎簡守令公作新治化乃授公太中大夫大名路

總管兼府尹本路諸軍奥魯總管管内勸農事知河防事既至脩
明政教丕變舊俗餘如尹襄陽而加詳焉至正甲申秋七月水大
至幾入城公督官屬堅堤防民竟免害及羣盗起大掠燕南而齊
魯尤罹其毒忽賊騎兵數百至時夜未三鼓公方巡警聞之帥有
司撤西南二門橋梁把截衝要諜知不可入賊乃退興滯補弊利
於國者莫不罄心竭力而為之會臺議各道憲長公以宿望擢拜
嘉議大夫海北海南道肅政廉訪司使十年而重來耆耋幼稚乘
風濤而至如復見其父母焉廣西猺寇靈山廣帥命千户約安遠
尉禄合領卒追擊賊降千户與禄合争功廣帥奏差也速不花與
禄合有隙驀千户誣禄合罪以告其帥事上行省因禄合於雷猺

而不白公聞口滐祿合寃破口申之而正也逮不花黨誣罪雷境有譚福旺者據險遠擅脧剝其民或忤己必因官府文致其死或竟殺之其勢延水陸數百里有司莫敢問帥府懸捕盗之賞譚持檄遍虐其鄉俘正民以獻曰此盗也又執其傍近之人以告曰此賊黨也凡百十人有司通為姦利口口不可決會陳斗柄被追攝與捕卒相拒爾譚大煽其虐無辜甚衆吏更蔽之公亟命捕譚至罪如山積一一欵服硇州民羅仲仁與譚並稱二豪逮治之罪尤甚於譚二酋伏辜海民始安矣縣吏有強委禽廹良家女為妾者女家不頒適女過市捽而詬之又重辱之女不勝其辱投水死憲府按吏以法有二商舶遇盗盡刼其貨商之徒十九人浮以登岸

告岸之父老岸人因執以為盜獻諸官請賞弗察也有司以為功憲府問之得其情傳食還罪誣執者責主盜吏求真盜有商郭巍舟白沙浦夜颶風登貨于岸岸人掠之而韓氏兄弟適至岸得盜所遺物甚微郭詣韓取之欲盡償所失貨有司以盜論韓而白諸憲府得其情謂韓拾遺非盜按律免之猺人寇遂溪石及海康諸鄉官府驅賊退民有執盜後者繫獄吏用其辭以為盜皆鬱林博白民移文捕之博白吏械良民與己讎者六人以致府白憲府問得實皆釋之凡如此者皆足以畏服民志使飛遠之人知國家法度之不可犯憲府治政之不可欺賄賂黨與之不可恃誣罔組織之不可行此其大略也至正六年除嘉議大夫山北遼東

道肅政廉訪司未赴任歿於海北任所雷陽之民如失所恃以
聖恩扶送靈柩葬於洪哲里先塋之次以封河東郡太夫人吴氏
祔及請謚受嘉議大夫禮部尚書上輕車都尉追封河東郡侯謚
簡肅然内助之功而再娶　王氏方氏居多焉公二子長曰權次
曰楷一孫曰達海帖木兒凡公自筮仕至乎屬纊其行狀則河東
田渭東陽縣尹余貞朝列大夫國子司業潘迪等之所撰乃子權
謹書而備録之屬予銘焉其銘曰　於
皇聖明　龍德在淵　鑒兹臣庶　念無遺賢　濯濯桂林
司憲之貳　服其父訓　奉職盡瘁　乃　錫天章
以昇其家　惟久惟恒　則于汝家　帝開明堂

召用舊臣　寢貳憲部　秉　國之均　上憂遠人
信任是使　郡府使節　往稱其口　瞻茲島夷　海波間之
要荒弗治　從官寔來　寄董事繁　不遑暇食　不以細務
弗竭心力　商困於盜　脱身自歸　反為吏執　加以赭衣
民有室家　吏欲强婚　廹之自沈　孰究其冤　民有疆梁
恃儉為姦　奪貨殺人　何有懆鰥　捕盜有賞　盜不時得
平民怨家　桎梏為賊　留獄無驗　至五六年　毁家殞身
誰為之言　凡此之流　善良瘠瘵　駔詐龍斷　何適非貫
蜂蝗搶攘　職此之由　不渙其郡　吾民曷休　煌煌繡衣
既信既久　無情之辞　一見立剖　羅職鉤籍　略不得施

蕩蕩其安　于于其隨　父母妻子　晝耕夕寢　惟蒙甫公
貽我豐稔　惟　皇聖明　當宁念茲　遠人既安
錫名以時　歌以蓼莪　燕以湛露　遂相昕朝　百福來胙
時至正十三年歲次癸巳七月吉日嗣男呂權次男呂楷立石
并府下士東谷李永口敬錄　交城石匠提控楊居敬楊居禮郭
仲刊

右碑身高九尺八寸連額則一丈二尺餘矣寬三尺五寸共四十二行行各一百字正書字徑七分額分横篆大元二字竪篆嘉議大夫禮部尚書河東郡侯謚簡肅呂公神道碑二十字分列五行行各四字徑約三寸今在汾陽縣西大向善村東呂氏塋

按呂流為呂榮之季孫宣之長子通蒙古文字見知於中政院正二品至大三年升從一品狄公拜淮西道至元二十七年增設肅政廉訪司原為提刑按察

司至元六年兼勸農事二十八年改為肅政廉訪司知事正八品尋拜江南諸道行御史台至元十四年始置監察御史天曆初四川兵叛即天曆元年十一月四川行省平章囊加台自稱鎮西王拒命西南二年正月至烏江峯據鷄武關奪三义柴關等驛命鎮西武靖王搠思班等皆調軍以湖廣行省脫歡別薛孛羅及鄭昂霄總其兵進討之丙午囊加台分兵逼襄陽湖廣行省調兵鎮播州今貴州遵義縣及歸州今湖北秭歸縣碑云守歸峽當即其地僉海北海南道至元三十年置肅政廉訪司事加中憲大夫正四品移僉嶺南廣西道至元十五年復增置肅政廉訪司事今上皇帝潛龍在焉考元史順帝為明宗之長子文宗至順元年四月明宗后被讒害徙帝於高麗居大青島中一年移

於廣西之靜江（今廣西桂林縣）至順三年十一月寧宗崩始迎帝時年十三矣錫其父恆齋即其時是年四月十九弟浹歿於家公以親老弟亡乃歸省親就道詔加亞中大夫（從三品）僉江南湖北道（至元十五年復增置）肅政廉訪司事未赴任亟歸見公之孝弟也丁父憂服除起為襄陽路總管（至元初置諸路總管府二十年定十萬戶以上為上路秩正三品十萬戶以下為下路秩從三品當衝要者雖不及十萬戶亦為上路總管一員兼管勸農事江北則兼諸軍奧魯）管本路諸軍奧魯（官軍出征家在鄉里曰奧魯）管內勸農事興學舉廢除姦辯冤以侍親歸人民挽留丁母憂服闋起為刑部侍郎（正四品）丞相脫脫公（宰相表列至元六年十月脫脫為右丞列傳至正元年為中書右丞相至四年五月辭位九年七月復相十四年十二月削官爵）偉其才平章賀公引見上（考帝紀及宰相表至正三四年平章政事為納麟鐵木兒塔識等而未載）

有某賀　上記其桂林之政授大中大夫從三品大名路總管兼府尹
知河防事甲申七月水大至羣盜起考順帝紀至正四年七月
滎河小溢鹽徒郭火你赤作亂上太行至廣平當即指此擢嘉
議大夫正三品海北海南道肅政廉訪司使越十年而重來白擊
獠荊州西南界至蜀江民曰獠子冠祿合之冤誣捕雷今廣東海康縣境之譚福旺硐
州廣東吳川縣南之羅仲仁治縣吏之强妾民女辨韓氏弟兄之非盜
雪猺大八蠻之種不受官治西廣湖南雲南皆有冠遂僕石在今廣東遂溪縣東南及海康今廣
東海康縣舊為雷州府治諸鄉之冤獄見公之剛正廉明也至正八年除山
北遼東肅政廉訪司未赴任即終於海北任所雷陽之民如失
所恃亦見公之遺愛也虞集見前呂宣碑呂思誠平定人至正

五年十月參知政事六年為左丞至九年轉御史中丞加榮祿大夫又為樞密副使復為中書左丞拜集賢學士兼國子祭酒後左遷湖廣行省左丞十四年十二月復為中書左丞此碑係十三年七月結銜書集賢士大學士仍兼國子祭酒則十三年七月尚未遷湖廣行省左丞也馮思温字公勵惕曲人曾為樊志英尚義樂施記呂公元史無傳碑亦未見他著錄

○明敕封鎮國中尉朱公墓表

朱公御諱表槩别號逸軒也明慶成王五代孫生而穎異不拘小節善談論喜賓客四方賢士有至汾暨汾之碩儒無不禮之飲食燕遊咸罄布衣之交以

皇裔
誥封鎮國中尉配王氏張氏俱
誥封恭人生二子長曰知爔號汾溪次曰知脧號晉谷俱
誥封輔國中尉汾溪配張氏李氏晉谷配武氏俱
誥封宜人汾溪有男六長新墫配魏氏次新墄配李氏新赿配任
氏晉谷男新硅配安氏俱
誥封奉國中尉及安人餘尚幼未及誥封女四汾溪性豁達智識
超羣有乃父風出自王門而謹恭愈至雖貴而不驕祿自公給而
節儉益嚴雖富而不侈其孝友之德又出於天性之不容已為親
而擇葬萬選於郝洪村古泉之地真山真水實形勝之無雙為弟

而折居自取夫目前卑陋之物良田異產皆謙遜而不有葬親愈
久孝思愈至欲樹碑以揚親休且屬百歲之後决附葬於廼父之
側存歿相近庶盡永遠不忘之意故余於汾溪廿次特加詳焉
萬曆元年歲次癸酉仲春之旦
賜進士第奉
勅巡按直隸監察御史大理寺左寺丞桂齋寧鄉王友賢撰
郡庠生泉灰李青霄書
郡庠生易丝雷象乾篆
石工郭正勒石

右碑高五尺五寸寬二尺四寸共二十行行各三十七字正書
字徑六分半碑額未題原在汾陽縣大南關西門外今在大南

闕　汾陽王廟碑陰

按慶成王濟炫為晉恭王第四子以太祖御慶成殿宴而生故封慶成王國汾子美𡌴孫鍾鎰曾孫奇湞奇湞生表欒謚恭裕此書諱表欒與表欒為同輩故為五代孫明制嫡子襲王庶子封將軍再次封中尉而將軍中尉皆有鎮國輔國奉國之分因其親疏而定也表言公禮賢崇儒而二子知𤎵知朕亦能謙恭節儉孝友成性與弟析居讓產皆明族之卓異者撰文人為寧鄉今中陽縣王友賢嘉靖壬子舉人己未進士官至南京戶部尚書卒贈太子少保人有雅度不阿權貴

○慶成安穆王神道碑

王諱知㦗道號竹溪翁
太祖高皇帝七世孫也
高皇帝奄有天下大封諸子其封晉者為
恭王又分封諸王子其始封於汾者為
慶成莊惠王恭王第四子也莊惠生恭僖恭僖生温穆温穆生
端順端順生恭裕恭裕生王恭裕有仁德在位久薨時年八
十四王以嘉靖四十一年襲爵即位八年以隆慶三年十月
十有六日薨享年七十有四生於弘治九年七月二十日訃
聞於朝
上惻然久之遣禮官賜祭葬如制謚曰安穆王生而靈異豁達沉

敏多才藝好讀書作字書無所不通工真行草篆亦善八分
而行篆為絶喜與高人學士談經義辭章端順王尚賢恭裕
為長子深居簡出王日侍祖側内贊決府事外應酧賓客縉
紳先生之屬温文而恭遜時他王率多驕傲鮮克由禮王獨
循循雅飭如文儒諸賓客縉紳亦自負然見王折節乃相與
延譽自是遐邇悉聞其賢素性剛嚴及即位一以寬厚為體
而明恕行之如敬老卹貧弔喪問疾拯難雪寃自宗而下靡
不蒙其恩惠然秉憲正邪凛凛不敢犯終王之世强宗而抵
於法幽囚流辟至伏誅者殆十數輩餘孽俱以嚴見憚漸轉
禍為福王之威也王國人曩固畧儒自王好文士之選於庠

舉於鄉者彬彬如也左右侍從亦皆明習書史忠敬有儀王
待之恩禮悉優居常自奉朝晡一菜一飯冬夏一裘一葛至
於祀享宴會必盛服豐膳鮮美異常王寢疾宮人製袴刺文
蠋綵雲其上王叱曰此神物豈宜倫下體耶令易以素其豐
儉適宜多此類初張太妃無子王出汪氏封長子時上疏乞
恩顧母以子貴詞極悲懇動
肅皇帝勅封次妃得盡孝兩宮配王氏册封元妃妃出郡之望族
莊靜純懿恭儉慈明大著母儀宗壼向化君子稱其上克纘
徽音下弘裕後昆内成治之美外闡王之烈久矣以萬曆元
年七月十有一日薨享年七十有一有子十四人長子新堞

號小溪君蒙今
上䘏恩追封爲慶成悼懷王其配夫人李氏追封爲悼懷王妃
次新堄等俱封鎮國將軍其配皆封夫人孫男二十一人長
慎鍾受
莊皇帝册封襲爵爲慶成王次慎鏐等俱封輔國將軍有女十人
俱封縣主孫男女及曾孫男女二十七人各受封有差備載
於誌云初安穆葬郡城西北宋家里新塋妃祔葬焉嗣王以
王仁孝賢明光先裕後宜配厚於山川躋顯於日月乃勒
碑神道以表萬年
賜進士及第通奉大夫河南布政使司左布政使前三奉

勅命提督陝西浙江學校副使陝西提刑按察使郡人孔天胤撰
賜同進士出身奉政大夫光祿寺少卿郡人王緝篆
賜同進士出身承德郎浙江清吏司署郎中事主事孝義趙訥書
大明萬曆二年歲次甲戌三月戊辰清明日立

右碑高六尺六寸寬三尺許共二十五行行各五十六字字徑六分半正書篆額已佚此碑於民國十一年出土趙庄村呂慕端等經理樹於墓側今在汾陽縣宋家庄村南

按知爌為慶成王濟炫六世孫即太祖七世孫謚安穆始封於汾者為濟炫明史諸王列傳濟炫永樂元徙居潞州坐事名還太原十二年徙汾州謚莊惠子美埥嗣謚恭僖子鍾鎰嗣謚温穆子奇湏事奇湏初代父鍾鎰理府事䇿死無辜七人降為庶人後以孝聞嗣温穆正德中尤以賢孝聞賜勅褒奬嗣謚端順子表欒嗣謚恭裕碑云

恭裕有仁德在位久壽八十四縣志云表爚樸茂寡言孝友好文學嘉靖三十年壽八十詔賚金幣然以志載嘉靖三十四年襃諭表爚云年登八十則碑云薨時八十四當為嘉靖三十八年而碑復云王（即知𤒹明史諸王世表作知𤒹）以嘉靖四十一年襲爵當係三年後始襲歟即位八年以隆慶三年薨計弘治九年生享年七十四均合王好學善書謙恭下士寬厚節儉誠貴族之賢者妃王氏莊靜純懿享年七十一有子十四人長子新堤先卒追封悼懷王次新堀等俱封鎮國將軍孫二十一人長慎鍾（新堤子）襲爵次慎鏐等俱封輔國將軍女十人俱封孫主孫男女及曾孫男女二十七人各受封有差可謂三多矣

○文靖先生孔公墓碑

賜進士及第通奉大夫河南布政司左使前奉

欽命提督陝西浙江學政河汾文谷子文靖先生孔公墓碑

文靖先生是文谷夫子卒時其門人輩誄而稱之者也先生當前

在館閣□有時□乃格於例位于外藩□以此易名□者也訥業

已承乏銘其墓今且十年□□位□□□□而無子□故弟有二

子得以訟爭餘產護持其所立孤從嗣以存祖考之祀又因以分

己餘產立買石請龍洲王公文其祀堂碑而納銘其墓□□□使

先生之道表於世□先之無□世不可缺訥□□□□自堯舜兩

朝義學之秘為道學之塞惟晉為三大聖人建都之地勝蹟昭垂

而稷契皋益諸碩輔寔風雲從于兹自是湯文武王周公傳之孔子孔子不□□□□道而子夏則以文學傳於西□□□□□□□其學田子方段干木在吾汾有故蹟也夏殷之間傳説始以學之義陳於高宗後之言學者歸之説説平陸人于晉之先□亦與有繼開之功故周公唐叔于晉之先人才有彬彬□□□□□□□□□□□如司馬子長柳子厚事□□霍子孟裴中立司馬君實而王文中子繼司馬子長崛起龍門道學為河汾一脉□堯舜禹之傳于孔子者初自子夏入晉至是為再傳矣

明興元靖薛敬軒先生亦產于龍門承有宋濂洛關閩之遺超出俗儒文學之習其道德品行之□□為一代理學首倡不但以其

讀書録之文□□□□□□□□□□□□□□□□□□□
□□帝室之甥繼子夏起于西河蓋文學足以繼而傳之其起家
待詔金門
世宗方以敬一之學示天下而特以農桑王業之本賜問先生敬
陳王道寔稱
上意賜進士及第以□□例外補陜西督學按察僉事即初□□
□□□而身遺館閣始既不得文學效論思□又不得以□□脊
□□□□其□□孝友與人忠信□□□□□□□□□□□□其
學老而篤實□督學秦越特尚古雅謦欬□□□本□抑序□諸策
秀才詩學正心文等篇于德藝本末之際三致意焉方服□之□

口致以林口口口年名其口堂曰善信故善信口口口口口口口
口口口口口郡王新口嘗厭俗靡之習僞儒誇詐之口敦
厚抱抑反觀内省其恥效時學黨同伐異之風口口身口口口之
篤行而大為門户標榜之習口口訥約戒口語草書自監口口口
口口口口口口口口口己壽矣而于先生口禮造廬就學譚者
以為再見魏文侯之師子夏口況年且口厭其文思之煩口言之
勞口口口口口口口定口大義悟言外之旨口口口假口口其
道德之口口口口可口口口口自德口麟經文學選儀賓造道
之志尚未盡酧也昔衛武公年九十五猶示國人以交戒也豈自
知其壽而貪有年誠心於道也愚于先生亦云先生諱天胤字汝

錫世汾文同里百金堡人□□□□□□□□□自號□麟封奉訓
大夫母新鄭縣□生於弘治十八年八月十六日卒于萬曆九年
十一月十一日中式辛卯第六人明年連第自初督學陝西左遷
祁州守起河南□□□□□□□□守河南道督學浙江副使
□陝西擢參政尋陞按察使布政右使轉河南布政左使致仕善
政□□□具誌中娶王氏繼王氏側室趙氏生子階國子生後十
一年子娶王氏少司徒王龍洲之女生孫男後同殤孫女適奉國
將軍敏淌慶成王弟鎮國將軍利川之子也亦先階卒□王氏□
無子以其叔父之第三子□之□從□為嗣女一適常至剛早卒
天民中丁酉鄉試為東明縣知縣□□□□□□□年日聚□於

肆華軒中子曰陽曰陳曰陞先生自少出處隨長少顧□為□友
□□□越尤多而里中門生科貢□望已不□□□先生以不忍
見麾□乎諸子皆先卒訥雖存而不能□□□□□□□幸
賴龍洲公為主治其後事俾三姪得護奉祀事訥忝為先生弟子
且階之□□□□□□□不能越禮周旋姑以此虛文□□□解
吾□汾後學之源流以光先生之大□於墓銘之詞□□□□□
訓語初隨履歷為名晚年先生自叙意總題曰漁嬉集凡五十卷
卷刻□□□□文章正宗諸書文選唐諸詩論者卒以為有□□
□文其編纂有汾州志左國禮記□其遠近諸名公倡和□□□
□□□□□□□顏□□集所□士流得其聯扁卷册□箧所

題無不珍藏之者嗚呼以先生之道之學如是而無後□□□爲族所□□□遺書予亦謹取拾其殘者以待孤嗣及諸姪之後然其存古之道□□□□□□□□□□生□□□□□積書何爲哉嗚呼凡我士類觀此可深長思矣

賜同進士出身户部山東清吏司署郎中事四川保寧府知府孝義趙訥謹撰

陝西中部縣知縣雷啓東郡學生雷象乾坤敬書

萬曆二十二年歲次甲午七月吉立

大學生故男階嗣孫從嗣奉祀

右墓碑連額高八尺五寸寬三尺二寸共三十行行各八十四字徑五分許正書此碑上截漫滅下截殘缺太甚額篆文靖先

生孔公墓碑八字今在汾陽縣東關北門外官道西

按孔天胤字汝錫嘉靖壬辰進士第二人太和橋街舊有榜眼坊以宗姻例不得授京職外補陝西浙江提學歷至河南布政司左使文章政事卓冠當時與王明甫道行呂仲和裴庸甫邦奇結詩社有文谷詩文集內履霜澤鳴漁嬉等詩集傳世公裔先聖造育人材倡明學術隱然有道統之續碑云夏殷之間傅說始以學之義陳於高宗後之學者歸之說有繼開之功王文中子繼司馬子長崛起龍門道學為河汾一派堯舜禹之傳于孔子者初自子夏入晉至是為再傳矣明興元靖薛敬軒承宋濂洛關閩之遺超出俗儒之習其道德品行為一代理學首先生以帝室之甥繼子夏起於

西河世宗以敬一之學示天下以王業之本問先生而先生敬
陳王道實穪上意晚退西河以詩文倡和以道德篤行為宗室
及時儒之師誄穪文靖亦可知矣趙訥為先生之徒與龍洲公
即王緝主治其後事俾立嗣奉祀以光先生之道與學實以西河
道學之統歸之惜碑殘泐而未睹其詳也

○明河南布政使司左布政使王岡先生張公墓表
賜進士第中憲大夫知汾州府事舊屬治生鄞中崔士棨撰
賜進士第通奉大夫河南布政使司右布政使前兵刑二科都給
事中侍　經筵奉
敕閱視三邊同考會試年侍生祁邑中齋戴光啓書

賜進士第通奉大夫順天府府尹前山東布政使司左布政前戶
科都給事中舊寅侍生文邑汝易田疇篆
玉岡先生致政歸自撰墓誌幾于一死生齊晝夜矣第略叙其出
處生卒未有銘長嗣光祿君以墓表丐於予予昔任山東德平令
屬侍于公知公深也曷辭按誌始祖諱顯顯生騰騰生志臯公考
諱學世為汾人公諱更化字德孚玉岡其别號也幼時祖攜抱過
酒肆教以帘聯即朗誦不遺人咸神之稍長明敏過人克敦行誼
弱冠入庠甲子得薦于鄉乙丑即聯第春榜筮仕南陽司理用刑
平恕人稱活佛辛未天官氏
奏最授廣東道監察御史巡都南城地方最閙聽訟理繁民至無

究次年有兩浙巡鹺之命剔蠹與利商民兩便徇有江北之命報滿刷卷南都例當内轉守正不合于時相遂備兵于靖邊秦晉相唇齒公素諳兵畧至即嚴部伍肅號令物色改觀終公之任胡馬不敢近塞庚辰晉大叅外艱回籍服闋補湖廣時

朝廷籍沒江陵經理周旋

欽使大臣惟視成而已事竣晉山東按察使過里又丁繼母憂服闋赴部仍補山東持正執法無所撓屈有古人風居二年晉本省右轄未久轉河南左轄財賦甚夥以故庫藏繁冗公力精任事計筭明允不爽錙銖　宗藩祿糧分給以時毫釐不染頌聲大作走訴兩臺願後為例第中州過客甚衆責望藩司甚殷衆口難調公不

清約遂騰謗焉省中有言不信公論昭彰難以屍公公亦倦還矣
銓部
題覆邵年砥行加銜歸里得
旨以太僕卿致仕益希遇也歸即闔門養重不干有司教子若孫
咸有成立鄉里服其化縉紳高其德家居七年而化方予令德平
也歲大祲蝗旱交作撫臺惑左道以有年報惡陳災傷者予竟以
災上大啣之論列不職命各司道改署下考雖素相信者亦懾于
威公竟無口此亦可想見其人矣予承乏斯郡公梓里也思一瞻
風範公辭以疾曾未一面而今弗得覩矣痛哉予採輿論緝實行
上于督學吳公祠于鄉賢永垂矜式云詎生嘉靖十年四月十一

日卒于萬曆二十八年十一月十六日享壽七十歲元配孫氏先
公五年卒自有志丈夫子三長旟光禄寺署丞娶武氏次旒庠生
娶王氏繼娶郭氏三旞庠生娶李氏孫男八人長嗣慶庠生娶鄭
氏次衍慶庠生娶武氏三崇慶庠生娶劉氏四凝慶聘周氏五胤
慶聘李氏六篤慶未聘七述慶聘李氏八嘉慶尚幼孫女八人曾
孫男二人長燁聘王氏次爗尚幼曾孫女二人俱幼銘曰彪山之
精汾水之英惟神以降張公篤生壯歲登朝為名御史桓典乘驄
都人且止再行兩浙鹾法肅清江北奉命狐鼠潛形振紀南畿京
卿伊邇時相難容誌戎西鄙中外歷颺止憑公道鴻漸鶯遷聲名
灝灝周流藩臬倏忽宦成

天子殊恩載錫冏卿一朝懸車杜門謝客耽爾典墳樂此泉石子
孫玉立庶幾汾陽生許月旦歿祠于鄉馬鬣高封豐碑載揭守銘
其陰千禩不滅
萬曆三十一年歲次癸卯孟夏吉日　孝男張旟張旒張旘立石
右碑身高六尺八寸寬二尺八寸共二十六行行六十九字行
書字徑七分今在縣西南花枝村東本塋誥命碑陰
按縣志人物張更化汾州人嘉靖乙丑進士授南陽府推官隆
慶三年擢監察御史明年巡視兩浙萬曆九年巡盐政按鳳陽
三年南畿道刷卷胥以整飭著旋擢陝西副使遷參政丁憂服
闋補湖廣參政十四年遷山東按察使丁母憂復補原任十九
年遷右布政使歷河南左布政使二十一年晉階太僕寺卿致

仕歷官所至有聲性端嚴鄉人敬之有祠在城東關與碑尚合
碑言公用刑平恕執法不撓剛正廉明以不趨阿遭謗倦還鄉
里服其化其有德可知子瀐以孝行稱撰文崔士棨河南安陽
人萬曆癸未進士書丹戴光啓祁縣人篆額田疇文水人均隆
慶五年辛未進士碑書尋有作徇加衔作銜皆俗字也

○清誥贈山西汾州府知府周太公墓碑

明季失鹿難收瞻烏靡定
大清聖人提一旅之師迅掃妖氛順天應人入主中夏一時從龍
儁彥雲蒸霞蔚猶兩漢初興豐沛南陽之多豪傑矣我汾賢太守
周公其一也公下車適值變後聲色不動極意撫綏浸假反側安

浸假流亾集每行一事大快人心汾人士不啻初生而見日月余忝蘭臭叅宗證聖終不我遐一日舉似世系及贈翁先生事公嚮噓夂之曰香山之陽言先大人馬鬣在一官瓠繫歲時伏臘不獲一上隴頭子情何日伸耶今年春公内子不祿謀窀穸所舊阡新兆猶豫未決偶有青烏氏善招魂葬法且言治西十里許沙水湊集可作佳城者公欣然從事寓目家乘方知公之賢蓋受之贈翁先生云先生諱得勝號玉山先世為勝國遼海人高曾已上不可攷王父鉞始從蒲河再徙瀋陽之郎家堡生文昇文昇娶於崔即先生父母也有二子次即先生先生生而明惠事親定省温清無亻儀髫年失怙創巨痛深絕粒者七晝夜母抆淚開慰始強起就

饕煢煢苫凷三年如一日焉是時東勢方張西隕漸蹙先生將母及女弟遷之河西居無何又遷之山海女弟偶未及偕母念甚憂形於色先生因母思女弟之不置也挺身赴河西迎女弟歸母解頤顧先生曰我願遂矣博母歡心輒入虎穴戚里傳之無不手加額者先生弱冠業儒學且成會四方脊脊多事投筆就武初走秦之孤山淮泗告急奉洪督師口赴援至即奏力全活億萬計未幾從母命歸杏山辛未母即世哀毀骨立襄事竣結廬冠冕山墓側者日月三稔服闋從戎於燕豫吳楚間己巳清兵深入口孤竹還先生善後全活復無數尋遷游擊將軍先生生無媚骨最恨債帥以金錢博首功以故觸當道忌任久不調調亦置危地如窎遠急

則補寧遠杏山急旋移杏山杏山彈丸地能安大盗
先皇躬臨城下先生猶効口口守食盡始降授牛彔章京甲申中
外一統
朝廷方欲大用先生奈天不口留遽殁於墻子嶺也先生在秦時
生太守公長就外傅時勤訓誡嘗曰古未有不敦書悦禮而能流
傳金石者人每望口口公卿我則願公卿而聖賢其人耳誠盡性
立命得為聖賢固不害為公卿不者適取詬病且以自點也因亟
評當代士大夫某某清白可為法某某婪墨可為戒公長跪謝教
負笈從師卒成大器先生没於王事曾幾何時公秉運崛起清風
勁節造福沮洳為開國經濟名臣寧非先生當日之庭訓也哉先

生生於萬曆二十二年十二月十二日歿於順治元年五月初七
日享年五十一越八年歲辛卯四月十五日招魂葬於汾府西山
之原按招魂口口於離騷為五閭大夫而作至以為葬濫觴於晉
魏之代當時令禁亦不能止豈郭璞管輅諸君子妙術通神有必
不可廢者歟公遵古展孝春秋嘗祀不患無所先生九原有知豈
猶戀戀香山一片土耶樹石表道不可無銘其辭曰能以儒略兒
勳譜何輕武能以明德昌後彥何負善不遑寧處今藏此天所使
人貌榮名終未歇眎茲碣
賜同進士出身奉議大夫內翰林秘書院侍讀纂修明史副總裁
通家治晚生朱之俊頓首拜撰

賜同進士出身文林郎浙江道監察御史掌河南道事通家治晚
生張瑄頓首拜書
賜同進士出身文林郎廣西道監察御史通家治晚生史詒頓首
拜書篆
順治八年歲在重光單閼余月中浣之吉
右碑身高五尺二寸五分寬一尺二寸六分共二十五行行五十九字正書字徑五分今在汾陽縣西河堤村西
按汾州府志周召南字晉侯遼陽人順治六年知汾州府時寇
亂初平（五年姜瓖亂後公繼黄公廷柏）公以招徠撫綏為務除豪强胥吏之為
民害者令所屬州縣官徭役有當開豁當均平者悉稽以告將
為民請命人民歡呼在任三年擢山西驛傳道民共立遺愛碑

証此碑益信太公值亂奉母偕女弟還避山海今榆關冒險迎女弟慰母心尤為孝友難能投筆就武初走秦之孤山在今陝西府谷縣西北四十里明正統中置堡清設都司淮泗今安徽淮安縣泗縣明清為淮安府及泗州告急奉洪督師即洪承疇赴援全活億萬未幾從母命歸杏山奉天錦縣西南舊為杏山驛明末為清毀其城母逝廬墓其忠孝尤著服闋從戎清兵深入口孤竹當在今昌平縣還先生善後復全活無數其仁惠尤宏素無媚骨觸忌當道任調危地如寧遠當在奉天錦州府今改為興城縣杏山皆能安大盜先皇當指清太宗躬臨城下猶效口口守食盡始降授牛彔章京滿洲官名如都統稱固山章京副都統稱梅勒章京總兵稱按班章京是也甲申即崇禎十七年順治元年一統指清入關清欲大用而遽殤於墻子嶺今河北密雲縣東北九十里明設參將清設都司

其忠勇亦可取也教子以敦書悦禮盡性立命勵清白戒貪墨則其子周太守之勲節有自也公以招魂（明史可法即以袍笏招魂葬於揚州梅花嶺）葬於汾府西山之原（今河堤村）亦見太守之孝也撰文人為朱擢秀一號滄起天啓壬戌進士書為介休張瑄崇禎戊辰進士官河南道御史篆為孝義史諭崇禎癸未進士官廣西道御史歲在重光單閼即順治八年辛卯也

○懷泉党公墓表

嗚嘑有吳君子之墓宣尼所題也表墓所始也漢孝惠皇帝念四皓羽翼功不得以人爵匕若口卒丘口起墳勒石口德行誌銘之始也凡子若孫為祖父口以紀葬地口諡差次昭穆伯仲一以記

載先人遺風善行爲之嗣者念創業垂統之勤劬艱難矢敬矢慎飭志飭躬孝思永錫古之道也禮之經也國子生隆予巡鹺政河東時謁予列門牆間按其家世本晉之絳人隆曾大父諱璽公遷汾籍里仁坊子五公行四樸茂篤厚無詖行無危言習與性成馴致豐盛子二長盡善次俊卿皆率德遵規繼繼承承不失尺寸隆即盡善子也由諸生入國學國子生在漢實博士議郎才藪在唐宋實口學源淵會聚如郭林宗陽城陳東若而今者隆勉乎哉吾聞君子必有後所謂君子不必高名畸行烜赫人世中和謹厚積累漸漬如懷泉公殆人不知而鬼神獨相佑之即其受福亦有獨盡善兄弟父子積之愈厚流之愈長隆勉乎哉公諱資懷泉其字

也元配都氏繼何氏繼惠氏繼王氏盡善都出俊卿何出公生於
明萬曆甲午八月二十二日丑時卒於清康熙九年七月二十三
日丑時享年八十九歲盡善元配王氏繼張氏隆張出俊卿元配
雷氏繼郝氏隆元配裴氏繼賈氏茲月日之吉隆丐予言志石書
其家世如右
康熙十四年歲次乙卯三月清明節穀旦
賜同進士出身浙江道監察御史加二級通家侍生熊一瀟拜撰
通家晚生胡庭頓首拜書
孫　墍章栴頓首拜篆

右碑高四尺二寸寬二尺有奇共十六行每行四十二字字徑六分正書今在汾陽縣西陽城村東北本塋

按碑言宣尼題有吳君子之墓考南畿志季札墓在申港孔子表其墓曰嗚呼有吳延陵季子之墓謂之十字碑漢惠帝志四皓之墳高士傳謂在高車山實為墓表志銘之始党公雖無高名畸行而其中和謹厚自足以積厚流長為鄉里之表撰文熊一瀟江西南昌人康熙九年任巡鹽御史故碑云巡鹺政河東清初沿明制設巡鹽御史一人康熙七年定滿漢各一人周歲而更時滿人為布舒漢人為熊一瀟十年即為穆成格楊維喬山東海豐人十一年仍改為一人雍正元年裁歸陝督及藩臬帶理十三年復專差駐河東乾隆四十三年改歸山西巡撫兼管矣党隆以門徒而丐公撰文書石為胡庭號季子遇春之長子青主之知交邑之名士也

○曹慕堂先生傳

先生姓曹氏諱學閔字孝如號慕堂山西汾陽人乾隆辛酉舉于
鄉甲戌成進士改庶吉士授翰林檢討監察御史給事中通政叅
議太僕少卿内閣侍讀學士宗人府丞　　予告致仕卒年六十
有九先生官於　　朝三十年居諫垣八年兩充史館纂脩三迣
棫再充同考官皆以樸誠勤慎受知
主上官御史時疏請立辟雍部議未准行及官侍讀學士時有詔
於國學增建辟雍舉行臨雍禮以前疏
特擢宗人府丞稽古之榮也先生為人敦本行篤於友愛在京師
捐俸葺山右三忠祠三晉會館義園并宣武門外楊忠愍公故宅
又於永定門外舉掩骼之會偕同志春秋集訂規條以垂久遠其

好義多此類也先生爲學以養性爲功精導養之術早歲歷遊東南山水居京師每以暇日尋勝西山戒壇香界諸寺晚益專功静坐皈道院以課孫有詩集若干卷體格在香山放翁間嘗手自校訂河汾諸老集刻之自古詩人在中條王官谷者若李義山司空表聖元裕之及近日吴蓮洋皆以才力跨越前後而先生獨以性情沖澹与道大適脱然於名譽之外此則三十年同館相知中先生獨許方綱爲能窺見一二者故述其略爲之傳

乾隆五十六年夏六月朔

文淵閣直閣事内閣學士兼禮部侍郎大興翁方綱撰并書

右石高一尺寬三尺一寸五分共四十行行各十二字正書字徑六分今在汾陽縣太平村曹氏祠堂

按縣志曹學閔乾隆十九年授檢討二十九年改河南道御史擢刑科給事中請清理積獄三十六年擢鴻臚寺少卿歷光祿寺少卿通政使四十一四十五年兩扈蹕灤陽以前在臺中請復辟雍古制擢内閣侍讀學士五十年預千叟宴拜御製刻鳩杖之賜五十一年擢宗人府丞即傳言稽古之榮也性樸誠篤友愛幼勤苦涖官清慎好為善如傳所載好山水微時縱覽吳越名勝官京時游檀拓戒台香界等寺晚尤講性命學詩文不事藻飾有紫雲山房詩文鈔傳又云自訂河汾諸老集（即麻革張宇陳賡陳庚方㬌段克己成己曹之謙諸老詩集）與志詳略稍異翁方綱字正三號潭谿為有清金石書學名家是傳為所撰書（距今一百四十四年）故特列之

又按山右三忠祠在北京宣武門外上斜街三晉會館在騾馬市大街東館在崇文門外楊忠愍即明楊繼盛李義山為唐李商隱司空表聖為司空圖元裕之為忻州元好問號遺山吳蓮洋名雯蒲州人康熙間應博學鴻詞與陽曲傅青主洪洞范彪西太原閻若璩皆為徵君有蓮洋集